GENIESSEN
MIT FREUNDEN

Sonderausgabe der Naumann & Göbel Verlagsgesellschaft mbH
in der VEMAG Verlags- und Medien Aktiengesellschaft, Köln
Alle Rechte bei Gruner + Jahr AG & Co., Hamburg
Redaktion: Sabine Zarling
Layout: Jürgen Pengel, Heike Diem
Grafik: Heike Diem
Rezepte: Hilmar Döring, Michaela Pfeiffer, Anke Rabeler, Murmel Schult, Rudolf Steinert,
Christian Splettstösser, Christiane Steinfeld-Weck, Marion Willers
Styling: Renate Gerber, Gisela Koch, Günther Meierdierks, Michaela Suchy
Fotos: Heino Banderob, Thomas Diercks, Wolfgang Krüger, Dietrich Ruhde,
Ralf-C. Stradtmann, Richard Stradtmann
Schlußredaktion: Christa Davids, Karin Schanzenbach, Sigurd-Falk Weber
Bildbearbeitung: Jutta Wolf
Gesamtherstellung: Naumann & Göbel Verlagsgesellschaft mbH, Köln

600438/834006

essen & trinken

GENIESSEN MIT FREUNDEN

Das Kochbuch für erfolgreiche Gastgeber

INHALT

FESTE FEIERN 6

RAFFINIERTE MENÜS

FRÜHLINGS-MENÜ 8

SOMMER-MENÜ 12

HERBST-MENÜ 16

WEIHNACHTS-MENÜS 20, 26

INTERNATIONALE FESTE

FRANZÖSISCHE PARTY 30

ITALIENISCHE PARTY 38

GRIECHISCHE PARTY 46

INDONESISCHE REISTAFEL 54

RUSTIKALE FESTE

KARTOFFEL-PARTY 64

MATJES-PARTY 70

BERLINER BUFFET 76

VEGETARISCHES MENÜ 80

SNACKS ZUM WEIN 84

FEIERN IM FREIEN

GRILL-PARTY 92

SOMMER-PARTY 100

GARTENFEST 106

BAYERISCHES FEST 112

KOCHEN AM TISCH

FONDUES 118

FESTE FÜR BESONDERE ANLÄSSE

FAMILIENFEST 126

SEKTEMPFANG 132

FASCHINGS-PARTY 136

SILVESTER-PARTY 142

FRÜHSTÜCKS-PARTY 146

KINDERFEST 152

REGISTER 158

FESTE FEIERN

Werden Sie zum perfekten Gastgeber. Hier finden Sie Tips, mit denen jedes Fest garantiert ein Erfolg wird!

Getränke kühlen
Wie werden Sekt und Wein gekühlt, wenn der Kühlschrank prall gefüllt ist mit Häppchen und Terrinen? Die Flaschen einfach in eine Wanne mit Eis und/ oder eiskaltem Wasser legen.

Nobel: Menükarten
Wenn Sie Ihren Gästen ein mehrgängiges Essen servieren, künden Sie es Ihnen auf einer selbstgebastelten Menükarte an: das Menü auf Pergament schreiben und das Papier mit einer Kordel auf farbiger Pappe festbinden.

Party-Planer

- *Falls Sie ein Buffet aufbauen möchten und keinen ausreichend großen Eßtisch haben, können Sie auch einen Schreib- oder Tapeziertisch nehmen*
- *Niemand hat genügend Geschirr im Schrank, um viele Gäste zu bewirten. Leihen Sie sich von Freunden Teller und Schüsseln: Das Geschirr sollte aber einfarbig sein – am besten weiß*
- *Damit Sie wenig Streß am Tag der Party haben, machen Sie sich einige Tage vorher einen Arbeitsplan, wann Sie was besorgen müssen*
- *Auf einen Einkaufzettel sollten Sie nie verzichten! Beachten Sie, daß eventuell einige Lebensmittel vorbestellt werden müssen*
- *Wie viele Getränke brauchen Sie? Das hängt natürlich vom Durst Ihrer Freunde ab. Generell gilt: pro Gast eine Flasche Wein. Haben Sie immer einige Flaschen in Reserve. Woran es nie mangeln darf: an Mineralwasser!*

Originell: Blumen-Gemüse-Gesteck
Feiern Sie ein rustikales Fest? Dann erregen Sie Aufsehen mit diesem Deko-Strauß: verschiedene Gemüse und Blumen in einem Korb hübsch arrangieren.

Festlicher Tisch: *Edle Tischdecke, edles Geschirr und Blumengirlanden – aus Efeu und Blüten – zieren den Tisch. Die Servietten werden diagonal aufgerollt und mit einer Schleife aus breitem Schmuckband umwickelt.*

Rustikaler Tisch: *Kieselsteine auf dem Tisch verstreut sind der Clou dieser Dekoration. Die Serviette wird zu einem lockeren Knoten geschlagen und mit einer Sonnenblume geschmückt.*

Tischkärtchen
Falls Sie eine feste Sitzordnung für Ihre Feier wünschen, können Sie Kärtchen in jedem Design – schlicht, verschnörkelt oder modern – kaufen. Sie müssen sie nur noch beschriften.

Raffinierte Menüs

FRÜHLINGS-MENÜ

Wenn der Spargel und die Erdbeeren noch nicht reif sind, dann holen wir uns den Frühling einfach aus Italien – in Form dieses sonnigen Menüs

VORSPEISE

Jakobsmuscheln mit mariniertem Kürbis

Die fleischigen Muscheln werden in Sesam getaucht und dann gebraten. Dazu gibt´s mit Ingwer und Haselnußöl marinierten Kürbis und Feldsalat.

HAUPTGANG

Lammschulter und Fenchel mit Kartoffelgratin

vertreiben Wintergedanken. Das butterzart geschmorte Fleisch wird mit einer pikanten Rotwein-Steinpilz-Sauce serviert. Ziegenkäse und Kräuterbrösel verleihen dem Kartoffelgratin eine angenehme Schärfe.

DESSERT

Weiße Schokoladen-Mousse mit Orangen- und Cassis-Sauce und Florentinern

Italienisch und frühlingsfrisch kommt dieser Nachtisch daher: fruchtig, zart und mit Biß.

Jakobsmuscheln mit mariniertem Kürbis und Feldsalat

Zum Foto auf Seite 9

Für 4 Portionen:
250 g frischer Kürbis
10 g frische Ingwerwurzel
1 gestrichener Tl Zucker
Salz, Cayennepfeffer
4 El Limettensaft
5 El Haselnußöl
6 frische Jakobsmuscheln (vom Fischhändler aus der Schale brechen und putzen lassen, à 60–70 g)
100 g Feldsalat
weißer Pfeffer (a. d. Mühle)
1 Eiweiß
30 g Sesamsaat (geschält)
4 El Öl zum Braten

1. Kürbis dick schälen, die Kerne herausschaben, das Fruchtfleisch in feine Streifen schneiden. Ingwer schälen und fein reiben.

2. Kürbis mit Ingwer, Zucker, Salz, Cayennepfeffer, 2 El Limettensaft und 2 El Haselnußöl marinieren und 1 Stunde im Kühlschrank durchziehen lassen.

3. Von den Jakobsmuscheln, je nach Geschmack, den orangefarbenen Rogen (Corail) entfernen. Sehnige Muskelteile abschneiden (siehe Foto). Das Muschelfleisch 30 Minuten in kaltes Wasser legen.

4. Inzwischen den Feldsalat putzen, waschen und gut abtropfen lassen oder trockenschleudern.

Jakobsmuscheln vorbereiten: Den orangefarbenen Rogen abtrennen und die sehnigen Muskelteile abschneiden.

5. Für die Vinaigrette 3 El Wasser mit restlichem Haselnußöl und restlichem Limettensaft verrühren, salzen und pfeffern.

6. Das Muschelfleisch trockentupfen, einmal quer halbieren, salzen und pfeffern. Das Eiweiß schaumig rühren. Jakobsmuscheln auf der Schittfläche erst ins Eiweiß, dann in den Sesam tauchen, Sesam gut andrücken.

7. Das Öl stark erhitzen. Die Muscheln mit der Sesamseite 2 Minuten braten, wenden und weitere 4 Minuten braten.

8. Inzwischen den Feldsalat durch die Sauce ziehen und mit dem Kürbissalat auf 4 Tellern anrichten. Die gebratenen Jakobsmuscheln dazulegen.

Zubereitungszeit: 1 1/4 Stunden
Pro Portion etwa 18 g E, 26 g F, 8 g KH = 342 kcal (1428 kJ)

Lammschulter und Fenchel mit Rotwein-Steinpilz-Sauce

Zum Foto auf Seite 8

Für 4 Portionen:
1 Bund Suppengrün (500 g)
1 Lammschulter (1,3 kg)
Salz
weißer Pfeffer (a. d. Mühle)
4 Fenchelknollen (à 200 g)
20 g Butter
2 Zweige Thymian
300 g Lammknochen (walnußgroß gehackt)
1 El Öl
25 g getrocknete Steinpilze
500 ml kräftiger Rotwein (z. B. ein Vino Nobile di Montepulciano)
500 ml Lammfond (a. d. Glas)
1 Kartoffel (60 g)

1. Das Suppengrün putzen und grob zerkleinern. Von der Lammschulter die dicken Fettschichten abschneiden. Das Fleisch mit Salz und Pfeffer würzen.

2. Zwei Drittel des Suppengrüns in einen Bräter geben. Den Bräter mit warmem Wasser etwa 1 cm hoch angießen. Die Lammschulter auf das Suppengrün setzen und im vorgeheizten Backofen bei 180 Grad (Gas 2–3, Umluft 60 Minuten bei 180 Grad) auf der 2. Einschubleiste von unten 70 Minuten braten.

3. Inzwischen den Fenchel putzen, einmal längs halbieren, auf den Schnittflächen salzen, pfeffern. Die Butter aufschäumen lassen, den Fenchel darin auf den Schnittflächen goldbraun anbraten.

4. Nach 30 Minuten Garzeit (bei Umluft nach 25 Minuten) den Fenchel mit der Schnittfläche nach oben um das Fleisch herumlegen und mitgaren. 5 Minuten vor Garende die Thymianblätter von den Stielen streifen und auf den Fenchel streuen.

5. Inzwischen die Knochen im Öl bei starker Hitze kräftig bräunen. Restliches Suppengrün und die Steinpilze dazugeben und andünsten. Rotwein dazugießen und auf ein Viertel einkochen. Lammfond dazugießen und auf die Hälfte einkochen. Die Kartoffel in die Sauce reiben. Die Sauce 5 Minuten leise kochen lassen, durch ein feines Sieb gießen, salzen und pfeffern.

6. Das Fleisch in dünnen Scheiben vom Knochen schneiden und mit der Sauce beträufeln. Den Fenchel gut abtropfen lassen und mit anrichten. Dazu paßt Kartoffelgratin mit Ziegenkäse.

Zubereitungszeit: 1 1/2 Stunden
Pro Portion etwa 57 g E, 43 g F, 24 g KH = 756 kcal (3162 kJ)

Kartoffelgratin mit Ziegenkäse und Kräuterbröseln

Zum Foto auf Seite 8

Für 4 Portionen:
800 g Kartoffeln (festkochende Sorte)
Salz
weißer Pfeffer (a. d. Mühle)
150 g Crème fraîche
50 ml Schlagsahne
120 g Ziegenfrischkäse
50 g Butter
2 Scheiben Weizentoastbrot
1 Bund glatte Petersilie
1 Knoblauchzehe (durchgepreßt)

1. Die Kartoffeln schälen, waschen, in feine Scheiben schneiden, gut trocknen, salzen, pfeffern und mit Crème fraîche, Sahne und zerbröseltem Ziegenkäse mischen.

2. Eine Auflaufform (2 1/4 l Inhalt) mit 10 g weicher Butter ausstreichen. Die Kartoffelmischung gleichmäßig einschichten und im vorgeheizten Backofen bei 200 Grad (Gas 3, Umluft 40 Minuten bei 180 Grad) auf der 2. Einschubleiste von unten 50 Minuten garen.

3. Inzwischen das Toastbrot fein zerkrümeln. Die Petersilie fein hacken. Den Knoblauch pürieren.

4. Die restliche Butter aufschäumen. Die Brösel darin bei milder Hitze unter Rühren in 5 Minuten goldbraun rösten. Den Knoblauch dazugeben, etwas abkühlen lassen und die Petersilie untermischen. Die Kräuterbrösel auf dem heißen Gratin verteilen. Den Gratin zur Lammschulter servieren.

Zubereitungszeit: 1 Stunde
Pro Portion etwa 9 g E, 36 g F, 33 g KH = 498 kcal (2089 kJ)

Tip: *Der Kartoffelgratin kann nach 20 Minuten Bratzeit zur Lammschulter in den Backofen gestellt und bei gleicher Temperatur mitgegart werden.*

Florentiner

Zum Foto auf Seite 9

Für 18 Kekse:
15 g kandierte Kirschen
40 g Orangeat
40 g Schlagsahne
15 g Butter
45 g Zucker
35 g Mandeln (gehobelt)
35 g Mandeln (gemahlen)
20 g Mehl
100 g Zartbitter-Kuvertüre
etwas Puderzucker
zum Bestäuben

1. Kandierte Kirschen und Orangeat grob hacken. Sahne, Butter und Zucker unter Rühren aufkochen. Zerkleinerte Früchte, Mandeln und Mehl hineinrühren.

2. Aus der Hälfte der Florentinermasse 9 Häufchen auf ein mit Backpapier belegtes Blech setzen, dabei genügend Abstand lassen. Die Teighäufchen mit einer angefeuchteten Gabel rund und platt drücken (5 cm Durchmesser, siehe Foto).

3. Florentiner im vorgeheizten Backofen bei 180 Grad (Gas 2–3, Umluft nicht empfehlenswert) auf der 2. Einschubleiste von unten in 6–7 Minuten goldbraun backen.

4. Die Florentiner mit dem Backpapier vom Backblech nehmen und zum Auskühlen auf ein Kuchengitter setzen.

5 Den Backvorgang mit der restlichen Florentinermasse wiederholen.

Für die Florentiner die Masse als Häufchen auf ein mit Backpapier belegtes Backblech setzen und mit einer angefeuchteten Gabel zu runden, flachen Plätzchen drücken.

6. Die Kuvertüre mit einem schweren Messer zerkleinern und im heißen Wasserbad schmelzen. Die flüssige Kuvertüre auf die Unterseite der Florentiner pinseln und fest werden lassen.

7. 8 Florentiner mit Puderzucker besieben (die anderen in einer Keksdose 2–3 Wochen aufbewahren) und mit weißer Schokoladen-Mousse anrichten.

Zubereitungszeit: 45 Minuten
Pro Keks etwa 1 g E, 5 g F, 9 g KH = 92 kcal (386 kJ)

Weiße Schokoladen-Mousse mit Orangen- und Cassis-Sauce

Zum Foto auf Seite 9

Für 4 Portionen:
1 Orange (250 g)
30 g Zucker
200 ml Orangensaft
1 1/4 Blatt weiße Gelatine
125 g weiße Kuvertüre
1 Vanilleschote
1 Ei (Gew.-Kl. 2)
300 ml Schlagsahne
1 El Orangenlikör
100 ml Cassis
(schwarzer Johannisbeerlikör)
1 gestrichener
Tl Speisestärke
Zitronenmelisse
zum Dekorieren

1. Für die Sauce die Orange schälen und das Fruchtfleisch grob würfeln. Zucker in einem Topf goldgelb schmelzen lassen. Die Orangenstücke unterrühren, den Orangensaft dazugießen und zugedeckt bei mittlerer Hitze 20 Minuten dünsten.

2. 1/4 Blatt Gelatine in kaltem Wasser einweichen. Die Orangensauce mit dem Schneidstab des Handrührers pürieren und durch ein feines Sieb streichen. Die Gelatine ausdrücken und in der warmen Sauce auflösen. Die Sauce 6 Stunden abkühlen lassen.

3. Die Kuvertüre grob zerkleinern und im heißen Wasserbad schmelzen.

4. Die Vanilleschote halbieren, das Mark herausschaben, in die Kuvertüre rühren, abkühlen lassen.

5. Die restliche Gelatine in kaltem Wasser einweichen. Das Ei im heißen Wasserbad cremig aufschlagen, die ausgedrückte Gelatine darin auflösen, etwas abkühlen lassen.

6. Die Sahne steif schlagen. Die Kuvertüre unter die Eimasse mischen. Nach und nach die Sahne unterheben, dabei auch den Orangenlikör dazugeben. Die Mousse im Kühlschrank in 5 Stunden fest werden lassen.

7. Den Cassislikör aufkochen. Speisestärke mit 2 El kaltem Wasser anrühren, unter Rühren in den Likör geben, 5 Minuten leise kochen lassen und kühl stellen.

8. Aus der Mousse mit einem feuchten Eßlöffel Nocken ausstechen. Jeweils 2 Nocken auf einem Teller anrichten. Orangen- und Cassissauce angießen. Je 2 Florentiner wie 2 Flügel an die Mousse setzen, mit Melisse dekorieren.

Zubereitungszeit: 1 Stunde
(plus 6 Stunden Kühlzeit, besser: Saucen und Mousse über Nacht durchkühlen lassen)
Pro Portion etwa 6 g E, 36 g F, 45 g KH = 597 kcal (2504 kJ)

Italienischer Wein zum italienischen Menü
Der Casato delle Maciè zur Vorspeise ist aromatischer als ein Galestro, der Weißwein, den man sonst aus der Toskana kennt. Den Rotwein zum Hauptgericht, ein Vino Nobile de Montepulciano könnte man als großen Bruder des Chianti bezeichnen. Beide Weine stammen von Rocca delle Maciè, dem renommierten Weingut von Italo Zingarelli, der vor zwanzig Jahren sein Rebland von dem Geld kaufte, das er als Produzent von Italo-Western gemacht hatte.

ARBEITSPLAN

AM TAG VOR DEM MENÜ

- *Das Dessert komplett zubereiten: Florentiner backen, Schokoladen-Mousse zubereiten, Orangen- und Cassissauce kochen*

AM TAG DES MENÜS

2 Stunden vor dem Essen

- *Lammschulter braten*
- *Kürbis marinieren*
- *Fenchel putzen*
- *Jakobsmuscheln vorbereiten*
- *Kartoffelgratin vorbereiten*

1 Stunde vor dem Essen

- *Rotwein-Steinpilz-Sauce zubereiten*
- *Kartoffelgratin backen*

Kurz vor dem Essen

- *Feldsalat putzen*
- *Jakobsmuscheln braten*
- *Lammschulter aufschneiden*

Nach dem Hauptgang

- *Mousse mit Florentinern anrichten*

Raffinierte Menüs

SOMMER-MENÜ

Aus dem vollen schöpfen und daraus Leichtes kochen – nie ist es so einfach wie im Juni, Juli und August. Denn frisches Gemüse, fangfrischer Fisch und zartes Geflügel stecken voller Aroma und brauchen keine schweren Beilagen

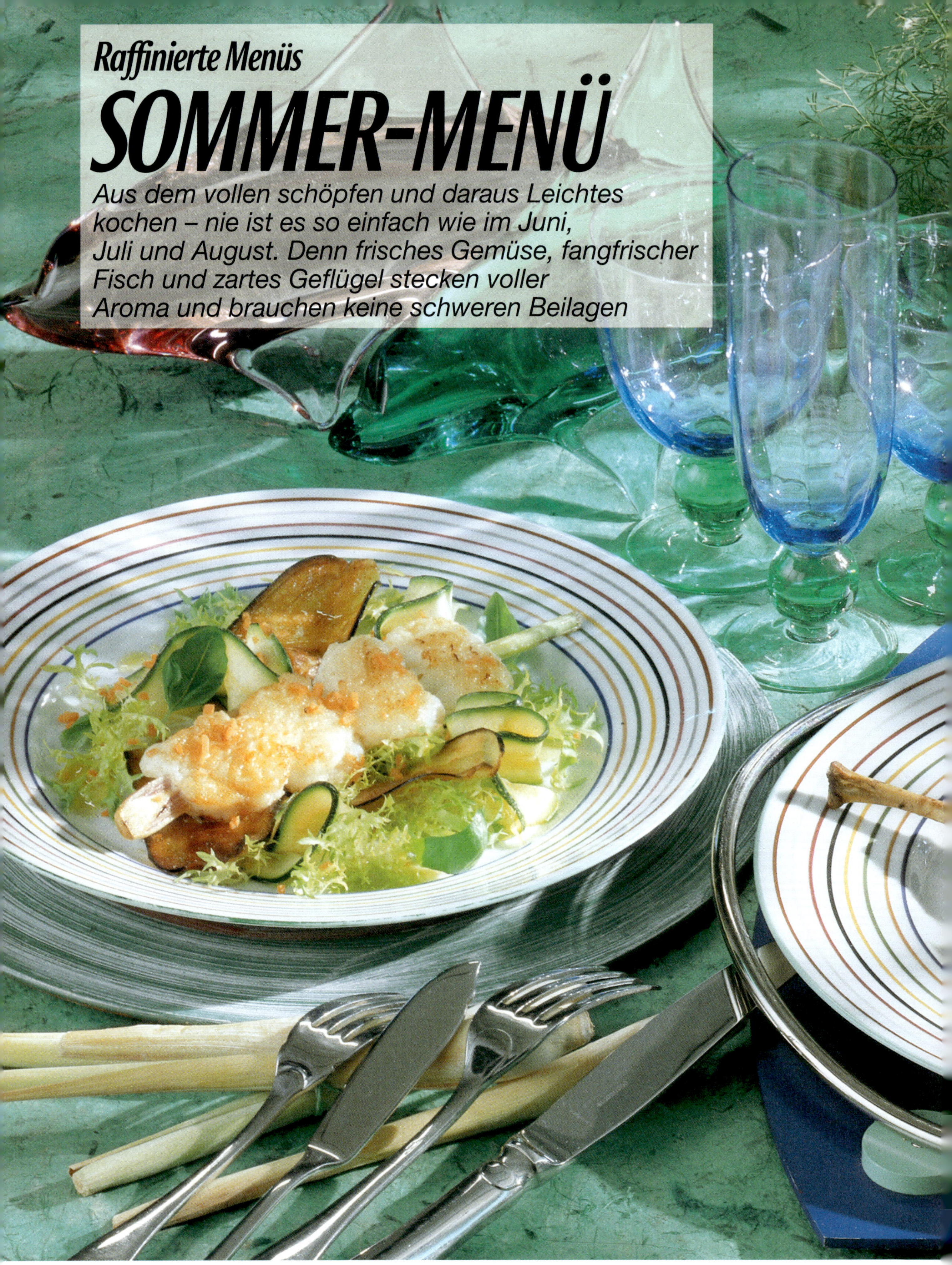

VORSPEISE

Gebratene Seeteufel-Medaillons auf Zitronengrasspießen

gebettet auf Friséesalat und gemischt mit gebratenen Auberginen- und Zucchinischeiben – leichtes Entrée dieses Sommer-Menüs.

HAUPTGANG

Perlhuhn mit Schalotten und Champignons

Das gekräuterte Geflügel duftet und schmeckt herrlich nach Knoblauch, Lorbeer, Rosmarin und Thymian. Als Beilage ideal sind die mitgeschmorten Schalotten und Champignons sowie in Butter gebratene Wirsingblätter.

DESSERT

Weiße Mousse mit Traubenkompott und Piniencrackern

Marc de Chablis, ein französischer Tresterschnaps, gibt der süßen Vanille-Mousse eine leicht herbe Note. Damit harmonieren das Kompott und die Cracker.

Seeteufel-Medaillons auf Zitronengrasspießen

Zum Foto auf Seite 12

Für 4 Portionen:
2 Zitronengrasstangen (à 10 g)
450 g Seeteufelfilet (gehäutet)
1 kleine Aubergine (200 g)
Salz
weißer Pfeffer (a. d. Mühle)
etwas Mehl zum Wenden
200 ml Olivenöl
1 kleiner Kopf Friséesalat
1 Möhre (50 g)
1 kleine Zucchini (150 g)
3 El Limettensaft
Zucker
Basilikum zum Dekorieren

1. Die Zitronengrasstangen einmal längs halbieren.

2. Das Seeteufelfilet in 16 gleich große Medaillons schneiden. Jedes Medaillon an der Kantenmitte mit einem kleinen spitzen Messer leicht durchstechen. Immer 4 Seeteufel-Medaillons auf eine halbierte Stange Zitronengras spießen.

3. Die Aubergine putzen und der Länge nach auf einem Gemüsehobel (sonst mit dem Messer) in 9 hauchdünne Scheiben schneiden (den Rest anderweitig verarbeiten). Die Auberginenscheiben salzen, pfeffern, dünn in Mehl wenden und das überschüssige Mehl gut abklopfen.

4. 6 El Öl in einer großen Pfanne erhitzen. Die Auberginenscheiben darin nebeneinander bei mittlerer Hitze auf jeder Seite in 2 Minuten goldbraun braten und anschließend auf Küchenpapier abtropfen lassen.

5. Die zarten, hellen Teile des Friséesalates abzupfen, waschen und trockenschleudern. Die Möhre putzen und sehr fein würfeln. Die Zucchini putzen und der Länge nach auf dem Gemüsehobel in hauchdünne Scheiben hobeln und leicht salzen.

6. Für die Salatsauce den Limettensaft mit 4 El Wasser, Salz, Pfeffer und 1 Prise Zucker verrühren. 10 El Öl mit dem Schneidstab des Handrührers daruntermischen.

7. Die Fischspieße salzen, pfeffern, dünn in Mehl wenden und das überschüssige Mehl gut abklopfen.

8. Das restliche Öl in einer großen Pfanne stark erhitzen. Die Fischspieße darin bei sehr starker Hitze auf jeder Seite 2 Minuten kräftig braten.

9. Auberginen, Zucchini und Friséesalat auf Portionstellern anrichten und gleichmäßig mit der Salatsauce beträufeln. Die Spieße darauf legen, mit Möhrenwürfeln und Basilikum dekorieren und servieren.

Zubereitungszeit: 1 1/4 Stunden
Pro Portion etwa 19 g E, 41 g F, 5 g KH = 481 kcal (2015 kJ)

Gekräutertes Perlhuhn mit Schalotten und Champignons

Zum Foto auf Seite 13

Für 4 Portionen:
500 g Hähnchenflügel
80 g Butter
250 g Suppengrün (gewürfelt)
180 ml Madeira (Dessertwein)
600 ml Geflügelfond (a. d. Glas)
1 Kartoffel (60 g, geschält)
160 g getrocknete Tomaten in Öl
250 g große rosa Champignons
400 g Schalotten
1 Tl Zucker
1 Perlhuhn (1,2 kg, küchenfertig vorbereitet)
Salz
weißer Pfeffer (a. d. Mühle)
5 Knoblauchzehen
5 Lorbeerblätter
1 kleiner Zweig Rosmarin
1 kleines Bund Thymian

Zuerst wird das Perlhuhn in Butter goldgelb gebraten und dann im Backofen mit Tomaten, Schalotten, Champignons, Knoblauch, Lorbeer, Rosmarin und Thymian gegart.

1. Für die Sauce die Hähnchenflügel walnußgroß hakken und in 25 g Butter bei starker Hitze dunkelbraun rösten. Suppengrün kurz mitrösten. Madeira dazugießen und fast völlig einkochen lassen. Den Geflügelfond dazugießen. Die Kartoffel hineinreiben. Die Sauce auf die Hälfte einkochen und durch ein sehr feines Sieb gießen.

2. Inzwischen die getrockneten Tomaten halbieren und 5 El vom Tomatenöl dazugeben. Die Champignons putzen. Die Schalotten pellen, mit Zucker mischen und in 30 g Butter goldbraun anbraten.

3. Das Huhn innen salzen und pfeffern, die Flügel mit Küchengarn zusammenbinden.

4. Die restliche Butter im Bräter erhitzen. Das Perlhuhn darin kurz goldbraun anbraten. Tomaten, Champignons, Schalotten, ungeschälte Knoblauchzehen, Lorbeer, Rosmarin und 2/3 vom abgezupften Thymian dazugeben.

5. Das Perlhuhn im vorgeheizten Backofen bei 200 Grad (Gas 3, Umluft 45 Minuten bei 180 Grad) auf der 2. Einschubleiste von unten 45 Minuten braten. In den letzten 20 Minuten den Deckel abnehmen.

6. Die Sauce erhitzen. Das Perlhuhn tranchieren und portionsweise mit dem Gemüse anrichten und mit der Sauce begießen.

7. Zum Schluß die restlichen Thymianblättchen über das Gemüse streuen. Dazu passen gebratene Wirsingblätter.

Zubereitungszeit: 2 Stunden
Pro Portion etwa 54 g E, 50 g F, 24 g KH = 799 kcal (3341 kJ)

Tip: *Statt des Perlhuhns können Sie auch eine Poularde nehmen oder zwei große Wachteln (à 250–280 g), die dann knapp 30 Minuten braten.*

Gebratene Wirsingblätter

Zum Foto auf Seite 13

Für 4 Portionen:
400 g Wirsing
Salz
50 g Butter
weißer Pfeffer (a. d. Mühle)

1. Die äußeren dunkelgrünen Wirsingblätter entfernen. Die anderen Blätter ablösen und die Strünke keilförmig herausschneiden.

2. Leicht gesalzenes Wasser zum Kochen bringen. Die Wirsingblätter darin 2 Minuten blanchieren, mit der Schaumkelle herausnehmen, kurz abschrecken, auf einer dicken Lage Küchenpapier ausbreiten. Die Blätter sorgfältig trockentupfen.

3. Die Butter erhitzen (am besten in 2 Pfannen). Die Wirsingblätter darin bei mittlerer Hitze kurz hell anbraten, anschließend mit Salz und Pfeffer würzen.

4. Die gebratenen Wirsingblätter mit dem gekräuterten Perlhuhn anrichten.

Zubereitungszeit: 20 Minuten
Pro Portion etwa 2 g E, 11 g F, 3 g KH = 119 kcal (499 kJ)

Weiße Marc-de-Chablis-Mousse mit Traubenkompott und Piniencrackern

Zum Foto auf Seite 13

Für 4 Portionen:
125 g weiße Kuvertüre
2 Vanilleschoten
1 Blatt weiße Gelatine
1 Ei (Gew.-Kl. 2)
4 El Marc de Chablis (ersatzweise Cognac)
250 ml Schlagsahne
10 g Speisestärke (1 gestrichener El)
150 ml heller Traubensaft
150 ml Sauerkirschsaft
150 g helle Weintrauben
150 g dunkle Weintrauben
etwas Öl zum Ausstreichen
80 g Pinienkerne
50 g Zucker
Zitronenmelisse zum Dekorieren

1. Die Kuvertüre grob hacken und im heißen Wasserbad schmelzen.

2. Die Vanilleschoten aufschlitzen, das Mark herausschaben und unter die Kuvertüre mischen. Die Schoten aufbewahren. Die Gelatine in kaltem Wasser einweichen.

3. Das Ei mit 1 El Marc im heißen Wasserbad cremigdicklich aufschlagen. Die Gelatine ausdrücken und in der Eimasse auflösen.

4. Die Sahne steif schlagen. Sobald die Kuvertüre und die Eimasse nur noch handwarm sind, zuerst die Kuvertüre mit dem Schneebesen unter die Eimasse mischen. Die Sahne mit dem Spatel nach und nach unterheben. Den restlichen Marc eßlöffelweise dazugeben. Die Mousse 6 Stunden kalt stellen.

5. Die Stärke mit 1 El kaltem Wasser anrühren. Die Säfte mischen und mit den Vanilleschoten aufkochen. Die Stärke einrühren. Die Sauce bei milder Hitze 8 Minuten leise kochen und dann abkühlen lassen.

6. Inzwischen die Trauben längs halbieren und mit der kalten Sauce mischen.

7. Ein Blatt Pergamentpapier dünn mit etwas Öl bepinseln. Die Pinienkerne mit dem Zucker in einer Pfanne bei mittlerer Hitze unter Rühren goldbraun braten. Die lauwarmen Pinienkerne mit einem leicht geölten Eßlöffel in 8 kleinen Häufchen auf das Pergamentpapier setzen, kalt werden lassen.

8. Aus der Mousse mit einem in heißes Wasser getauchten Eßlöffel 8 Nocken abstechen. Jeweils 2 Nocken mit etwas Traubenkompott auf Desserttellern anrichten und die Pinienkerne dazulegen. Zum Schluß mit Melisseblättchen dekorieren.

Zubereitungszeit: 1 Stunde
(plus 6 Stunden Kühlzeit)
Pro Portion etwa 12 g E, 44 g F, 58 g KH = 712 kcal (2989 kJ)

ARBEITSPLAN

AM TAG VOR DEM MENÜ

- *Das Dessert komplett zubereiten: Marc-de-Chablis-Mousse, Traubenkompott und Piniencracker zubereiten*
- *Sauce für das Perlhuhn zubereiten*

AM TAG DES MENÜS

2 Stunden vor dem Essen

- *Perlhuhn und Gemüse vorbereiten*
- *Seeteufel-Medaillons und Gemüse vorbereiten*
- *Auberginen und Zucchini für die Vorspeise braten*

1 Stunde vor dem Essen

- *Perlhuhn braten*
- *Wirsingblätter vorbereiten*

Kurz vor dem Servieren

- *Seeteufel-Medaillons braten*
- *Sauce für das Perlhuhn erhitzen und das Perlhuhn tranchieren*
- *Wirsingblätter braten*

Nach dem Hauptgang

- *Mousse mit Traubenkompott und Piniencrackern anrichten*

Der Wein, der zum Seeteufel paßt
Kein anderer Wein paßt so gut zu den Seeteufel-Medaillons auf Zitronengrasspießen wie ein Muscadet de Sèvres et Maine sur lie. Number one von Louis Métaireau nimmt das Zitrusaroma auf und bereichert es durch seine mineralische Note. Außerdem behauptet er sich leicht gegen den charaktervollen Fisch. Zum Hauptgang, dem gekräuterten Perlhuhn, paßt ein roter Burgunder.

Raffinierte Menüs

HERBST-MENÜ

Saison für Artischocken, Austern, Wild, Pilze, Wirsing und Äpfel: Aus dieser Vielfalt läßt sich ganz einfach ein feines und dennoch deftiges Essen mit drei Gängen zubereiten

VORSPEISE

Artischockenböden mit pochierten Austern

serviert mit einer Hollandaise – luxuriös beginnt dieses Menü.

HAUPTGANG

Wirsingrouladen mit Wildfüllung und Waldpilze in Rahmsauce:

herbstlicher kann kein Gericht schmecken. Dazu gibt´s in Butter geschwenkte Spätzle mit gemahlenen Haselnüssen.

DESSERT

Gefüllte Äpfel mit Karamelsauce

machen dem beliebten Bratapfel Konkurrenz. Die Herbstäpfel werden in Weißwein pochiert, mit Quarkmasse gefüllt und im Backofen goldbraun gebacken. Die süße Calvados-Karamel-Sauce ergänzt sich hervorragend mit dem säuerlichen Apfelaroma.

HERBST-MENÜ

Artischockenböden mit pochierten Austern

Zum Foto auf Seite 16

Für 6 Portionen:
6 große Artischocken (Prince de Bretagne)
Salz
2 El Zitronensaft
18 große Austern (vom Fischhändler öffnen, die Flüssigkeit mitgeben lassen)
1/8 l trockener Weißwein (am besten ein Riesling)
4 Eigelb
100 g Butter

1. Die Artischockenstiele ausbrechen. Die Artischocken in einem großen Topf in Salzwasser bei milder Hitze 45 Minuten zugedeckt kochen. Die Artischocken mit einer Schaumkelle aus dem Topf heben, abtropfen und abkühlen lassen.

2. Die Artischockenblätter abzupfen. 48 fleischige Blätter zur Seite legen. Mit einem Löffel auch das Heu von den Artischockenböden lösen. Die Böden am Rand und auf der Unterseite glattschneiden und mit Zitronensaft beträufeln. Die Artischockenböden zugedeckt beiseite stellen.

3. Das Austernwasser durch ein Teesieb gießen. Den Wein in einer Pfanne erhitzen, die Austern darin 1/2 Minute stocken lassen. Die Austern zum Abtropfen in ein Sieb geben, den Wein auffangen.

4. Wein und 1/8 l Austernwasser mit dem Eigelb in einen Schneekessel geben und im Wasserbad dicklich-cremig aufschlagen. Den Kessel aus dem Wasserbad nehmen. Die Masse weiterschlagen, bis sie kalt ist.

5. Die Butter schmelzen und langsam mit dem Schneebesen unter die Eigelbmasse rühren. Die Hollandaise eventuell salzen.

6. Jeweils 3 Austern auf einen Artischockenboden legen, mit den fleischigen Artischockenblättern anrichten und mit der Sauce begießen. Die restliche Sauce getrennt dazu reichen.

Zubereitungszeit: 1 3/4 Stunden
Pro Portion etwa 8 g E, 20 g F, 14 g KH = 274 kcal (1147 kJ)

Wirsingrouladen mit Wildfüllung

Zum Foto auf Seite 17

Für 6 Portionen:
2 Hasenrücken (à 500 g, möglichst ungespickt)
50 g Möhre
100 g Sellerie
100 g Porree
6 Wacholderbeeren
3 El Öl
2 Lorbeerblätter
1/4 l trockener Rotwein
4 Scheiben Weizentoastbrot
100 g Schalotten
100 g Butter oder Margarine
2 Eier (Gew.-Kl. 3)
Salz
schwarzer Pfeffer (a. d. Mühle)
1 Tl frische Thymianblätter (gehackt)
2 kleine Köpfe Wirsing (1 kg)
12 Scheiben Bacon
50 g Butterschmalz

1. Die Hasenrückenfilets mit einem scharfen Messer vom Knochen lösen. Die kleinen Filets unterhalb der Rippenbögen auch auslösen. Das Fleisch grob würfeln. Die Knochen mit einem schweren Messer zerschlagen.

2. Möhre, Sellerie und Porree putzen und grob zerkleinern. Wacholderbeeren zerdrücken.

3. Das Öl in einer Pfanne erhitzen, Knochen, Suppengrün, Wacholderbeeren und Lorbeerblätter kräftig unter Wenden darin anbraten, bis alles stark gebräunt ist. Mit dem Rotwein und 1/2 l Wasser ablöschen.

4. Den Fond 15 Minuten kochen, durch ein Sieb gießen, auf 1/8 l einkochen lassen.

5. Inzwischen für die Füllung das Toastbrot ohne Rinde in kaltem Wasser einweichen.

6. Die Schalotten pellen, sehr fein würfeln und in der Butter oder Margarine andünsten.

7. Die Fleischwürfel durch die mittelfeine Scheibe des Fleischwolfs drehen. Das Toastbrot gut ausdrücken.

8. Wildfleisch mit Eiern, Brot, Schalotten und 1/8 l Wildfond verkneten, mit Salz, Pfeffer und Thymian würzen. Die Farce 2 Stunden kalt stellen.

9. Für die Rouladen die äußeren dunklen Blätter vom Wirsing entfernen. Die Strünke aus den Kohlköpfen keilförmig herausschneiden, die Wirsingblätter ablösen.

10. Salzwasser in einem Topf zum Kochen bringen. Die Wirsingblätter darin nacheinander 1–2 Minuten blanchieren, anschließend zum Trocknen auf einem Küchentuch ausbreiten.

11. Die dicken Rippen aus den Blättern herausschneiden. Die großen Blätter halbieren und jeweils 1 kleines Blatt darauf legen. 12 Kohlblätter in dieser Weise vorbereiten.

12. Jeweils einen gehäuften Eßlöffel Wildfarce auf jedes Kohlblatt geben. Das Kohlblatt erst von beiden Seiten über die Farce schlagen und dann aufrollen. Jede Roulade mit einer Baconscheibe umwickeln und mit einem Holzstäbchen feststecken.

13. Das Butterschmalz in einem flachen Bräter erhitzen, die Wirsingrouladen heineinsetzen, den Deckel auflegen.

14. Die Rouladen im vorgeheizten Backofen bei 250 Grad (Gas 5, Umluft 225 Grad) auf der 2. Einschubleiste von unten 30 Minuten braten. Den Deckel abnehmen.

15. Die Rouladen weitere 10 Minuten offen garen, bis der Speck leicht gebräunt ist. Mit Waldpilzen in Rahmsauce und Haselnußspätzle servieren.

Zubereitungszeit: 2 1/2 Stunden (plus Kühlzeit)
Pro Portion etwa 36 g E, 47 g F, 12 g KH = 648 kcal (2709 kJ)

Waldpilze in Rahmsauce

Zum Foto auf Seite 17

Für 6 Portionen:
600 g gemischte Waldpilze (Maronen, Steinpilze etc.)
40 g Butter oder Margarine
Salz
schwarzer Pfeffer (a. d. Mühle)
200 g Crème fraîche

1. Die Pilze putzen, waschen, gut trocknen und in dünne Scheiben schneiden. Große Pilze halbieren oder vierteln.

2. Butter oder Margarine in einer Pfanne erhitzen. Die Pilze hineingeben, salzen, pfeffern und bei starker Hitze 6–8 Minuten dünsten, bis die Flüssigkeit verdampft ist.

3. Crème fraîche dazugeben, 4–5 Minuten einkochen lassen, bis die Sauce ganz leicht gebunden ist. Die Pilze zu den Wirsingrouladen und den Haselnußspätzle servieren.

Zubereitungszeit: 45 Minuten
Pro Portion etwa 3 g E, 16 g F, 5 g KH = 179 kcal (749 kJ)

Haselnußspätzle

Zum Foto auf Seite 17

Für 6 Portionen:
30 g Haselnußkerne
400 g Spätzle
Salz
50 g Butter

1. Die Haselnußkerne im vorgeheizten Backofen bei 200 Grad (Gas 3, Umluft 180 Grad) auf der 2. Einschubleiste von unten oder in einer trockenen Pfanne ohne Fett 8 Minuten rösten, anschließend in ein Sieb schütten, abkühlen lassen und dann die braunen Häutchen abreiben. Die Nüsse mahlen.

2. Die Spätzle nach Packungsanweisung in kochendem Salzwasser garen, mit der Schaumkelle herausheben und abtropfen lassen.

3. Die Butter in einer Pfanne schmelzen lassen. Die Spätzle darin schwenken und erwärmen. Die Haselnüsse untermischen.

4. Die Haselnußspätzle in einer vorgewärmten Schüssel als Beilage zu den Wirsingrouladen servieren.

Zubereitungszeit: 30 Minuten
Pro Portion etwa 10 g E, 12 g F, 45 g KH = 334 kcal (1398 kJ)

Gefüllte Äpfel mit Karamelsauce

Zum Foto auf Seite 17

Für 6 Portionen:
1/4 l trockener Weißwein
100 g Zucker
2 El Zitronensaft
6 Äpfel (möglichst gleich große, 1,25 kg)
70 g Butter
125 g Puderzucker
2 El Calvados (Apfelbrand)
200 g Magerquark
2 Eier (Gew.-Kl. 3)
1 Tl dünn abgeriebene Schale einer unbehandelten Zitrone
Salz

1. Weißwein, 50 g Zucker und Zitronensaft in einem Topf aufkochen.

2. Die Äpfel schälen, die Kerngehäuse mit einem Apfelausstecher herauslösen. Die Öffnungen mit einem Kugelausstecher vergrößern.

3. Die Äpfel bei mittlerer Hitze 10 Minuten zugedeckt im Weinsud pochieren. Sie dürfen nicht zu weich werden. Die Äpfel abtropfen und den Sud auf die Hälfte einkochen lassen.

4. Eine feuerfeste Form mit 20 g Butter ausfetten und die Äpfel hineinsetzen.

5. Den Puderzucker in einem Topf mit dickem Boden bei mittlerer Hitze zu Karamel schmelzen lassen.

6. Den Karamel mit dem eingekochten Weinsud ablöschen und einmal aufkochen lassen, bis sich der Karamel gelöst hat. Die Sauce kalt werden lassen und den Calvados unterrühren.

7. Für die Füllung den Quark gut ausdrücken. Die Eier trennen. Den Quark mit Eigelb, Zitronenschale, 1 Prise Salz und der restlichen weichen Butter glattrühren.

8. Das Eiweiß mit dem restlichen Zucker zu steifem Schnee schlagen und unter die Quarkmasse heben. Die Quarkmasse in einen Spritzbeutel mit großer Lochtülle geben, in die Äpfel spritzen.

9. Die Äpfel im vorgeheizten Backofen bei 200 Grad (Gas 3, Umluft 15–20 Minuten bei 200 Grad) auf der 2. Einschubleiste von unten 25–30 Minuten backen, nach 10–12 Minuten mit Alufolie abdecken. Die Quarkmasse soll goldbraun sein.

10. Die Äpfel auf Portionstellern anrichten und mit der Karamelsauce begießen.

Zubereitungszeit: 1 Stunde
Pro Portion etwa 8 g E, 13 g F, 63 g KH = 415 kcal (1733 kJ)

Harmonisches Doppel aus Burgund
Burgunder müssen nicht sündhaft teuer sein, zumindest dann nicht, wenn man auf große Lagennamen verzichtet. Der Beweis: zwei Weine vom Couvent des Jacobins, ein Chardonnay und ein Pinot Noir für weniger als 25 Mark. Der Weiße paßt zu den Artischockenböden mit Austern, der Rote ergänzt die Wildfüllung der Wirsingrouladen und die Waldpilze in Rahmsauce.

ARBEITSPLAN

AM TAG VOR DEM MENÜ
- *Haselnüsse für die Spätzle rösten, häuten und mahlen*
- *Nach Belieben die Wirsingrouladen komplett zubereiten oder vier Stunden vor dem Menü mit dem Kochen beginnen*

AM TAG DES MENÜS

2 Stunden vor dem Essen
- *Artischocken kochen*
- *Spätzle kochen*
- *Karamelsauce für das Dessert zubereiten*
- *Äpfel im Weinsud pochieren*

1 Stunde vor dem Essen
- *Äpfel füllen und im Ofen backen*
- *Pilze putzen und zubereiten*

Kurz vor dem Servieren
- *Wirsingrouladen, falls am Vortag zubereitet, erwärmen*
- *Austern pochieren*
- *Sauce für die Austern aufschlagen*
- *Spätzle erwärmen und mit Nüssen mischen*
- *Artischockenböden mit Austern und Sauce anrichten*

Nach dem Hauptgang
- *Gebackene Äpfel mit Karamelsauce anrichten*

Raffinierte Menüs

WEIHNACHTS-MENÜ

Trüffel-Consommé, Lachsforelle, Champagner-Kraut, Linsenplätzchen und Vanille-Mousse – das perfekte Essen zum Fest! Es ist fein und edel, belastet den Magen nicht und läßt sich gut vorbereiten

HAUPTGANG

Lachsforelle mit Meerrettich-Kruste, Champagner-Kraut und Linsenplätzchen

Die Fischfilets garen im Backofen in etwas Sekt und werden anschließend kurz übergrillt, damit die Semmelbröselkruste leicht bräunt. Frischer Meerrettich stärkt das feine Aroma des Fisches. Und als Beilage passen krosse Linsenplätzchen und Sauerkraut, gedünstet mit Champagner oder Sekt.

WEIHNACHTS-MENÜ

VORSPEISE

Consommé mit Trüffeln

Festlich und edel ist die klare Suppe, die auf Basis von Ochsenbein und Roastbeefknochen gekocht wird. Die Einlage besteht aus Möhren und Porree. Das Exquisite ist jedoch der schwarze, frische Trüffel, der bei Tisch dünn über die Consommé gehobelt wird.

DESSERT

Vanille-Quark-Mousse mit Orangen

Die lockere Mousse aus Sahnequark, Sahne und viel Vanille und das Orangenkaramel lassen sich prima am Tag vor dem Fest zubereiten.

Consommé mit Trüffeln

Zum Foto auf Seite 22

Für 6 Portionen:
Consommé
500 g Ochsenbein
1 kg Roastbeefknochen
2 Zwiebeln
1 Lorbeerblatt
2 Gewürznelken
1 Bund Suppengrün
1 Tl schwarzer Pfeffer (gestoßen)
1/2 Bund Petersilie
1/2 Bund Thymian
500 g Rinderschulter (vom Schlachter durch den Fleischwolf drehen lassen)
1 Eiweiß
Salz
Einlage
1 große Möhre
1 kleine Stange Porree
1 schwarze Trüffel (15 g, frisch)
Salz
Pfeffer (a. d. Mühle)
1 Tl Trüffel-Öl
evtl. Petersilie zum Garnieren

1. Am Vortag 3 l Wasser zum Kochen bringen. Ochsenbein und Knochen für 2–3 Minuten hineingeben, abgießen, kalt abspülen. Dann in 3 l kaltem Wasser bei kleiner bis mittlerer Hitze aufsetzen. 1 Zwiebel mit Lorbeer und Nelken spicken und zum Fleisch geben.

2. Suppengrün putzen, waschen und grob zerkleinern, die Hälfte davon mit Pfeffer, Petersilie und Thymian zur Brühe geben.

3. Die Brühe bei milder Hitze 4 Stunden im offenen Topf leise kochen lassen, hin und wieder abschäumen. Die fertige Brühe durch ein Mulltuch gießen und kalt stellen.

4. Am nächsten Tag die Brühe entfetten. Die restliche Zwiebel halbieren, mit den Schnittseiten nach unten in eine Pfanne ohne Fett legen und braun rösten. Das durchgedrehte Rindfleisch in eine Schüssel geben. Mit Eiweiß und restlichem Suppengrün verrühren. In die kalte Brühe geben. Zwiebelhälften und 3–4 Eiswürfel dazugeben.

5. Die Brühe langsam zum Kochen bringen. Wenn die Eiweißschicht, die sich während des Erhitzens gebildet hat, aufbricht, den Topf vom Herd ziehen und die Brühe 20 Minuten ziehen lassen. Durch ein Mulltuch gießen und salzen.

6. Für die Einlage die Möhre waschen, schälen und in dünne Streifen schneiden. Den Porree putzen, waschen und in ebenso kleine Streifen schneiden. Die Trüffel unter kaltem Wasser abbürsten, gut abtrocknen und die Schale 1 mm dünn abschälen.

7. Die Brühe erhitzen, die Möhrenstreifen dazugeben und 1–2 Minuten garen. Die Porreestreifen dazugeben und 1 Minute garen. Mit Salz, Pfeffer und Trüffel-Öl würzen. Auf Tellern anrichten und eventuell mit Petersilie garnieren. Die Trüffel bei Tisch dünn über die Suppe hobeln.

Zubereitungszeit: 4 Stunden, 50 Minuten (ohne Kühlzeit)
Pro Poriton etwa 2 g E, 2 g F, 2 g KH = 31 kcal (131 kJ)

Lachsforelle mit Meerrettich-Kruste

Zum Foto auf Seite 20

Für 6 Portionen:
1 Lachsforelle (1,5 kg netto, filiert und gehäutet)
30 g Butter (zimmerwarm)
400 ml Fischfond (a. d. Glas)
150 g Crème fraîche
2–3 El Zitronensaft
Salz
Zucker
1/2 Stange Meerrettich
50 g Semmelbrösel (von 3 Scheiben Weizentoastbrot)
200 ml Sekt (trocken)
Petersilie zum Garnieren

1. Den Backofen auf 200 Grad (Gas 3, Umluft nicht empfehlenswert) vorheizen. Aus den Fischfilets die restlichen Gräten mit einer Pinzette herausziehen.

2. Die Saftpfanne des Backofens mit 15 g Butter einfetten. Die Fischfilets mit den Außenseiten nach unten in die Saftpfanne legen.

3. Den Fischfond bei starker Hitze auf 1/8 l einkochen lassen, die Crème fraîche und den Zitronensaft unterrühren. Cremig einkochen lassen, mit Salz und Zucker würzen.

4. Den Meerrettich waschen, schälen und grob raspeln.

5. Die Semmelbrösel mit 1 Tl Salz mischen und gleichmäßig über den Fisch streuen, die restliche Butter darauf verteilen. Den Sekt in die Saftpfanne gießen.

6. Den Fisch auf der 2. Einschubleiste von unten in den Ofen schieben und 4–6 Minuten garen. Dann 3–4 Minuten unter den Grill schieben, bis die Kruste hellbraun ist. Warm halten.

7. Die Saftpfanne aus dem Ofen nehmen und den Fisch mit Champagner-Kraut und Linsenplätzchen anrichten.

8. Die restliche Flüssigkeit aus der Saftpfanne in die Sauce geben, aufkochen lassen, mit Salz und Zucker würzen und anrichten. Die Lachsforelle mit Meerrettich bestreuen und mit Petersilie garnieren.

Zubereitungszeit: 30 Minuten
Pro Portion etwa 27 g E, 16 g F, 8 g KH = 295 kcal (1234 kJ)

So decken Sie Ihren Tisch festlich zu Weihnachten
***1** Streuen Sie etwas Goldglitter auf das einfarbige Tischtuch, und dekorieren Sie den Tisch mit Glaskugeln, Ästen und selbstgemachten Leuchtern.*
***2** Für die Kerzenleuchter brauchen Sie Goldstoff, Kerzen, Blumenerde und Schmuckband.*
***3** Die Kerzen werden in kleine Goldsäcke gesteckt. Dazu kleine Taschen zuschneiden und nähen.*
***4** Die Säckchen mit Erde füllen, die Kerzen hineinsetzen und die Beutel zubinden.*

Champagner-Kraut

Zum Foto auf Seite 20

Für 4 Portionen:
500 g frisches Sauerkraut
1 Zwiebel
30 g Schweineschmalz
25 g durchwachsener Speck
1 Lorbeerblatt
300 ml Geflügelbrühe (a. d. Glas)
Salz
1 El Zucker
50 ml Champagner oder Sekt

1. Das Sauerkraut kalt abspülen und gut abtropfen lassen. Die Zwiebel pellen, halbieren und in dünne Scheiben schneiden.

2. Das Schweineschmalz in einem Topf bei mittlerer Hitze heiß werden lassen. Die Zwiebel darin 2 Minuten glasig dünsten.

3. Den Speck im Stück, das Sauerkraut und das Lorbeerblatt dazugeben. Die Brühe dazugießen. Mit Salz und Zucker würzen.

4. Das Sauerkraut bei kleiner bis mittlerer Hitze im offenen Topf dünsten, bis die Flüssigkeit fast verkocht ist.

5. Den Champagner dazugießen, aufkochen lassen und nochmals mit Salz und Zukker würzen. Lorbeerblatt und Speck herausnehmen und zur Lachsforelle servieren.

Zubereitungszeit: 45 Minuten
Pro Portion etwa 3 g E, 12 g F, 6 g KH = 161 kcal (670 kJ)

Linsenplätzchen

Zum Foto auf Seite 20

Für 6 Portionen:
200 g rote Linsen
100 g Speck (durchwachsen, im Stück)
1 Zwiebel
400 ml Geflügelfond (a. d. Glas)
1/2 Bund Petersilie
1–2 El Mehl
1 Ei
Salz
Pfeffer (a. d. Mühle)
1/8 l Öl zum Ausbacken

1. Die Linsen kurz kalt abspülen. Den Speck fein würfeln und in einer Pfanne bei mittlerer Hitze 4–5 Minuten kroß ausbraten. Mit der Schaumkelle herausheben und abtropfen lassen.

2. Die Zwiebel pellen, fein würfeln und im Speckfett 1–2 Minuten glasig dünsten. Die Linsen dazugeben und mit Geflügelfond auffüllen. 15–20 Minuten im geschlossenen Topf weich kochen. Die Petersilie fein hacken.

3. Alles mit dem Schneidstab des Handrührers pürieren. Mehl und Ei dazugeben, mit Salz und Pfeffer würzen. Petersilie und Speckwürfel untermischen.

4. 2–3 El Öl in einer Pfanne erhitzen. Die Linsenmasse portionsweise zu 24 Plätzchen verarbeiten: Für jedes Plätzchen 1 El von der Masse in die Pfanne geben und von jeder Seite 1–2 Minuten braten. Aus der Pfanne nehmen, auf Küchenpapier abtropfen lassen und warm stellen. Mit der Lachsforelle und Champagner-Kraut anrichten.

Zubereitungszeit: 45 Minuten
Pro Portion etwa 12 g E, 29 g F, 19 g KH = 400 kcal (1674 kJ)

Vanille-Quark-Mousse mit Orangen

Zum Foto auf Seite 23

Für 6 Portionen:
3 Orangen
200 g Zucker
1/8 l Orangenlikör
500 g Sahnequark
6 Päckchen Vanillinzucker
4 Vanilleschoten
3 Blatt weiße Gelatine
400 ml Schlagsahne
Zitronenmelisse zum Garnieren

1. Zwei Orangen wie Äpfel schälen, dabei die weiße Haut vollständig entfernen. Die Filets zwischen den Trennhäuten herausschneiden. Die dritte Orange heiß abwaschen und halbieren. Eine Hälfte auspressen, aus der anderen Hälfte 6 runde Scheiben von 1–2 mm Stärke schneiden.

2. Den Zucker in einem Topf mit dickem Boden bei mittlerer Hitze zu hellbraunem Karamel schmelzen. Likör dazugießen und den Karamel bei milder Hitze loskochen.

3. Orangensaft dazugießen, Orangenscheiben dazugeben und 1–2 Minuten leise kochen lassen. Den Topf vom Herd nehmen und den Orangenkaramel abkühlen lassen.

4. Den Quark in eine Schüssel geben und mit dem Vanillinzucker mischen.

5. Vanilleschoten längs aufschlitzen, das Mark auskratzen und unter die Quarkmasse rühren. Die Gelatine in kaltem Wasser einweichen.

6. Die Sahne steif schlagen. Gelatine tropfnaß bei milder Hitze auflösen und mit dem Schneebesen schnell unter die Quarkmasse rühren, ebenso die Hälfte der Sahne; die restliche Sahne vorsichtig unterheben. In eine Schale füllen, zudecken und 3–4 Stunden kalt stellen.

7. Orangenscheiben in der Mitte der Teller anrichten. Mit einem heißen Eßlöffel pro Portion 3 Nocken aus der Quark-Mousse abstechen und auf den Tellern anrichten. Orangenkaramel dazugießen und mit Orangenfilets und Zitronenmelisse garnieren.

Zubereitungszeit: 35 Minuten (ohne Kühlzeit)
Pro Portion etwa 12 g E, 31 g F, 56 g KH = 605 kcal (2534 kJ)

Burgunder aus Baden zur Lachsforelle
Der Weißburgunder von Karl H. Johners kann es mit vielen Burgundern aus dem Burgund aufnehmen. Der Wein vom Kaiserstuhl vergärt betont langsam in Eichenfässern und lagert lange auf der Hefe. Besonders gut paßt er zur kräftig gewürzten Lachsforelle mit Champagner-Kraut.

ARBEITSPLAN

AM TAG VOR DEM FEST
- *Brühe für die Consommé kochen und kühl stellen*
- *Vanille-Quark-Mousse zubereiten und kühl stellen*

AM TAG DES FESTES

2 Stunden vor dem Essen
- *Brühe mit Zwiebel, Fleisch und Eiweiß klären*
- *Orangenkaramel für das Dessert zubereiten*

1 Stunde vor dem Essen
- *Champagner-Kraut zubereiten*
- *Linsenplätzchen zubereiten und braten*
- *Einlage für die Suppe vorbereiten und in die Consommé geben*
- *Lachsforelle mit Meerrettich-Kruste im Backofen garen*

Nach dem Hauptgang
- *Mousse mit Orangenkaramel und Orangen anrichten*

Raffinierte Menüs

WEIHNACHTS-MENÜ

Das beliebteste Gericht zum Fest ist und bleibt die gebratene Gans! Sie ist gefüllt mit Äpfeln und Backpflaumen, traditionell, wie sie die meisten lieben

HAUPTGANG

Gebratene Gans mit Orangen-Rotkohl

Daß der kolossale Braten ganz unterschiedlich schmecken kann, hängt von der jeweiligen Füllung ab. Diese knusprige Gans ist gefüllt mit Äpfeln und Backpflaumen, die Bratensauce mit italienischem Würzessig, Aceto balsamico. Als Beilage darf natürlich Rotkohl nicht fehlen, raffiniert zubereitet mit Orangen und Kandis.

VORSPEISE

Tomatenconsommé mit Käse-Blätterteig-Stangen

läßt noch genügend Platz für den üppigen Hauptgang. Einfach und schnell läßt sich die Suppe vor- und zubereiten. Selbst die krossen Käsestangen sind in zwanzig Minuten gebacken.

DESSERT

Ananas-Sorbet mit Erdbeerpüree

Erfrischend, fruchtig und nicht mächtig muß der Nachtisch sein wie dieses eiskalte Sorbet aus Ananas und süßer Erdbeersauce.

Damit das Sorbet eine feine Konsistenz bekommt, pürieren Sie es während des Gefrierens am besten alle zwanzig Minuten mit dem Schneidstab.

Tomaten-Consommé

Zum Foto auf Seite 27

Für 6 Portionen:
2 Platten Blätterteig (TK, à 72 g)
1 Eigelb
30 g Emmentaler
2 El Sesamsaat
1 Bund Suppengrün
2 Zwiebeln
2 Lorbeerblätter
3 El Öl
1 El Tomatenmark
800 ml Kalbsfond (a. d. Glas)
1/4 l Roséwein
Salz
4 Tomaten (250 g)
Cayennepfeffer
4 El Sherry (dry)
Kerbel zum Garnieren

1. Die Blätterteigplatten nebeneinanderlegen und auftauen lassen. Jede Blätterteigplatte der Länge nach in 6 Streifen schneiden. Die Streifen spiralförmig gegeneinanderdrehen.

2. Ein Backblech mit Backpapier auslegen. Das Eigelb verquirlen. Den Emmentaler fein reiben. Die Blätterteigstreifen mit Eigelb bestreichen und mit Käse und Sesam bestreuen.

3. Die Käsestangen im vorgeheizten Backofen bei 200 Grad (Gas 3, Umluft 175 Grad) auf der 2. Einschubleiste von unten 12–15 Minuten goldbraun backen.

4. Das Suppengrün putzen und waschen, die Hälfte grob zerteilen. Die Zwiebeln vierteln. Das grob zerteilte Suppengrün mit den Zwiebeln und den Lorbeerblättern im heißen Öl anrösten. Das Tomatenmark dazugeben und kurz anschwitzen. Alles mit Kalbsfond und Wein auffüllen. Zugedeckt 20 Minuten kochen lassen.

5. Das restliche Suppengrün in feine Streifen schneiden und in Salzwasser 2 Minuten blanchieren.

6. Den Stielansatz der Tomaten herausschneiden, die Tomaten über Kreuz einritzen, kurz in kochendes, dann in kaltes Wasser tauchen, häuten, achteln und entkernen.

So wird die Suppe klar: durch ein Mulltuch geben.

7. Ein Sieb mit einem Mulltuch auslegen, die Suppe durchgießen. Die Rückstände nicht ausdrücken. Die Consommé mit Salz, Cayennepfeffer und Sherry würzen. Die Gemüsestreifen und Tomatenachtel dazugeben und mit Kerbelblättern garnieren.

Zubereitungszeit: 50 Minuten
Pro Portion etwa 7 g E, 16 g F, 14 g KH = 242 kcal (1016 kJ)

Gebratene Gans mit Apfelfüllung

Zum Foto auf Seite 26

Für 6 Portionen:
3 Äpfel
2 Zimtstangen
2 Gewürznelken
1 l Apfelsaft
3 Backpflaumen (ohne Stein)
1 Gans (ca. 6,5 kg)
Salz
Pfeffer (a. d. Mühle)
2 Tl Speisestärke
2–3 El Aceto balsamico (italienischer Würzessig)
1 Tl Majoran (getrocknet)

1. Die Äpfel schälen und von den Kerngehäusen befreien. Die Äpfel 5 Minuten mit Zimt und Gewürznelken im Apfelsaft ziehen lassen. In jeden Apfel 1 Pflaume stecken.

2. Die Gans waschen, mit Küchenpapier trockentupfen und innen und außen mit Salz und Pfeffer würzen. Die Äpfel in die Gans füllen. Die Öffnung mit Holzstäbchen zustecken und wie einen Schnürschuh mit Küchengarn zusammenbinden.

3. Die Gans auf die Saftpfanne legen und im heißen Ofen bei 200 Grad (Gas 3, Umluft 200 Grad) auf der untersten Einschubleiste ca. 3 Stunden braten. Dabei zwischendurch immer wieder mit Bratfett beschöpfen und den Apfelsaft dazugießen.

4. Die Sauce durch ein Sieb gießen und entfetten. Den Fond eventuell mit Wasser auf 1/2 l auffüllen. Die Speisestärke mit Aceto balsamico verrühren und die Sauce damit binden. Nochmals aufkochen lassen und mit Salz, Pfeffer und Majoran würzen.

5. Die Gans aufschneiden und tranchieren. Die Äpfel herausnehmen, halbieren und mit dem Rotkohl zur Gans servieren.

Zubereitungszeit: 3 1/2 Stunden
Pro Portion etwa 74 g E, 145 g F, 35 g KH = 1843 kcal (7700 kJ)

Orangen-Rotkohl

Zum Foto auf Seite 26

Für 6 Portionen:
1 Rotkohl (ca. 1,5 kg)
4 Zwiebeln
100 g Gänseschmalz
1/8 l Orangensaft
1/8 l Zitronensaft
Salz
Pfeffer (a. d. Mühle)
50 g weißer Kandis
4 Orangen
1 El abgeriebene Orangenschale

1. Den Rotkohl putzen und vierteln, den Strunk herausschneiden und die Viertel in feine Streifen schneiden. Die Zwiebeln fein würfeln, das Gänseschmalz in einem großen Topf erhitzen und die Zwiebelwürfel darin glasig dünsten.

2. Die Rotkohlstreifen dazugeben und 10 Minuten darin andünsten, dabei ständig rühren, damit der Rotkohl nicht anbrennt. Den Kohl mit dem Orangen- und Zitronensaft ablöschen und mit Salz, Pfeffer und Kandis würzen. Den Orangen-Rotkohl 45 Minuten im geschlossenem Topf dünsten.

3. Inzwischen die Orangen wie Äpfel schälen, dabei die weiße Haut unter der Schale vollständig entfernen: Sie schmeckt sonst bitter.

4. Die Orangenfilets mit einem scharfen Messer zwischen den Trennhäuten herausschneiden. Orangenfilets und Orangenschale vor dem Servieren unter den Rotkohl heben. Den Orangen-Rotkohl zur Gans servieren.

Zubereitungszeit: 1 1/4 Stunden
Pro Portion etwa 4 g E, 17 g F, 29 g KH = 299 kcal (1249 kJ)

Ananas-Sorbet mit Erdbeerpüree

Zum Foto auf Seite 28

Für 6 Portionen:
100 g Zucker
1 Ananas (ca. 1 kg)
500 g Erdbeeren (frisch oder TK)
50 g Puderzucker
3 El Zitronensaft

1. 100 ml Wasser mit dem Zucker in einem Topf zum Kochen bringen und 5 Minuten sprudelnd kochen lassen.

2. Den Strunk der Ananas abschneiden, die Ananas der Länge nach in Viertel schneiden und den harten Mittelteil herausschneiden. Das Fruchtfleisch großzügig von der Schale lösen, dann in nicht zu große Würfel schneiden und zusammen mit dem Zuckersirup im Mixer oder mit dem Schneidstab des Handrührers pürieren.

3. Das Ananaspüree durch ein Sieb streichen und mindestens 3 Stunden gefrieren lassen. Dabei zwischendurch ungefähr alle 20 Minuten mit dem Schneidstab des Handrührers pürieren, damit es eine feine Konsistenz bekommt.

4. Frische Erdbeeren putzen, gefrorene antauen lassen. Mit Puderzucker und Zitronensaft pürieren. Das Sorbet in einen Spritzbeutel mit Sterntülle füllen und in vorgekühlte Gläser spritzen. Mit dem Erdbeerpüree anrichten oder das Erdbeerpüree separat dazu reichen. Mit einer halben frischen Erdbeere garnieren.

Zubereitungszeit: 20 Minuten (plus Kühlzeit)
Pro Portion etwa 1 g E, 0 g F, 42 g KH = 178 kcal (744 kJ)

Cahors-Wein zur Gans
Dieser solide, dunkel-pupurrote Wein aus Südwestfrankreich paßt hervorragend zur Weihnachtsgans. In seiner Jugend schmeckt er rauh, doch bereits nach drei Jahren ist er harmonisch und charaktervoll.

ARBEITSPLAN

AM TAG VOR DEM FEST
- *Das Dessert komplett zubereiten: Ananas-Sorbet herstellen und einfrieren, Erdbeerpüree zubereiten und kühl stellen*
- *Tomaten-Consommé kochen und kühl stellen*
- *Rotkohl kochen und kühl stellen*

AM TAG DES FESTES

3 1/2 Stunden vor dem Essen
- *Gans füllen und braten*

30 Minuten vor dem Servieren
- *Salzkartoffeln kochen*
- *Suppe und Rotkohl erhitzen, Orangenfilets unterheben*
- *Ananas-Sorbet pürieren*
- *Gans tranchieren*

Nach dem Hauptgang
- *Ananas-Sorbet mit Erdbeerpüree anrichten*

Internationale Feste...

FRANZÖSISCHE PARTY

Leichte Vorspeisen, ein Cassoulet aus weißen Bohnen und vielerlei Fleisch als Hauptgericht, dazu ein eiskaltes Dessert zum Finale: So lieben die Franzosen im Südwesten Frankreichs, ihre Feste zu feiern. Feiern Sie mit!

VORSPEISEN

Eingelegte Möhren und Schalotten
Das Gemüse wird im Kräuter-Gewürz-Sud mariniert. Und Lavendel verleiht ihm das besondere Aroma.
Rezept Seite 35

Pizza-Rauten mit Thymian
lassen sich zwei Tage vor dem Fest zubereiten und später aufbacken.
Rezept Seite 35

Zwiebel-Röstbrot mit Anchovis
Der herzhaft salzige Geschmack der Anchovisfilets wird durch die Zwiebelmasse und lauwarmes Baguette milder.
Rezept Seite 36

Zucchini und Trauben im Rosmarinsud
Die Kombination aus Gemüse und Obst als Vorspeise ist ungewöhnlich und erfrischend zugleich.
Rezept Seite 36

HAUPTGANG

Cassoulet

Bevor dieser deftige Eintopf aus weißen Bohnen, frischer Ente, Lamm- und Schweinefleisch im Ofen mit einer Brotkrumenkruste knusprig gebacken wird, gart man die meisten Zutaten separat und schichtet sie dann ein. Zum Cassoulet, das aus dem Südwesten Frankreichs kommt, paßt Baguette.

Rezept Seite 36

Eingelegte Möhren und Schalotten

Zum Foto auf Seite 30

Für 8–12 Portionen:
750 g Möhren
500 g Schalotten
3–4 Chilischoten (ca. 25 g)
100 g Zucker
1 El Senfkörner
3 Zimtstangen
1 El Wacholderbeeren
1 Zweig Salbei
2 Zweige Lavendel (vorbestellen)
2 Zweige Estragon
1/4 l Weißweinessig

1. Die Möhren schälen und in etwa 6 cm lange Stücke schneiden. Je nach Dicke längs vierteln oder sechsteln. Die Schalotten pellen, die dickeren halbieren. Die Chilischoten längs aufschlitzen, die Kerne unter fließendem Wasser entfernen.

2. Den Zucker mit 100 ml Wasser unter Rühren aufkochen, bis er sich gelöst hat. Die Schalotten 5 Minuten im Zuckersirup unter Rühren bei mittlerer Hitze schmoren. Die Möhren und Chilischoten dazugeben und ebenfalls 5 Minuten unter Rühren garen.

3. Senfkörner, Zimtstangen, Wacholder und die grob zerpflückten Kräuter untermischen. Den Essig mit 1/8 l Wasser mischen und dazugeben. Weitere 5 Minuten kochen, dann kalt werden lassen. In ein Glasgefäß umfüllen und zwei Tage durchziehen lassen.

Zubereitungszeit: 1 Stunde
(plus Zeit zum Durchziehen)
Pro Portion (bei 12 Portionen) etwa
1 g E, 0 g F, 13 g KH = 63 kcal (263 kJ)

Pizza-Rauten mit Thymian

Zum Foto auf Seite 30

Für 8–12 Portionen:
250 g Mehl
20 g frische Hefe
1/2 Tl Zucker
4 El Olivenöl
Salz
30 g Haselnußkerne
2 Bund Thymian
30 g getrocknete Tomaten (in Öl)
1 Ei (Gew.-Kl. 3)
1 Eigelb (Gew.-Kl. 3)
1/8 l Schlagsahne

1. Das Mehl in eine Schüssel sieben. In die Mitte eine Mulde drücken. Die Hefe zerbröckeln und mit dem Zucker in 1/8 l lauwarmem Wasser auflösen. In die Mulde gießen, mit etwas Mehl vom Rand bedecken. Olivenöl und 1 Tl Salz auf den Mehlrand geben.

2. Alles von der Mitte aus mit den Knethaken des Handrührers verkneten. Dann auf der Arbeitsfläche in 5–10 Minuten zu einem glatten, elastischen Teig kneten. Zugedeckt etwa 20 Minuten gehen lassen, bis sich der Teig verdoppelt hat.

3. Inzwischen die Haselnußkerne vierteln. Die Thymianblätter von den Stielen streifen. Die Tomaten abtropfen lassen und quer in feine Streifen schneiden.

4. Ei, Eigelb und Sahne verquirlen und mit Salz würzen. Den Backofen auf 200 Grad (Gas 3, Umluft 180 Grad) vorheizen (auch Umluft).

5. Den Teig kurz kneten und auf Backblechgröße ausrollen. 10 Minuten ruhenlassen, dann wieder ausrollen und auf das Blech legen, die Ränder 1 cm hochziehen. Haselnußkerne, Thymian und Tomaten darauf verteilen. Die Eiersahne löffelweise auf den Teig geben.

6. Zuerst 15 Minuten auf der untersten Einschubleiste backen, dann weitere 7–10 Minuten (Umluft insgesamt 10 Minuten) auf der 2. Einschubleiste von oben überbräunen.

7. Etwas abkühlen lassen, vom Blech nehmen und die Ränder abschneiden. In Rauten schneiden und zurück auf das Blech geben. 5 Minuten vor dem Servieren auf der untersten Einschubleiste unter dem Cassoulet aufbacken.

Zubereitungszeit: 1 1/2 Stunden
Pro Portion (bei 12 Portionen) etwa
4 g E, 11 g F, 17 g KH = 184 kcal (769 kJ)

DESSERT

Geeiste Blutorangen-Torte
Herrlich erfrischend und eiskalt: Biskuitböden gefüllt mit einer Blutorangen-Himbeer-Creme. Die Dekoration besteht aus Orangenschale, Pistazien und Granatapfelkernen. Eine halbe Stunde vor dem Servieren wird die Torte angefroren und am besten mit dem Dessertwein serviert, mit dem die Biskuitböden getränkt wurden.
Rezept Seite 37

Zwiebel-Röstbrot mit Anchovis

Zum Foto auf Seite 31

Für 8–12 Portionen:
400 g Zwiebeln
8 El Olivenöl
Salz, Zucker
Pfeffer (a. d. Mühle)
1 Glas schwarze Oliven (185 g)
50 g Kapern
1 El Paprikamark
250 g Anchovis
1 kleine Knoblauchzehe
2 El Zitronensaft
1 Baguette

1. Die Zwiebeln pellen und fein würfeln. In 5 El Öl glasig dünsten. Mit Salz, Zucker und Pfeffer würzen. Mit 6 El Wasser zugedeckt 10 Minuten dünsten, bis sie weich sind, aber nicht zerfallen.

2. Die Oliven von den Steinen schneiden, die Kapern hakken. Beides mit dem Paprikamark unter die Zwiebeln mischen und abkühlen lassen.

3. Die Anchovis putzen, längs durchschneiden und entgräten. Den Knoblauch pellen und durchpressen. Das restliche Olivenöl mit dem Zitronensaft verrühren. Mit Pfeffer und Knoblauch würzen und mit den Anchovis mischen.

4. Kurz vor dem Servieren das Baguette in 2 cm dicke Scheiben schneiden und im Ofen über dem Cassoulet (oder auf der obersten Einschubleiste) bei 200 Grad (Gas 3, Umluft 5–7 Minuten bei 180 Grad) 8–10 Minuten rösten. Die Zwiebelmasse auf die Brotscheiben geben und mit je einem Anchovisfilet garniert servieren.

Zubereitungszeit: 1 Stunde
Pro Portion (bei 12 Portionen) etwa
8 g E, 15 g F, 13 g KH = 228 kcal (957 kJ)

Zucchini und Trauben im Rosmarinsud

Zum Foto auf Seite 31

Für 8–12 Portionen:
750 g Zucchini
1 Zweig Rosmarin
6 El Olivenöl
Salz
1 El schwarzer Pfeffer (grob gestoßen)
1/4 l weißer Traubensaft
100 ml Weißweinessig
250 g blaue Weintrauben

1. Die Zucchini waschen und in Scheiben schneiden, Stielansätze entfernen. Die Rosmarinnadeln von den Stielen streifen. Das Öl in 2 großen Pfannen mäßig heiß werden lassen. Die Rosmarinnadeln dazugeben und andünsten. Die Zucchini dazugeben, von beiden Seiten andünsten und mit Salz und Pfeffer würzen.

2. Traubensaft und Essig mischen, über die Zucchini gießen und aufkochen. In eine Schüssel umfüllen, 4 Stunden durchziehen lassen.

3. Die Trauben waschen, von den Stielen zupfen, halbieren und entkernen. 30 Minuten vor dem Servieren unter die Zucchini mischen.

Zubereitungszeit: 30 Minuten
(plus 4 Stunden zum Durchziehen)
Pro Portion (bei 12 Portionen) etwa
1 g E, 5 g F, 8 g KH = 86 kcal (360 kJ)

Cassoulet

Zum Foto auf Seite 32

Für 8–12 Portionen:
350 g durchwachsener Speck
750 g weiße Bohnen (getrocknet)
2 Lorbeerblätter
1 Tl Fenchelsaat
2 kleine Enten (zusammen 2,8 kg)
Salz
500 g Lammkeule (ohne Knochen)
500 g Schweinenacken (ohne Knochen)
300 g Zwiebeln
1 Knoblauchknolle
1 Bund Thymian
1 Bund glatte Petersilie
1 Dose Tomaten (800 g)
1 großes Bund Suppengrün
500 g Weißbrot

1. Speck und Bohnen mit Lorbeer und Fenchel in 4 l kaltem Wasser langsam zum Kochen bringen. Ohne Deckel bei schwacher Hitze insgesamt 2 3/4 Stunden leise kochen lassen.

2. Inzwischen die Enten mit Salz würzen. Mit 1/2 l Wasser auf die Saftpfanne geben. Im vorgeheizten Backofen bei 175 Grad (Gas 2, Umluft 160 Grad) auf der 2. Einschubleiste von unten 1 3/4 Stunden braten.

3. Inzwischen die Lammkeule und das Schweinefleisch in dicke Scheiben schneiden.

4. Zwiebeln und Knoblauch pellen. Die Zwiebeln in Spalten schneiden, den Knoblauch längs halbieren. Thymian und Petersilie von den Stielen zupfen.

5. Die Tomaten abtropfen lassen. Das Suppengrün putzen und kleinschneiden. Weißbrot entrinden und im Mixer fein zerkleinern.

6. Die Enten aus der Saftpfanne nehmen. Das ausgetretene Entenfett abgießen und aufbewahren.

7. Lamm- und Schweinefleisch mit Salz würzen und mit Zwiebeln, Knoblauch, Thymian und Tomaten auf der Saftpfanne verteilen. Bei gleicher Temperatur auf der 2. Einschubleiste von oben 40 Minuten braten, nach 20 Minuten wenden und 1/4 l Bohnenbrühe dazugießen.

8. Den Speck herausnehmen. Das Suppengrün zu den Bohnen geben, mit Salz würzen und 15 Minuten bei schwacher Hitze garen. Die Petersilie untermischen.

9. Inzwischen Keulen, Flügel, Brustfilets und restliches Fleisch von den Enten lösen. Die Brustfilets in je 4 Stücke schneiden.

10. Den Speck in Scheiben schneiden. Die Weißbrotkrumen in einer Pfanne in 8 El heißem Entenfett wenden.

11. Die Bohnen mit der Brühe, den Speck und das Fleisch mit dem Tomatengemüse in einem großen Bräter mischen und nachwürzen.

12. Die Ententeile untermischen, Keulen und Brustfilets mit der Hautseite nach oben auf die Oberfläche legen. Das Weißbrot zwischen den Fleischstücken verteilen.

13. Das Cassoulet im vorgeheizten Backofen bei 175 Grad (Gas 2, Umluft 150 Grad) auf der 2. Einschubleiste von unten 45 Minuten backen, dann 10 Minuten bei 200 Grad (Gas 3, Umluft 180 Grad) überbräunen. Aus dem Ofen nehmen und 10 Minuten ruhenlassen, dann servieren. Dazu paßt Baguette.

Zubereitungszeit: 4 1/2 Stunden
Pro Portion (bei 12 Portionen) etwa 70 g E, 65 g F, 56 g KH = 1141 kcal (4771 kJ)

Geeiste Blutorangen-Torte

Zum Foto auf Seite 34

Für 8–10 Portionen:
Biskuit
3 Eier (Gew.-Kl. 2, getrennt)
65 g Zucker
Salz
65 g Mehl
40 g Speisestärke
Creme und Garnitur
6 Blatt rote Gelatine
300 g Himbeeren (TK, aufgetaut)
3–4 Blutorangen (unbehandelt)
150 g Zucker
6 Eigelb (Gew.-Kl. 2)
1/4 l Schlagsahne
1/2 Granatapfel
150 ml Dessertwein (z. B. Vin Santo, Banyuls, Moscato oder Beerenauslese)
20 g Pistazienkerne (halbiert)

1. Für den Biskuit das Eigelb mit 30 g Zucker, 1 Prise Salz und 1 El lauwarmem Wasser mit den Quirlen des Handrührers in 5–7 Minuten zu dickem Schaum aufschlagen. Das Eiweiß steif schlagen, dabei den restlichen Zucker einrieseln lassen.

2. 1/3 vom Eischnee mit dem Schneebesen unter die Eigelbmasse rühren. Den restlichen Eischnee darauf häufen. Mehl und Speisestärke darüber sieben. Mit einem Gummispatel alle Zutaten vorsichtig verrühren.

3. Eine Springform (24 cm Durchmesser) mit Backpapier auslegen, den Teig hineinfüllen. Im vorgeheizten Backofen bei 175 Grad (Gas 2, Umluft 160 Grad) auf der 2. Einschubleiste von unten etwa 20 Minuten backen.

4. Auf ein Kuchengitter geben und in der Form kalt werden lassen. Aus der Form nehmen und die feste Oberschicht dünn abschneiden. Den Biskuit waagerecht halbieren.

5. Für die Creme die Gelatine in kaltem Wasser einweichen. Die Himbeeren durch ein Haarsieb streichen.

6. 1 Orange dünn abschälen, die Schale in lange Späne schneiden.

7. 50 g Zucker mit 50 ml Wasser aufkochen, die Orangenspäne hineingeben, 5 Minuten im offenen Topf kochen lassen und beiseite stellen. 1/4 l Orangensaft auspressen.

8. Das Eigelb mit dem restlichen Zucker zu dickem Schaum aufschlagen. Himbeerpüree und Orangensaft unterrühren. Die Gelatine tropfnaß bei milder Hitze auflösen und unterrühren.

9. Die Creme etwa 30 Minuten kalt stellen, bis sie auch in der Mitte fast geliert ist, gelegentlich durchrühren. Die Sahne steif schlagen, mit dem Schneebesen unterziehen.

10. Die Kerne aus dem Granatapfel herauslösen. Die Biskuitböden mit dem Dessertwein beträufeln. Den unteren Boden auf eine Servierplatte legen. Die Hälfte der Creme darauf verteilen und mit der Hälfte der Granatapfelkerne bestreuen.

11. Den oberen Boden darauf setzen, die restliche Creme darüber geben. Mit den restlichen Granatapfelkernen, den Orangenspänen mit Sirup und den Pistazien garnieren.

12. Die Torte kalt stellen. 30 Minuten vor dem Servieren in das Gefriergerät stellen.

Zubereitungszeit: 2 Stunden (plus Kühlzeiten)
Pro Portion (bei 10 Portionen) etwa 7 g E, 15 g F, 39 g KH = 338 kcal (1417 kJ)

ARBEITSPLAN

2 TAGE VOR DER PARTY
- *Möhren und Schalotten einlegen*
- *Pizza-Rauten backen und einfrieren*
- *Biskuit für die Torte backen*

1 TAG VOR DER PARTY
- *Zwiebelmasse für Röstbrote zubereiten*
- *Anchovis filieren*
- *Für das Cassoulet Enten braten und zerteilen, Schweine- und Lammfleisch garen, Bohnen, Gemüse und Speck garen, Weißbrot reiben*
- *Torte zubereiten und kühl stellen*

AM TAG DER PARTY
6 Stunden vor dem Essen
- *Zucchini vorbereiten*

1 1/2 Stunden vor dem Essen
- *Brösel zubereiten*
- *Cassoulet einschichten und mit Bröseln bestreuen, 1 Stunde vor dem Essen in den vorgeheizten Backofen schieben*
- *Baguettescheiben im Ofen über dem Cassoulet rösten, mit Zwiebelmasse belegen*
- *Pizza-Rauten antauen lassen und kurz vor dem Essen unter dem Cassoulet aufbacken*
- *Trauben vorbereiten und unter die Zucchini heben*

30 Minuten vor dem Servieren
- *Torte in das Gefriergerät stellen*

Weintip:

Ein Côte de Provence rosé eignet sich sehr gut zu den vier Vorspeisen. Zu dem ursprünglich aus der Gascogne stammendem Cassoulet paßt hervorragend ein kräftiger Rotwein aus der Gegend, zum Beispiel ein Corbières.

Internationale Feste

ITALIENISCHE PARTY

Wer dreißig Leute zum Feiern einlädt, kommt an kulinarischen Genüssen wie Pasta-Salat, Bruschetta mit Tomaten, Ochsenschwanzragout und Mascarponecreme nicht vorbei. Auch wenn es nach viel Arbeit aussieht, das meiste können Sie am Tag vorher zubereiten

VORSPEISEN

Pasta-Salat mit Tomaten-Steinpilz-Sauce
Auch wenn Italiens Küche extrem vielseitig ist, dürfen natürlich Nudeln bei einer Party nicht fehlen. Die Spaghettini werden kalt serviert mit einer Sauce aus Tomaten, Steinpilzen, Hähnchenleber, Weißwein, Olivenöl und Basilikum. Wer mag, bestreut den Sommersalat mit geriebenem Pecorino.
Rezept Seite 43

Rucola mit Bresaola und Kapern
Einfach und perfekt: Das kräftige Aroma der Rauke mit Zitronen-Vinaigrette ergänzt sich hervorragend mit der Milde des luftgetrockneten Rindfleisches. Zum Knabbern ideal dazu sind Kapernäpfel, schwarze und grüne Oliven.
Rezept Seite 43

ITALIENISCHE PARTY

SPEISEN

Ochsenschwanzragout und Bruschetta mit Tomaten
Der leichte Eintopf aus den Gemüsen des Sommers und Ochsenschwanz ist äußerst raffiniert gewürzt mit Pinienkernen, Chilischoten, Knoblauch und Rosinen. Dazu gibt's geröstetes italienisches Weißbrot mit Tomaten.
Rezept Seite 44

Eingelegtes Gemüse
Farbenfroh, für nebenbei und zwischendurch: in Kräutern, Essig und Öl eingelegte Paprikaschoten, Fenchel, Zwiebeln und Zucchini.
Rezept Seite 44

Bohnensalat mit Sellerie und Mortadella
paßt außerordentlich gut zu toskanischem Rotwein wie einem Nobile di Montepulciano.
Rezept Seite 44

DESSERTS

Schokoladencreme mit geeisten Johannisbeeren
Die süße, sahnige Creme aus Zartbitterschokolade, einem Schuß Rum und Amaretti wird zum Hochgenuß durch halbgefrorene Johannisbeeren. Wegen ihres säuerlichen Geschmacks werden die roten Früchte mit Marsala und Hagelzucker gesüßt.
Rezept Seite 45

Mascarponecreme mit Cantuccini und Nektarinen
Cremig, fruchtig und knusprig ist dieses raffinierte und dennoch ganz einfach zuzubereitende Dessert aus Mascarpone, weingetränkten Mandelkeksen, reifen Erdbeeren und Nektarinen, garniert mit Zitronenmelisse.
Rezept Seite 45

Die in den Rezepten angegebenen Mengen reichen für 30 Portionen, wenn Sie alle Gerichte zubereiten.
Wollen Sie die Gerichte einzeln zubereiten, gelten die in den Rezepten angegebenen Portionen.

Pasta-Salat mit Tomaten-Steinpilz-Sauce

Zum Foto auf Seite 38

Für 30 Portionen (Party) oder für 6–8 Portionen:
50 g getrocknete Steinpilze
350 ml Weißwein (trocken)
150 g Zwiebeln
5 Knoblauchzehen
150 ml Olivenöl
1 Dose geschälte Tomaten (800 g)
8 El Zitronensaft (von 2 Zitronen)
Salz
schwarzer Pfeffer (a. d. Mühle)
500 g Hähnchenleber
300 g Spaghettini
2 Bund Basilikum
3 Bund glatte Petersilie
120 g geriebener Pecorino

1. Am Vortag die Steinpilze so lange in 150 ml Wein einkochen, bis die Flüssigkeit fast verdunstet ist. Abkühlen lassen und fein hacken.

2. Zwiebeln fein würfeln, Knoblauch durchpressen und beides in 30 ml Olivenöl andünsten. Steinpilze, restlichen Wein, geschälte Tomaten mit Saft und Zitronensaft dazugeben. Bei milder Hitze im geschlossenen Topf so lange kochen lassen, bis die Tomaten zerfallen: Das dauert ungefähr 30 Minuten. Kalt werden lassen, 100 ml Öl unterrühren, salzen und pfeffern.

3. Inzwischen die Häute und Sehnen der Hähnchenleber abschneiden. Die Leber in etwa 1 cm große Würfel schneiden und im restlichen Olivenöl bei starker Hitze in einer großen Pfanne oder portionsweise rundherum 2 Minuten scharf anbraten und direkt in die Tomatensauce geben. Über Nacht kalt stellen.

4. Am nächsten Tag die Spaghettini nach Packungsanweisung kochen. In einem Sieb abtropfen lassen und noch heiß mit der eiskalten Tomatensauce mischen. Eventuell mit Salz und Pfeffer würzen.

5. Den Pasta-Salat bis zum Servieren an einem nicht zu kühlen Ort gut durchziehen lassen.

6. Kurz vorm Servieren einige Basilikumblätter beiseite legen, die anderen Kräuter fein schneiden und unter den Salat mischen. Mit Basilikum dekorieren und mit geriebenem Pecorino servieren.

Zubereitungszeit: 1 Stunde, 25 Minuten (plus Zeit zum Abkühlen und Durchziehen)
Pro Portion (bei 30 Portionen) etwa 7 g E, 6 g F, 9 g KH = 127 kcal (533 kJ)

Rucola und Bresaola

Zum Foto auf Seite 39

Für 30 Portionen (Party) oder für 6–8 Portionen:
300 g Rucola-Salat (Rauke)
8 El Zitronensaft (von 2 Zitronen)
300 ml Olivenöl
Salz
schwarzer Pfeffer (a. d. Mühle)
1 El Zucker
400 g Bresaola (luftgetrocknetes Rindfleisch, hauchdünn geschnitten)
400 g Kapernäpfel (in Öl)
300 g schwarze Oliven (mit Stein)
300 g grüne Oliven (mit Stein)

1. Am Vortag Rucola waschen und putzen. Locker mit einem feuchten Küchentuch und Klarsichtfolie abdecken und kühl stellen.

2. Zitronensaft, Olivenöl, Salz, Pfeffer, Zucker und 100 ml Wasser mit dem Schneidstab des Handrührers aufschlagen. Abdecken und kühl stellen.

3. Kurz vorm Servieren Rucola mit Bresaola, Kapernäpfel und Oliven auf einer Platte anrichten. Vinaigrette noch mal mit dem Schneidstab verquirlen und in eine Karaffe füllen.

4. Bresaola und Rucola bei Tisch portionsweise mit der Vinaigrette beträufeln und mit grob gemahlenem Pfeffer bestreuen.

Zubereitungszeit: 30 Minuten
Pro Portion (bei 30 Portionen) etwa 6 g E, 14 g F, 1 g KH = 161 kcal (675 kJ)

Bruschetta mit Tomaten

Zum Foto auf Seite 40

Für 30 Portionen (Party) oder für 12 Portionen:
1 kg aromatische Tomaten
12 Knoblauchzehen
160 ml Olivenöl
200 g Zwiebeln
3 Bund glatte Petersilie
Salz
schwarzer Pfeffer (a. d. Mühle)
6 italienische Weißbrote

1. Am Vortag die Haut der Tomaten einritzen, die Tomaten kurz in kochendes Wasser geben, herausnehmen und häuten, dann die Tomaten vierteln, entkernen und fein würfeln. Mit Klarsichtfolie abdecken und kalt stellen. Knoblauch durchpressen und mit dem Olivenöl mischen, abdecken und kalt stellen.

2. Am nächsten Tag die Zwiebeln fein würfeln und mit den Tomaten mischen. Petersilie grob hacken und unter die Tomaten mischen. Salzen und pfeffern, in eine Schale füllen und bis zum Servieren kalt stellen.

3. Die Brote waagerecht halbieren. Kurz vorm Servieren jeweils 3 Hälften nebeneinander auf ein Backblech legen und unterm Grill oder bei starker Oberhitze auf der 2. Einschubleiste von unten goldbraun und knusprig backen.

4. Anschließend mit der Hälfte des Knoblauchöls einpinseln und in Stücke schneiden. Geröstetes Brot mit der Tomatenmischung servieren. Den Vorgang mit den restlichen Zutaten wiederholen.

Zubereitungszeit: 1 Stunde
Pro Portion (bei 30 Portionen) etwa 5 g E, 5 g F, 27 g KH = 173 kcal (724 kJ)

Ochsenschwanzragout mit Staudensellerie

Zum Foto auf Seite 40

Für 30 Portionen (Party) oder für 15 Portionen:
800 g Möhren
400 g Gemüsezwiebeln
1,5 kg Staudensellerie
300 g durchwachsener Speck (in Scheiben)
5 kg Ochsenschwanz (in Stücken, beim Fleischer vorbestellen)
4 Lorbeerblätter
1 l Weißwein (trocken)
1 l Rinderfond (selbstgemacht oder a. d. Glas)
2 Dosen geschälte Tomaten (à 800 g)
300 g Pinienkerne
5 große Chilischoten (à 15 g)
10 Knoblauchzehen
200 g Rosinen
3 Bund glatte Petersilie
3 Bund Thymian
1 Bund Salbei
Salz

1. Am Vortag die Möhren waschen und schälen. Möhren und Zwiebeln in 1 cm große Würfel schneiden. Die Hälfte des Staudenselleries in schräge Stücke schneiden.

2. Speck in Streifen schneiden und in einem großen Topf (15 l Inhalt) knusprig auslassen. Zwiebeln, die Hälfte der Möhren (restliche Möhren im Kühlschrank aufbewahren) und die Staudenselleriestücke darin andünsten.

3. Die Ochsenschwanzstücke und Lorbeer dazugeben. Mit Wein, Rinderfond, geschälten Tomaten mit Saft und 2 l Wasser auffüllen. Bei milder Hitze aufkochen lassen, dann im geschlossenen Topf 2 Stunden bei milder Hitze kochen, abkühlen lassen, kalt stellen.

4. Pinienkerne in einer Pfanne ohne Fett goldbraun rösten. Chilischoten entkernen und fein würfeln. Knoblauch durchpressen. Pinienkerne, Chili und Knoblauch mischen, mit Klarsichtfolie abdecken und kalt stellen.

5. 2 Stunden vor dem Servieren den restlichen Staudensellerie ebenfalls in schräge Stücke schneiden. Erstarrtes Fett vom Ochsenschwanzragout abschöpfen. Ragout zum Kochen bringen, Rosinen, Staudensellerie und restliche Möhren dazugeben. 30 Minuten bei milder Hitze kochen lassen. Kräuter fein hacken und mit der Pinienkernmischung dazugeben. Das Ochsenschwanzragout salzen und servieren.

Zubereitungszeit: 4 Stunden
Pro Portion (bei 30 Portionen) etwa 24 g E, 22 g F, 11 g KH = 359 kcal (1499 kJ)

Eingelegtes Gemüse

Zum Foto auf Seite 41

Für 30 Portionen (Party) oder für 20 Portionen:
750 g rote Paprikaschoten
750 g gelbe Paprikaschoten
1,2 kg Fenchelknollen
12 kleine Zwiebeln
320 ml Olivenöl
1 l Weißwein (trocken)
1 kg Zucchini
1 Zitrone (unbehandelt)
10 Knoblauchzehen
10 El Weißweinessig
Salz
weißer Pfeffer (a. d. Mühle)
1 Bund Thymian
1 Zweig Rosmarin
3 Zweige Salbei

1. Am Vortag die Paprikaschoten vierteln, putzen und in 2 Portionen mit der Hautseite nach oben nebeneinander auf ein Backblech legen. Auf der 1. Einschubleiste von oben unterm Grill etwa 6 Minuten rösten, bis die Haut fast schwarz wird und Blasen wirft. Schoten mit einem feuchten Tuch bedecken, 5 Minuten stehen lassen, dann häuten und in große Stücke schneiden. Fenchel längs halbieren und in 2 cm dicke Spalten schneiden. Die Zwiebeln pellen.

2. Fenchel und Zwiebeln in 120 ml Olivenöl bei starker Hitze 5 Minuten andünsten. Wein dazugießen und im geschlossenen Topf 10 Minuten dünsten.

3. Zucchini längs vierteln und in 5 cm lange Stifte schneiden. Zitrone in dünne Scheiben schneiden. Knoblauch durchpressen.

4. Paprika, Zucchini, Zitrone und Knoblauch mit dem Essig und dem restlichen Olivenöl zu der Fenchel-Zwiebel-Mischung geben, einmal aufkochen lassen, salzen, pfeffern und die Kräuter dazugeben.

5. Das Gemüse im Topf abkühlen lassen und im geschlossenen Topf im Kühlschrank über Nacht durchziehen lassen.

6. Kurz vor dem Servieren das Gemüse in ein Glasgefäß (5 l Inhalt) schichten.

Zubereitungszeit: 1 1/4 Stunden
(plus Zeit zum Abkühlen und Durchziehen)
Pro Portion (bei 30 Portionen) etwa 2 g E, 9 g F, 7 g KH = 122 kcal (509 kJ)

Bohnensalat mit Sellerie und Mortadella

Zum Foto auf Seite 41

Für 30 Portionen (Party) oder für 6–8 Portionen:
400 g getrocknete Borlotti-Bohnen (über Nacht in kaltem Wasser eingeweicht)
Salz
1 Zweig Salbei
250 ml Olivenöl
300 g Staudensellerie (mit Grün)
300 g Knollensellerie
5 Knoblauchzehen
12 El Zitronensaft (von 3 Zitronen)
schwarzer Pfeffer (a. d. Mühle)
400 g Mortadella (in nicht zu dünnen Scheiben)
3 Bund glatte Petersilie

1. Am Vortag die Bohnen mit dem Einweichwasser, Salz, Salbei und 5 El Olivenöl bei milder Hitze im geschlossenen Topf ungefähr 2 1/2 Stunden garen.

2. Inzwischen das Grün vom Staudensellerie beiseite legen, den Staudensellerie in feine Würfel schneiden. Knollensellerie schälen, zuerst in dünne Scheiben, dann in feine Streifen schneiden: Das geht am besten mit dem Gemüsehobel. Knoblauch durchpressen. Knollen- und Staudensellerie mit dem Zitronensaft, dem restlichen Olivenöl und Knoblauch mischen.

3. Die gegarten Bohnen in einem Sieb abtropfen lassen und sofort mit dem marinierten Sellerie mischen. Salzen, pfeffern und über Nacht kühl stellen.

4. Am nächsten Tag die Mortadella in Streifen schneiden und zum Salat geben. Selleriegrün und Petersilie fein hacken und unter den Salat mischen. Den Salat bis zum Servieren an einem nicht zu kühlen Ort gut durchziehen lassen.

Zubereitungszeit: 2 Stunden, 40 Minuten (plus 2 Tage zum Eiweichen und zum Durchziehen)
Pro Portion (bei 30 Portionen) etwa 12 g E, 28 g F, 18 g KH = 389 kcal (1627 kJ)

Tip: Wenn Sie keine Borlotti-Bohnen bekommen, können Sie statt dessen getrocknete Wachtelbohnen oder kleine weiße Bohnen aus der Dose verwenden. Und wenn Sie die getrockneten Bohnen nicht einweichen, brauchen sie 30 Minuten länger, um gar zu werden. Sie sollen bei milder Hitze kochen, damit sie nicht platzen.

Schokoladencreme mit geeisten Johannisbeeren

Zum Foto auf Seite 42

Für 30 Portionen (Party) oder für 10–12 Portionen:
250 g Zartbitter-Kuvertüre
40 g Mokka-Kaffeepulver (Instant)
40 ml brauner Rum
75 g Pinienkerne
20 g Orangeat
10 g Zitronat
75 g Amaretti (italienische Bittermandelkekse)
375 ml Schlagsahne
5 Eiweiß (Gew.-Kl. 2)
1 kg rote Johannisbeeren
100 g Schokoladenraspel
150 ml Marsala (italienischer Süßwein)
100 g Hagelzucker

1. Am Vortag die Kuvertüre mit einem schweren Messer zerkleinern, im heißen Wasserbad schmelzen und abkühlen, aber nicht fest werden lassen. Mokkapulver mit dem Rum einmal aufkochen und abkühlen lassen.

2. Die Pinienkerne in einer Pfanne ohne Fett goldbraun rösten und mit Orangeat und Zitronat kleinhacken. Amaretti ebenfalls kleinhacken. Sahne und Eiweiß getrennt steif schlagen.

3. Die gehackten Zutaten mit einem Spatel zuerst unter den Eischnee und dann unter die Sahne heben. Die Kuvertüre schnell mit dem Spatel unter die Sahnemischung rühren, dabei nach und nach den Mokka-Rum dazugeben.

4. Schokoladencreme in eine vorgekühlte Schüssel (2,5 l Inhalt) füllen und über Nacht kalt stellen.

5. Die Johannisbeeren waschen, von den Rispen streifen, über Nacht in einem breiten Gefäß einfrieren.

6. 2 Stunden vor dem Servieren die Schokoladencreme dick mit Schokoladenraspeln bestreuen. Die Johannisbeeren aus dem Gefrierfach nehmen, mit Marsala und Hagelzucker mischen, in eine Schüssel füllen und bis zum Servieren kalt stellen.

Zubereitungszeit: 1 Stunde, 10 Minuten (plus Zeiten zum Durchkühlen)
Pro Portion (bei 30 Portionen) etwa 3 g E, 10 g F, 15 g KH = 172 kcal (722 kJ)

Mascarponecreme mit Cantuccini und Nektarinen

Zum Foto auf Seite 43

Für 30 Portionen (Party) oder für 10 Portionen:
1 kg Nektarinen
400 g Zucker
5 El Zitronensaft
10 El italienischer Brandy
2 El Öl
50 g Mandeln (ungeschält)
7 Vanilleschoten
1,5 kg Mascarpone (italienischer Frischkäse)
400 g Cantuccini (italienische Mandelkekse)
300 ml Vin Santo (ersatzweise heller Portwein)
100 g Erdbeeren
Zitronenmelisse zum Dekorieren

1. Am Vortag 1 Nektarine beiseite legen, die anderen waschen, in Spalten vom Stein schneiden und mit 100 g Zucker, Zitronensaft und 3 El Brandy mischen.

2. Etwas Alufolie mit Öl einpinseln. 100 g Zucker mit den Mandeln in eine Pfanne geben und den Zucker unter Rühren schmelzen lassen. Auf die Alufolie geben und kalt werden lassen, dann von der Folie nehmen und grob hacken.

3. Das Mark aus den Vanilleschoten kratzen und mit Mascarpone, restlichem Brandy und restlichem Zucker verrühren.

4. Die Hälfte der Cantuccini in einer breiten Schüssel (4 l Inhalt) verteilen und mit 150 ml Vin Santo beträufeln. Die Hälfte der Mascarponecreme gleichmäßig darauf verteilen, die restlichen Cantuccini darauf schichten und mit dem restlichen Vin Santo beträufeln. Die Nektarinenspalten mit Flüssigkeit darauf geben. Zum Schluß mit der restlichen Mascarponecreme bedecken und über Nacht kalt stellen.

5. Kurz vor dem Servieren die restliche Nektarine in Spalten vom Stein schneiden. Die Erdbeeren waschen und längs halbieren. Mascarponecreme mit den Nektarinen, Erdbeeren, gehackten Mandeln und Zitronenmelisse dekorieren.

Zubereitungszeit: 1 Stunde (plus Zeit zum Durchkühlen)
Pro Portion (bei 30 Portionen) etwa 4 g E, 24 g F, 30 g KH = 378 kcal (1582 kJ)

ARBEITSPLAN

AM TAG VOR DER PARTY

- *Bohnen für den Salat kochen und mit Sellerie marinieren*
- *Tomatensauce für den Pasta-Salat kochen*
- *Ochsenschwanzragout bis Punkt 4 zubereiten*
- *Gemüse einlegen*
- *Schokoladencreme zubereiten und die Johannisbeeren einfrieren*
- *Mascarponecreme einschichten, Mandeln karamelisieren und hacken*
- *Rucola-Salat vorbereiten*
- *Tomaten und die Knoblauch-Öl-Mischung für die Bruschetta zubereiten*
- *Alles abdecken und kühl stellen*

AM TAG DER PARTY

Morgens

- *Bohnensalat zu Ende zubereiten*
- *Pasta-Salat bis auf die Kräuter fertigstellen*
- *Tomaten für die Bruschetta zubereiten und die Brote schneiden*
- *Bis auf die Brote alles kalt stellen*

2 Stunden vor der Party

- *Ochsenschwanzragout zu Ende zubereiten*
- *Schokoladencreme anrichten, die Johannisbeeren marinieren, beides kühl stellen*

Kurz vor dem Servieren

- *Kräuter unter den Pasta-Salat mischen, den Salat dekorieren*
- *Eingelegtes Gemüse in ein Glasgefäß schichten*
- *Mascarponecreme dekorieren*
- *Rucola und Bresaola anrichten*
- *Brote für die Bruschetta rösten*

Internationale Feste

GRIECHISCHE PARTY

Auch nach diesem göttlichen Buffet können Sie noch leichtfüssig Sirtaki tanzen! Denn alle Gerichte enthalten viel Gemüse oder mageres Fleisch und belasten den Magen kaum

VORSPEISEN

Gurkensalat mit Schafskäse
Der Salat ist typisch für die griechische Küche: viel Gemüse, viel Schafskäse und viele Oliven.
Rezept Seite 51

Auberginen-Kartoffel-Plätzchen mit Tzatziki
Die knusprig gebratenen Plätzchen schmecken heiß, lauwarm oder kalt. Dazu darf der würzige Knoblauchjoghurt, Tzatziki, nicht fehlen.
Rezept Seite 51

Auberginenpüree mit Schafskäse
wird durch Crème fraîche geschmeidig. Geflügel-Zitronen-Suppe mit Minze ist herrlich erfrischend durch viel Zitrone und Minze.
Rezept Seite 52

GRIECHISCHE PARTY

HAUPTGÄNGE

Geschmorte Lammschulter mit Rotwein *ist eines der beiden Hauptgerichte dieses Buffets. Das Fleisch wird mit Schalotten, Knoblauch, Rosmarin und Thymian im Backofen gegart.*
Rezept Seite 52

Hasen-Stifado *ist leicht und raffiniert gewürzt mit Aceto balsamico, Thymian und Lorbeer.*
Rezept Seite 52

Gebackene Kartoffeln *und* **Zucchini mit Dill** *sind zu beiden Fleischgerichten die ideale Ergänzung.*
Rezept Seite 53

Classic
1988

Gurkensalat mit Schafskäse

Zum Foto auf Seite 46

Für 10–12 Portionen:
2 Salatgurken (à 500 g)
12 El Olivenöl
100 g Schafskäse (in Lake, salzig)
3 Stiele Minze
12 schwarze Oliven
schwarzer Pfeffer (a. d. Mühle)

1. Gurken waschen und so schälen, daß ein Streifenmuster entsteht: jeweils einen Streifen Schale abschälen und einen Streifen stehen lassen. Dann in 2–3 mm dünne Scheiben schneiden, in eine Schüssel geben und mit Olivenöl beträufeln.

2. Schafskäse zerbröseln und über den Gurkensalat streuen. Minzblättchen von den Stielen zupfen, in feine Streifen schneiden und über den Salat streuen. Mit Oliven garnieren und mit Pfeffer würzen. Zudecken und 20–30 Minuten kalt stellen.

Zubereitungszeit: 30 Minuten (plus Kühlzeit)
Pro Portion (bei 12 Portionen) etwa
2 g E, 13 g F, 2 g KH = 132 kcal (552 kJ)

DESSERT

Rosinen-Mandel-Kuchen

Süß und saftig ist der mit vielen Eiern, zerbröselten Zwiebäcken und vielen Mandeln zubereitete Kuchen. Das Spezielle: Die Rosinen werden mit weißem Samoswein getränkt.
Rezept Seite 53

Tzatziki

Zum Foto auf Seite 46

Für 10–12 Portionen:
4–5 Knoblauchzehen
3 El Olivenöl
1 El Weißweinessig
Salz
Pfeffer (a. d. Mühle)
300 g Sahnejoghurt
300 g Magermilchjoghurt
1 Salatgurke (500 g)
1/2 Bund Dill
1/2 Bund Schnittlauch

1. Knoblauch pellen und durchpressen. Mit Olivenöl, Essig, Salz und Pfeffer verrühren. Joghurt dazugeben.

2. Die Gurke schälen und längs halbieren, die Kerne herauskratzen. Gurke zuerst in dünne Streifen, dann in Würfel schneiden und zum Joghurt geben. Dill und Schnittlauch fein schneiden und ebenfalls zum Joghurt geben. Salzen und pfeffern.

Zubereitungszeit: 30 Minuten
Pro Portion (bei 12 Portionen) etwa
2 g E, 5 g F, 3 g KH = 70 kcal (294 kJ)

Auberginen-Kartoffel-Plätzchen

Zum Foto auf Seite 46

Für 10–12 Portionen:
1 kg Auberginen (4 Stück)
500 g Kartoffeln
Salz
100 g Parmesan (im Stück)
150 g Zwiebeln
1/2 Bund Petersilie
2 Eier (Gew.-Kl. 3)
Pfeffer (a. d. Mühle)
3 Scheiben Weizentoastbrot
Öl zum Fritieren

1. Den Backofen auf 200 Grad (Gas 3, Umluft 200 Grad) vorheizen. Die Auberginen mehrmals mit einer Gabel einstechen und 30 Minuten (Umluft auch 30 Minuten) im Ofen garen.

2. Kartoffeln in Salzwasser 20 Minuten garen, dann pellen und durch die Kartoffelpresse drücken.

3. Auberginen aus dem Ofen nehmen, schälen und in kleine Stücke schneiden. Auf Küchenpapier gut abtropfen lassen, eventuell auspressen und unter die Kartoffelmasse mischen.

4. Parmesan raspeln, Zwiebeln pellen und fein hacken. Petersilie ebenfalls fein hacken. Die vorbereiteten Zutaten mit den Eiern unter die Auberginen-Kartoffel-Masse rühren, salzen und pfeffern.

5. Brot toasten und im Mixer zermahlen. Aus der Auberginen-Kartoffel-Masse mit feuchten Händen 36 kleine Plätzchen formen, in den Toastbröseln wenden und leicht andrücken.

6. Öl in einer Pfanne heiß werden lassen. Die Plätzchen darin schwimmend auf jeder Seite 2 Minuten bei mittlerer Hitze goldgelb ausbacken. Heiß, lauwarm oder kalt servieren.

Zubereitungszeit: 1 Stunde, 20 Minuten
Pro Portion (bei 12 Portionen) etwa
6 g E, 10 g F, 11 g KH = 165 kcal (691 kJ)

Tip: Die Auberginen müssen vor dem Backen rundherum mehrmals mit einer Gabel eingestochen werden, damit sie nicht platzen.

Auberginenpüree mit Schafskäse

Zum Foto auf Seite 47

Für 10–12 Portionen:
1,5 kg Auberginen (6 Stück)
6 Knoblauchzehen
3 El Olivenöl
1 El Weißweinessig
200 g Schafskäse (in Lake)
Salz, Pfeffer (a. d. Mühle)
1 Bund glatte Petersilie
75 g Crème fraîche

1. Den Backofen auf 200 Grad (Gas 3, Umluft 200 Grad) vorheizen. Die Auberginen mehrmals mit einer Gabel einstechen und 30 Minuten (Umluft auch 30 Minuten) im Ofen garen. Knoblauchzehen pellen und durchpressen. Mit Olivenöl und Essig verrühren. Käse zerbröseln, dazugeben.

2. Auberginen aus dem Ofen nehmen, schälen, in kleine Stücke schneiden und auf Küchenpapier abtropfen lassen. Mit dem Schneidstab des Handrührers pürieren.

3. Auberginenpüree mit dem Schneebesen unter den Schafskäse rühren. Salzen und pfeffern. 1/2 Bund Petersilie fein hacken und mit der Crème fraîche unter die Masse geben. Mit den restlichen Petersilienblättern garnieren.

Zubereitungszeit: 1 Stunde, 10 Minuten
Pro Portion (bei 12 Portionen) etwa
3 g E, 7 g F, 5 g KH = 101 kcal (425 kJ)

Geflügel-Zitronen-Suppe mit Minze

Zum Foto auf Seite 47

Für 10–12 Portionen:
1 Suppenhuhn (1,5–2 kg)
2 Zitronen (unbehandelt)
2 Lorbeerblätter
1 Bund Minze, Salz
1 El Zucker
weißer Pfeffer (a. d. Mühle)
8 Eigelb

1. Das Huhn kalt abspülen, in einen großen Topf legen und mit kaltem Wasser bedecken. Die Zitronen dünn abschälen und auspressen. Zitronenschale zum Huhn geben, den Saft beiseite stellen. Lorbeer, 1/4 Bund Minze und 1 Tl Salz zum Huhn geben, bei kleiner bis mittlerer Hitze 1 1/2–2 Stunden leise kochen. Das Huhn aus dem Topf nehmen, den Fond durch ein feines Sieb gießen.

2. Das Huhn häuten. Hühnerbrüste von den Knochen lösen und in kleine Stücke schneiden. Das Schenkelfleisch von den Knochen trennen und in kleine Stücke schneiden. Hühnerfleisch mischen und beiseite stellen.

3. 1/8 l Fond beiseite stellen, den Rest (2–2 1/2 l) in einen großen Topf gießen und aufkochen lassen. Zitronensaft und Zucker dazugeben, salzen und pfeffern. Eigelb mit zurückbehaltenem Fond mischen. Restliche Minzblättchen von den Stielen zupfen und beiseite stellen.

4. Kurz vor dem Servieren das Hühnerfleisch in den Hühnerfond geben und aufkochen lassen. Den Topf vom Herd nehmen und die Eigelbmischung mit einem Schneebesen in die Suppe rühren. Die Suppe bei milder Hitze auf den Herd stellen: Sie darf nicht mehr kochen. So lange rühren, bis das Eigelb bindet. Salzen, pfeffern und mit Minzblättchen garnieren.

Zubereitungszeit: 2 3/4 Stunden
Pro Portion (bei 12 Portionen) etwa
22 g E, 10 g F, 2 g KH = 203 kcal (847 kJ)

Geschmorte Lammschulter mit Rotwein

Zum Foto auf Seite 48

Für 10–12 Portionen:
12 Schalotten
6 Knoblauchzehen
4 El Olivenöl
2 Lammschultern (à 1,2 kg)
1 Zweig Rosmarin
1 Zweig Thymian
300 ml trockener Rotwein
400 ml Lammfond (a. d. Glas)
Salz
Pfeffer (a. d. Mühle)
8 g Butter
8 g Mehl

1. Schalotten pellen und halbieren. Knoblauchzehen pellen. Den Backofen auf 160 Grad (Gas 1–2, Umluft 150 Grad) vorheizen. Das Öl in einem großen Topf erhitzen und die Lammschultern darin von allen Seiten 1–2 Minuten anbraten, dann aus dem Topf nehmen, Schalotten und Knoblauch hineingeben und 1–2 Minuten andünsten.

2. Rosmarin und Thymian dazugeben, mit Rotwein und Lammfond auffüllen. Lammschultern salzen und pfeffern, mit der runden Seite nach oben in den Topf legen. Im offenen Topf auf der untersten Einschubleiste 1 Stunde, 40 Minuten (Umluft 1 Stunde, 30 Minuten) schmoren lassen.

3. Butter und Mehl gut mischen. Die Lammschultern aus dem Topf nehmen und auf die Fettpfanne legen. Im ausgeschalteten Ofen warm halten.

4. Rotweinsud durch ein Sieb gießen. Schalotten und Knoblauchzehen mit einem Spatel durch das Sieb in den Fond streichen. Fond bei mittlerer Hitze aufkochen lassen und mit Mehlbutter binden. 2–3 Minuten kochen. Mit den Lammschultern servieren.

Zubereitungszeit: 2 Stunden
Pro Portion (bei 12 Portionen) etwa
31 g E, 26 g F, 2 g KH = 389 kcal (1628 kJ)

Tip:* *Schmoren Sie die Lammschulter in demselben Wein, den Sie zum Essen trinken. Wenn Sie das Fleisch schon am Vortag in Wein und Kräuter einlegen, zieht es besonders gut durch.

Hasen-Stifado

Zum Foto auf Seite 49

Für 10–12 Portionen:
500 g Zwiebeln
6 Knoblauchzehen
8 El Olivenöl
3 El Tomatenmark
6 Lorbeerblätter (möglichst frisch)
1 Bund Thymian
400 ml Wildfond (a. d. Glas)
1/2 El Aceto balsamico (italienischer Würzessig)
Salz
schwarzer Pfeffer (a. d. Mühle)
750 g Hasenrückenfilets

1. Zwiebeln pellen, halbieren und in 2–3 mm dünne Scheiben schneiden. Knoblauch pellen und in dünne Scheiben schneiden. 4 El Olivenöl in einem Topf erhitzen. Zwiebeln und Knoblauch dazugeben und 1–2 Minuten dünsten.

2. Tomatenmark, 3 Lorbeerblätter und 2 Zweige Thymian dazugeben und mit Wildfond ablöschen. 3/4 l Wasser dazugießen und 30 Minuten bei kleiner bis mittlerer Hitze auf die Hälfte einkochen lassen. Vom Herd nehmen und mit Aceto balsamico, Salz und Pfeffer würzen.

3. Kurz vor dem Servieren die Hasenrückenfilets schräg in 1 cm dicke Scheiben schneiden. Restliches Olivenöl in einer Pfanne stark erhitzen. Das Fleisch kräftig pfeffern. Zwiebelfond erhitzen.

4. Fleisch in die sehr heiße Pfanne geben, 1–2 Minuten braten, nicht umrühren. Dann wenden, noch mal 1–2 Minuten braten und mit Salz würzen. Sofort in den Zwiebelfond geben, vom Herd nehmen, mit Salz und Pfeffer würzen, mit restlichem Lorbeer und Thymian garnieren.

Zubereitungszeit: 1 1/2 Stunden
Pro Portion (bei 12 Portionen) etwa
14 g E, 9 g F, 3 g KH = 158 kcal (660 kJ)

Tip:* *Wenn Sie keinen Hasen bekommen oder den Wildgeschmack nicht mögen, können Sie das Stifado auch mit Kaninchenfilets zubereiten.

Gebackene Kartoffeln

Zum Foto auf Seite 48

Für 10–12 Portionen:
6 große Kartoffeln (750 g)
Salz
3–4 El Olivenöl
schwarzer Pfeffer
(a. d. Mühle)

1. Kartoffeln 20 Minuten in Salzwasser gar kochen. Den Backofen auf 220 Grad (Gas 3–4, Umluft nicht empfehlenswert) vorheizen.

2. Kartoffeln pellen und längs vierteln. Auf ein mit Öl bestrichenes Blech legen, Kartoffeln mit Öl einpinseln, salzen, pfeffern und 10–12 Minuten auf der 2. Einschubleiste von unten backen, dabei die letzten 2–3 Minuten den Grill anschalten.

Zubereitungszeit: 50 Minuten
Pro Portion (bei 12 Portionen) etwa
1 g E, 2 g F, 8 g KH = 58 kcal (244 kJ)

Zucchini mit Dill

Zum Foto auf Seite 49

Für 10–12 Portionen:
1/2 Bund Dill
500 g Zucchini
30 g Butter
1 El Zucker
Salz
Pfeffer (a. d. Mühle)

1. Dill fein schneiden. Zucchini waschen, putzen, längs vierteln und in 5–6 cm lange Stücke schneiden.

2. Butter in einem Topf erhitzen und die Zucchini darin 3–4 Minuten dünsten. Zucker dazugeben und weitere 2 Minuten dünsten. Salzen und pfeffern. Dill dazugeben.

Zubereitungszeit: 15 Minuten
Pro Portion (bei 12 Portionen) etwa
1 g E, 2 g F, 1 g KH = 28 kcal (117 kJ)

Mandel-Rosinen-Kuchen

Zum Foto auf Seite 50

Für 10–12 Stücke:
200 g Rosinen
200 ml weißer Samoswein
6 Zwiebäcke
6 Eier (Gew.-Kl. 3)
150 g Zucker
130 g Butter (zimmerwarm)
und Butter für die Form
300 g Mandeln (gemahlen)
Puderzucker zum Bestäuben

1. Rosinen mit dem Wein aufkochen und kalt werden lassen. Zwiebäcke in der Moulinette fein mahlen. Backofen auf 170 Grad (Gas 1–2, Umluft 150 Grad) vorheizen.

2. Eier trennen. Eiweiß kalt stellen. Eigelb und Zucker mit den Quirlen des Handrührers cremig aufschlagen. Zwiebäcke, Butter und Mandeln mit der Eigelbmasse zu einem geschmeidigen Teig verarbeiten. Rosinen gut abtropfen lassen, unter den Teig heben.

3. Eiweiß steif schlagen, die Hälfte davon mit dem Schneebesen unter den Teig rühren, den Rest mit einem Spachtel vorsichtig darunterziehen.

4. Den Teig in eine gefettete Springform (26 cm Durchmesser) füllen. Auf der 2. Einschubleiste von unten 1 Stunde (Umluft 50 Minuten) backen. Erkalten lassen und mit Puderzucker bestreuen.

Zubereitungszeit: 1 Stunde, 40 Minuten
Pro Stück (bei 12 Stücken) etwa 10 g E,
27 g F, 32 g KH = 417 kcal (1745 kJ)

Typisch griechisch: Weinbrand und Ouzo
Weinbrand, am bekanntesten ist die Marke Metaxa, und Ouzo sind die beliebtesten Schnäpse aus Griechenland. Beide schmecken am besten nach dem Essen. Während der Weinbrand seine braune Farbe durch Reifung in Eichenfässern erhält, ist der Anisbranntwein glasklar und hat etwa 40 Vol.-%. Man genießt Ouzo pur, über Eis oder mit etwas kaltem Wasser, wodurch sich das Getränk milchigweiß färbt.

ARBEITSPLAN

AM TAG VOR DER PARTY
- *Zitronensuppe kochen, aber noch nicht mit Eigelb binden*
- *Rosinenkuchen backen, aber noch nicht mit Puderzucker bestäuben*
- *Fond für das Stifado kochen*
- *Tzatziki rühren, noch keine Kräuter dazugeben*
- *Auberginenpüree zubereiten, aber noch keine Petersilie dazugeben*
- *Alles zudecken und kühl stellen*

AM TAG DER PARTY
2 1/2 Stunden vor dem Fest
- *Auberginen-Kartoffel-Plätzchen zubereiten und braten, wenn die Lammschultern im Ofen sind*
- *Lammschultern garen*
- *Gurkensalat zubereiten*
- *Kartoffeln backen*
- *Zucchini zubereiten*
- *Kräuter zum Tzatziki geben*
- *Petersilie zum Auberginenpüree geben*
- *Stifado fertig zubereiten*
- *Zitronensuppe binden*
- *Rosinenkuchen mit Puderzucker bestäuben*

Internationale Feste

INDONESISCHE REISTAFEL

Der ganze Reichtum indonesischer Küche präsentiert sich in diesem farbenfrohen und dekorativen Buffet. Daß die vielen, kleinen Gerichte ein außergewöhnliches Geschmackserlebnis sind, versteht sich von selbst

SPEISEN

Im Mittelpunkt jedes indonesischen Essens steht der Reis, ob weißer oder bunter, mit vielen Zutaten gemischt. Dazu kommt dann eine Fülle würziger kleiner Gerichte: Fisch, Muscheln, Garnelen, Fleisch, Gemüse, pikante Saucen, die zu fast allen Gerichten passen, geröstete Nüsse und Zwiebeln zum Darüberstreuen und exotische Früchte, um den Gaumen zu erfrischen. Auf den folgenden Seiten präsentieren wir jedes Gericht des raffinierten Buffets noch einmal gesondert. Die exotischen Zutaten erhalten Sie im Asienladen.

1

2

3

4

5

6

7

8

9

INDONESISCHE REISTAFEL

SPEISEN

1 Schweinefilet in Erdnuß-Kurkuma-Paste
Ein bißchen scharf, ein bißchen süß: Das Fleisch wird über Nacht in einer scharfen Gewürzmischung mit Erdnüssen, Palmzucker und Reisessig mariniert und dann gebraten.
Rezept Seite 59

2 Süß-sauer eingelegtes Gemüse
aus Paprika, Zwiebeln, Möhren und Blumenkohl, gewürzt mit Kurkuma, Ingwer und Reisessig ist ein schöner Farbfleck auf dem Buffet.
Rezept Seite 60

3 Erdnußsauce
Cremiger Dip aus Erdnußcreme, Knoblauch und Tamarindenpaste, der bei keiner Reistafel fehlen sollte.
Rezept Seite 60

4 Frühlingsrollen mit Schweinefleisch
werden in Öl knusprig gebacken und lassen sich sehr gut vorbereiten.
Rezept Seite 60

5 Gebackene Geflügelbällchen
werden ebenfalls in heißem Öl fritiert und mit Staudensellerie garniert.
Rezept Seite 60

6 Rotbarschfilet im Bananenblatt
ist das dekorativste aller Gerichte. Und der Duft von Tamarinde, Ingwer und Knoblauch, der einem beim Öffnen des Blattpaketes entgegenströmt, ist einfach herrlich.
Rezept Seite 61

7 Röstzwiebeln mit Macadamianüssen
sind eine Beilage, die man über andere Speisen streut.
Rezept Seite 61

8 Zwiebelsauce
aus gebratenen Schalotten, gewürzt mit Sambal oelek, Tamarinden- und Krabbenpaste. Wer mag, schmeckt die Sauce zusätzlich mit Limetten ab.
Rezept Seite 61

9 Kokosraspel, Krupuk und Chili
sind Beilagen oder Garnitur für alle Gerichte.
Hinweis Seite 61

Gelber Reis
gefärbt mit Kurkuma, verfeinert mit Kokosnuß, Kreuzkümmel, Koriander und Zitronengras, paßt zu allen Speisen.
Rezept Seite 61

1

4

2

5

3

6

7

8

INDONESISCHE REISTAFEL

Schweinefilet in Erdnuß-Kurkuma-Paste

Zum Foto 1 auf Seite 56

Für 12 Portionen:
1 kg Schweinefilet
100 g Zwiebeln
50 g Ingwerwurzel
200 g Erdnüsse (ungeröstet)
1 gestrichener El Kurkuma
90 g Palmzucker
3 El süß-pikante Chilisauce
15 große Knoblauchzehen
3 El Reisessig
11 El Öl
1 El dunkles Sesamöl
1/2 Bund Koriandergrün

1. Am Vortag vom Schweinefilet die dicken Häute und Sehnen entfernen. Fleisch in ca. 1 cm dicke Scheiben schneiden.

2. Die Zwiebeln pellen und grob würfeln. Ingwerwurzel schälen und fein reiben.

3. Zwiebeln, 80 g Erdnüsse, Ingwer, Kurkuma, 45 g Palmzucker, Chilisauce, 5 Knoblauchzehen, Reisessig, 2 El Öl und Sesamöl in der Moulinette kurz pürieren.

4. Die Filetscheiben auf beiden Seiten mit der Paste bestreichen und abgedeckt über Nacht marinieren, kühl stellen.

5. Die restlichen Knoblauchzehen in dünne Scheiben schneiden. Die restlichen Erdnüsse grob hacken.

6. Knoblauchscheiben und gehackte Erdnüsse in einer trockenen Pfanne unter Wenden rösten, bis die Erdnüsse goldbraun sind. Den restlichen Palmzucker dazugeben und weiterrühren, bis er geschmolzen ist. Das Knoblauchgemisch aus der Pfanne nehmen und bis zum Servieren abgedeckt beiseite stellen (nicht kühl stellen).

7. Am nächsten Tag kurz vor dem Servieren das Koriandergrün fein schneiden und unter das zerkrümelte Knoblauch-Erdnuß-Gemisch heben.

8. Die Filetscheiben auf jeder Seite im restlichen heißen Öl ungefähr 2–3 Minuten bei mittlerer Hitze braten, am besten in mehreren Etappen.

9. Zum Servieren die Schweinefiletscheiben auf einer Platte anrichten, mit dem Knoblauchgemisch bestreuen.

Zubereitungszeit: 2 Stunden
(plus Zeit zum Marinieren)
Pro Portion etwa 7 g E, 16 g F, 9 g KH = 210 kcal (880 kJ)

Weißer Reis *ist die neutrale Beilage für jedes Gericht.* *Rezept Seite 63*

SPEISEN

1 Teigtaschen mit Garnelenfarce *schmecken besonders mit scharfer Chilisauce.* *Rezept Seite 62*

2 Jakobsmuscheln und Gemüse *werden in Dämpfeinsatzen aus Bambus schonend gegart.* *Rezept Seite 62*

3 Gemüseplatte mit Tofu *ist frisch und gesund. Man stippt die Gemüsestreifen am besten in Erdnußsauce.* *Rezept Seite 62*

4 Exotische Fruchtplatte *reicht man zwischen den einzelnen Speisen.* *Hinweis Seite 62*

5 Saté von Entenbrust *ist hauchdünn geschnittenes Fleisch, das als Spieß gebraten wird. Dazu gibt es knusprig gebratene Entenhaut.* *Rezept Seite 63*

6 Riesengarnelen in Kokossauce *sind mit Ingwer, Palmzucker und Sambal oelek gewürzt.* *Rezept Seite 63*

7 Scharfe Chilisauce *enthält Schalotten, Chili, Knoblauch, Limettensaft und Korinadergrün.* *Rezept Seite 63*

8 Tamarinden-Sorbet *wird mit Ingwer, Zucker und Limette gefroren und mit frischen, exotischen Früchten garniert. Tamarinde ist die etwa zehn Zentimeter lange und zimtbraune Hülsenfrucht des Tamarindenbaumes. Seine Samen sind klein, das Fruchtfleisch säuerlich.* *Rezept Seite 63*

Süß-sauer eingelegtes Gemüse

Zum Foto 2 auf Seite 56

Für 12 Portionen:
je 2 rote und gelbe Paprikaschoten (à 250 g)
10 kleine Zwiebeln (ca. 250 g)
450 g dünne Möhren
1 kleiner Blumenkohl (ca. 400 g)
je 6 kleine rote und grüne Chilischoten
50 g Ingwerwurzel
4 El Öl
3 gestrichene El Kurkuma
60 g Palmzucker
200 ml Reisessig
Salz

1. Am Vortag Paprikaschoten vierteln, unter fließendem kalten Wasser von den Kernen befreien und das Fruchtfleisch in ca. 3 cm breite Stücke schneiden. Zwiebeln pellen und längs halbieren. Möhren putzen und in ca. 6 cm lange, 1 cm dicke Stücke schneiden. Blumenkohl putzen und in kleine Röschen teilen. Die Chilischoten längs einmal anritzen. Ingwer schälen und fein reiben.

2. Das Öl in einem breiten Topf erhitzen, die Zwiebelhälften darin leicht anbräunen. Die Möhrenstücke dazugeben, Kurkuma, Palmzucker und geriebenen Ingwer kurz unterrühren, mit dem Reisessig und 650 ml Wasser auffüllen und salzen.

3. Das Ganze 15 Minuten leise kochen lassen. Blumenkohl, Paprika, Chilischoten nach 10 Minuten dazugeben.

4. Den Topf nach Ende der Garzeit von der Herdplatte nehmen und das Gemüse im Sud erkalten lassen, am besten über Nacht im Kühlschrank.

5. Am nächsten Tag das süßsaure Gemüse in eine Schale füllen und servieren.

Zubereitungszeit: 1 Stunde (plus Kühlzeit)
Pro Portion etwa 2 g E, 4 g F, 8 g KH = 79 kcal l(328 kJ)

Erdnußsauce

Zum Foto 3 auf Seite 56

Für 12 Portionen:
8 Schalotten (oder 2 Zwiebeln)
6 Knoblauchzehen
2 Tl Sambal oelek
2 Tl Krabbenpaste
200 g Erdnußcreme
2 El süße Sojasauce
2 El Palmzucker
2–4 Tl Tamarindenpaste
6 El Kokosnuß-Extrakt

1. Schalotten pellen, sehr fein hacken. Knoblauch pellen und durchpressen. Beides mit Sambal oelek und Krabbenpaste zu einer cremigen Sauce verrühren. In der Pfanne bei mittlerer Hitze 2 Minuten unter Rühren braten.

2. Erdnußcreme, Sojasauce, Palmzucker, Tamarindenpaste, Kokosnuß-Extrakt und 8 El Wasser nacheinander unter Rühren zufügen, bis eine cremige Sauce entstanden ist.

Zubereitungszeit: 45 Minuten
Pro Portion etwa 5 g E, 10 g F, 7 g KH = 136 kcal (572 kJ)

Frühlingsrollen mit Schweinefleisch

Zum Foto 4 auf Seite 56

Für 16 Stück:
80 g Mungobohnensprossen
100 g Chinakohl
100 g Frühlingszwiebeln
1 kleines Bund Koriandergrün
200 g Schweinehack
5 Knoblauchzehen (durchgepreßt)
5 El Erdnußöl
1 El süße Sojasauce
3 El süß-pikante Chilisauce
1 El dunkles Sesamöl
1 Eiweiß
8 Blätter Frühlingsrollenteig (20x20 cm)
1 l Öl zum Fritieren

1. Sprossen putzen, waschen und abtropfen lassen. Chinakohl waschen, quer in dünne Streifen schneiden. Frühlingszwiebeln waschen, putzen, helle Teile in dünne Scheiben schneiden. Koriandergrün fein schneiden.

2. Schweinehack mit dem Knoblauch bei starker Hitze in 3 El Erdnußöl kräftig anrösten. Sojasauce, Chilisauce und Sesamöl daruntermischen und etwas einkochen lassen.

3. Sprossen, Chinakohl und Frühlingszwiebeln bei starker Hitze im restlichen Erdnußöl ca. 2 Minuten in einer Pfanne knackig andünsten.

4. Gemüse, Schweinehack und Koriandergrün mischen (falls die Füllung zu feucht ist, kurz auf einem Sieb abtropfen lassen).

5. Das Eiweiß leicht anschlagen. Jedes Teigblatt halbieren und leicht mit Eiweiß bepinseln. Jeweils ca. 2 El von der Füllung auf die untere Teighälfte setzen, dabei unten und seitlich 1 cm Rand freilassen. Die Teigseiten zur Mitte hin über die Füllung klappen und den Teig, von unten beginnend, zusammenrollen, so daß die Füllung fest verschlossen ist. Frühlingsrollen auf Pergamentpapier legen.

6. Das Öl in einem breiten Topf auf 180 Grad erhitzen und die Frühlingsrollen ca. 4–5 Minuten knusprig ausbacken. Die Frühlingsrollen herausnehmen, auf Küchenpapier abtropfen lassen.

Zubereitungszeit: 1 Stunde
Pro Stück etwa 4 g E, 15 g F, 7 g KH = 189 kcal (793 kJ)

Tip: **Die Frühlingsrollen können – fertig gefüllt – roh eingefroren und im gefrorenen Zustand fritiert werden. Sie brauchen dann ca. 2 Minuten länger.**

Gebackene Geflügelfleischbällchen

Zum Foto 5 auf Seite 56

Für 20 Stück:
2 Scheiben Weizentoastbrot
500 g Hähnchenbrustfilet
80 g Schalotten
2 kleine Knoblauchzehen
3 kleine Staudensellerie-zweige (mit Grün)
1 Ei (Gew.-Kl. 3)
Salz, Pfeffer (a. d. Mühle)
Öl zum Fritieren

1. Toastbrot entrinden und in kaltem Wasser einweichen. Die Hähnchenbrustfilets durch die mittlere Scheibe des Fleischwolfs drehen.

2. Schalotten und Knoblauchzehen pellen und fein würfeln. Die Hälfte der Sellerieblätter beiseite legen. Restliche Blätter und Stiele fein hacken.

3. Toastbrot gut ausdrücken und mit Hähnchenfleisch, Schalotten, Knoblauch, Sellerie und Ei gut verkneten, mit Salz und Pfeffer würzen. Masse für 1 Stunde kühl stellen.

4. Aus der Masse mit nassen Händen 20 Kugeln formen. Fett auf 180 Grad erhitzen

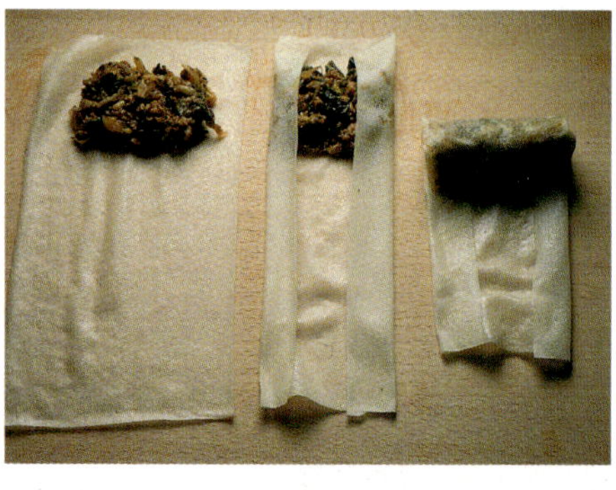

Die Füllung auf den Teigstreifen geben. Die Längsseiten zur Mitte einschlagen, damit die Füllung nicht ausläuft. Die Teigstreifen dann aufrollen.

und die Kugeln darin goldbraun ausbacken. Mit der Schaumkelle herausnehmen, auf Küchenpapier abtropfen lassen. Mit den Sellerieblättchen garniert anrichten.

Zubereitungszeit: 45 Minuten (plus Kühlzeit)
Pro Stück etwa 6 g E, 4 g F, 2 g KH = 66 kcal (278 kJ)

Rotbarschfilet im Bananenblatt

Zum Foto 6 auf Seite 56

Für 12 Portionen:
800 g Rotbarschfilet (mit Haut)
3 El Tamarindenpaste
10 große Knoblauchzehen
100 g frische Ingwerwurzel
2 El süße Sojasauce
1 El Sambal oelek
1/2 Tl Kurkuma, Salz
2 Bund Koriandergrün
3 Bananenblätter (ersatzweise 12 blanchierte Chinakohlblätter)
1 Limette
Außerdem:
Holzstäbchen

1. Rotbarschfilets sorgfältig entgräten, unter kaltem Wasser abspülen und trockentupfen. In 12 Streifen schneiden. Die Haut mit je 3 Schnitten quer einritzen.

2. Für die Marinade Tamarindenpaste mit 3 El Wasser verrühren, Knoblauch pellen und fein hacken, 50 g Ingwer schälen und reiben. Beides mit der Sojasauce, Sambal oelek, Tamarindenpaste, Kurkuma und Salz vermischen. Korianderblätter grob hacken und untermischen.

3. Fischfilets von beiden Seiten mit der Marinade bepinseln und mit der Hautseite nach unten einige Stunden, am besten über Nacht, marinieren und kalt stellen.

Die Rotbarschfilets in die Mitte der Bananenblätter geben. Die Blätter über den Fisch klappen und mit Holzstäbchen feststecken.

4. Bananenblätter gründlich waschen und mit einem Messer zu Quadraten von 20x20 cm schneiden. Fischstücke mit der Hautseite nach unten in die Mitte der Bananenblätter setzen, Blätter über dem Fisch zusammenfalten und mit Holzstäbchen feststecken.

5. Restlichen Ingwer und die Limette in Scheiben schneiden. Fischpäckchen mit der Nahtseite nach unten auf ein Backblech setzen, 100 ml Wasser dazugießen, Ingwer und Limettenscheiben dazwischen verteilen. Bei 180 Grad (Gas 2–3, Umluft 10 Minuten bei 180 Grad) auf der 2. Einschubleiste von unten 12–15 Minuten garen. Zum Servieren die Päckchen auf eine Platte legen, erst bei Tisch öffnen.

Zubereitungszeit: 1 Stunde, 10 Minuten (plus Zeit zum Marinieren)
Pro Portion etwa 13 g E, 2 g F, 3 g KH = 90 kcal (379 kJ)

***Tip:* Bananenblätter sind zum Garnieren ideal. Sie können sie in Streifen schneiden oder mit Hilfe von Holzstäbchen zu kleinen Schüsseln formen. Der Gemüsehändler besorgt Ihnen Bananenblätter auf Bestellung.**

Röstzwiebeln mit Macadamianüssen

Zum Foto 7 auf Seite 57

Für 12 Portionen:
500 g kleine Zwiebeln
1 l Öl zum Ausbacken
150 g Macadamianüsse (geröstet und gesalzen)
3 Limetten
4 kleine rote Chilischoten
1 Bund Schnittlauch

1. Die Zwiebeln pellen und auf dem Gemüsehobel in sehr dünne Scheiben schneiden.

2. Das Öl in einem hohen Topf auf 180 Grad erhitzen. Die Hälfte der Zwiebeln vorsichtig hineingeben und unter Rühren mit einer Fleischgabel ca. 4 Minuten goldbraun rösten.

3. Die Zwiebeln mit einer Schaumkelle herausnehmen und auf Küchenpapier abtropfen lassen. Vorgang mit den restlichen Zwiebeln wiederholen (dabei die Fettemperatur am besten mit einem Thermometer kontrollieren!).

4. Macadamianüsse grob hacken. Limettenschale fein abreiben. Chilischoten längs halbieren, die Kerne herausschaben und das Fruchtfleisch sehr fein würfeln. Alles mit den Zwiebeln mischen, bis zum Servieren an einem trockenen Ort bereitstellen.

5. Den Schnittlauch in feine Röllchen schneiden und mit den Röstzwiebeln mischen. Das Röstzwiebelgemisch zum Servieren am besten auf einem Bananenblatt anrichten.

Zubereitungszeit: 1 Stunde
Pro Portion etwa 2 g E, 19 g F, 4 g KH = 200 kcal (837 kJ)

Zwiebelsauce

Zum Foto 8 auf Seite 57

Für 12 Portionen:
20 Schalotten (oder 2 große Zwiebeln)
6 El Öl
4–5 El Sambal oelek
1 gestrichener Tl Krabbenpaste
Salz
6–8 El Tamarindenpaste
2–3 El Palmzucker

1. Schalotten pellen und sehr fein hacken. Öl erhitzen und die Schalottenwürfel darin braun und knusprig braten.

2. Sambal oelek, Krabbenpaste, Salz, Tamarindenpaste und Palmzucker unterrühren. Bei milder Hitze 5–10 Minuten kochen, 100 ml Wasser unterrühren und erkalten lassen.

Zubereitungszeit: 30 Minuten
Pro Portion etwa 0 g E, 0 g F, 6 g KH = 27 kcal (111 kJ)

Garnitur und Beilagen zur Reistafel

Zum Foto 9 auf Seite 57

Kokosraspel, Krupuk, Kokosnuß und Chili dürfen bei keiner Reistafel als Garnitur oder als knusprige Beilage fehlen. Dekorativ machen sich auch Frühlingszwiebeln und Chilischoten , wenn Sie sie von der Spitze her mehrfach einschneiden und in eiskaltem Wasser aufgehen lassen. Sie sehen dann aus wie Blüten.

Gelber Reis

Zum Foto auf Seite 57

Für 6 Portionen:
500 g Basmatireis
1 1/2 Dosen Kokosnuß-Extrakt (600 ml)
2 1/2 gestrichene El Salz
1 Zwiebel (ca. 50 g)
2 große Knoblauchzehen
1 gestrichener Tl Kurkuma
1 gestrichener Tl Kreuzkümmel
2 gestrichene Tl Korianderkörner (fein zerstoßen)
1 Stiel Zitronengras

1. Reis unter fließendem kalten Wasser abspülen und abtropfen lassen. Kokosnuß-Extrakt mit Wasser auf 1 1/4 l auffüllen und mit gewürfelter Zwiebel und allen Gewürzen langsam zum Kochen bringen, dabei gelegentlich umrühren.

2. Reis dazugeben und einmal aufkochen lassen. Mit einem gut schließenden Deckel verschließen und bei sehr milder Hitze 20 Minuten garen. Im geschlossenen Topf 5 Minuten nachziehen lassen. Vor dem Servieren das Zitronengras herausnehmen.

Zubereitungszeit: 40 Minuten
Pro Portion etwa 7 g E, 7 g F, 67 g KH = 359 kcal (1502 kJ)

INDONESISCHE REISTAFEL

Teigtaschen mit Garnelenfarce

Zum Foto 1 auf Seite 58

Für 32 Stück:
200 g Garnelen
(roh, ohne Kopf und Schale)
10 g Kokosraspel
1 El Öl
10 g frische Ingwerwurzel
1 Tl Kurkuma
1 Tl Krabbenpaste
2 Tl dunkles Sesamöl
1 Tl Tamarindenpaste
1 Tl süß-pikante Chilisauce
2 Eiweiß
8 Blätter Frühlingsrollenteig
(20x20 cm)
1 l Öl zum Fritieren

1. Am Vortag den Darm der Garnelen entfernen, Garnelen kalt abwaschen, trockentupfen und in jeweils 2–3 Stücke schneiden.

2. Garnelen und Kokosraspel mischen, in 1 El Öl bei starker Hitze 1 Minute anbraten, aus der Pfanne nehmen.

3. Ingwer schälen und fein reiben. Garnelen, Ingwer, Kurkuma, Krabbenpaste, Sesamöl, Tamarindenpaste und Chilisauce zusammen in der Moulinette kurz pürieren, so daß noch kleine Garnelenstücke sichtbar sind. Farce abdecken und kühl stellen.

4. Am nächsten Tag das Eiweiß leicht anschlagen. Jedes Teigblatt in 4 Quadrate schneiden und mit Eiweiß bepinseln. Von der Garnelenfarce je 1 Tl in die Mitte jedes Quadrates setzen und zu Dreiecken zusammenklappen, so daß die Füllung fest verschlossen ist.

5. Das Öl in einem breiten Topf auf 180 Grad erhitzen und die Teigtaschen darin in 4 Etappen jeweils ca. 4 Minuten knusprig ausbacken (dabei die Öltemperatur kontrollieren!). Die Teigtaschen mit einer Schaumkelle herausnehmen, auf Küchenpapier abtropfen lassen und sofort servieren. Dazu paßt scharfe Chilisauce (siehe Foto 7 auf Seite 59, Rezept Seite 63).

Zubereitungszeit: 1 Stunde, 10 Minuten
(plus Kühlzeit)
Pro Stück etwa 2 g E, 6 g F, 4 g KH =
80 kcal (334 kJ)

Gedämpfte Jakobsmuscheln

Zum Foto 2 auf Seite 58

Für 12 Portionen:
24 frische Jakobsmuscheln
(à 60–70 g, ohne Schale)
1 gestrichener El 5-Spices
(Gewürzmischung)
2 El süß-pikante Chilisauce
2 El dunkles Sesamöl
400 g Möhren
500 g Frühlingszwiebeln
50 g Zitronengras
(ca. 5 Stangen)
3 kleine rote Chilischoten
80 g Ingwerwurzel
10 Zitronenblätter
10 Stück Sternanis
1 Bund Koriandergrün
200 g frische Shiitake-Pilze
Außerdem:
Dämpfeinsätze aus Bambus
(in Asienläden)

1. Am Vortag von den Jakobsmuscheln, je nach Geschmack, den orangefarbenen Rogen (Corail) entfernen. Sehnige Muskelteile abschneiden. Das Muskelfleisch 30 Minuten in kaltes Wasser legen.

2. Die Muscheln trockentupfen, mit 5-Spices, Chilisauce und Sesamöl mischen, über Nacht marinieren und abgedeckt kühl stellen.

3. Die Möhren putzen und auf dem Gemüsehobel in sehr feine Streifen schneiden. Die Frühlingszwiebeln waschen, putzen und die hellen Teile in sehr feine Streifen schneiden. Die Gemüsestreifen mit feuchtem Küchenpapier und Klarsichtfolie gut abdecken und kühl stellen.

4. Am nächsten Tag für den Dämpfsud das Zitronengras längs halbieren und in Stükke schneiden. Die Chilischoten längs anritzen. Ingwer schälen und in dünne Scheiben schneiden. Zitronengras, Chili, Ingwer, Zitronenblätter, 6 Stück Sternanis und 1/2 Bund Koriandergrün mit Wasser in den Dämpftopf geben.

5. Pilze putzen und in 1 cm breite Streifen schneiden. Shiitake, Frühlingszwiebeln, Möhren und das restliche Koriandergrün mischen und in den Dämpfeinsätzen verteilen. Die marinierten Jakobsmuscheln und den restlichen Sternanis darauf setzen.

6. Den Dämpfsud im geschlossenen Topf zum Kochen bringen. Dann die Dämpfeinsätze in den Topf setzen (er muß über der Wasseroberfläche bleiben), Topf verschließen und die Jakobsmuscheln ca. 10–12 Minuten über Dampf garen.

Zubereitungszeit: 1 3/4 Stunden
(plus Kühl- und Marinierzeit)
Pro Portion etwa 20 g E, 2 g F, 7 g KH =
118 kcal (493 kJ)

Gemüseplatte mit Tofu

Zum Foto 3 auf Seite 58

Für 12 Portionen:
Marinierter Tofu
300 g Tofu
2 Knoblauchzehen
2 El Sesamöl
2 El Reisessig
1 Tl Kurkuma
3 El süße Sojasauce
Gemüseplatte
4 Eier
400 g grüne Bohnen
500 g Möhren
250 g Mungobohnen-
sprossen
1 Chinakohl (ca. 500 g)
1 Salatgurke
Salz

1. Tofu in Stücke schneiden und auf eine doppelte Lage Küchenpapier setzen. Knoblauch pellen und durchpressen. Mit Sesamöl, Reisessig, Kurkuma und Sojasauce verrühren. Tofu in eine Arbeitsschale legen, mit der Marinade übergießen. 4–5 Stunden oder über Nacht abgedeckt marinieren. Zwischendurch hin und wieder wenden.

2. Eier hart kochen und pellen. Bohnen putzen. Möhren schälen und schräg in 1/2 cm dicke Scheiben schneiden. Sprossen verlesen und waschen. Chinakohl putzen und der Länge nach vierteln. Gurke schälen, längs halbieren und die Kerne mit einem Löffel herausschaben. Gurke in dicke Stifte schneiden, mit Salz bestreuen und beiseite stellen.

3. Bohnen, Möhren und Chinakohl in Salzwasser knapp gar kochen. Mungobohnensprossen portionsweise blanchieren, abschrecken und abtropfen lassen. Eier sechsteln, Gurke abspülen und abtropfen lassen, Kohl in dicke Scheiben schneiden.

4. Alle Gemüsesorten mit Eiern und Tofu auf einer Platte anrichten und bis zum Servieren mit Folie abdecken. Dazu paßt Erdnußsauce (siehe Foto 3 auf Seite 56, Rezept Seite 60).

Zubereitungszeit: 1 1/2 Stunden
(plus Zeit zum Marinieren)
Pro Portion etwa 7 g E, 5 g F, 6 g KH =
107 kcal (451 kJ)

Exotische Fruchtplatte

Zum Foto 4 auf Seite 58

Zwischen den einzelnen Gerichten ißt man frische, exotische Früchte nach Marktangebot, zum Beispiel Bananen, Ananas, Papayas, Mangos, Lychees oder Rambutan. Die Früchte im Kühlschrank gut durchkühlen lassen. Zum Servieren werden sie aufgeschnitten und mit Limettensaft beträufelt, oder man ritzt die Haut ein und klappt sie auf. Das Obst mit Limettenscheiben garnieren und auf einer Platte anrichten.

Saté von Entenbrust

Zum Foto 5 auf Seite 58

Für 20 Spieße:
4 Entenbrustfilets (à 350 g)
6 Knoblauchzehen
2 Limetten
80 g Schalotten
1/2 Tl Kreuzkümmel (gemahlen)
1 El Krabbenpaste
9 El Öl
1 El Sesamöl
8 Zitronenblätter
Außerdem:
20 Holzspieße

1. Entenbrüste häuten. Die Haut in kleine Würfel schneiden. Fleisch quer in dünne Scheiben schneiden. Jeweils 4–5 Scheiben auf einen Spieß ziehen. Dazu die Fleischscheiben mit der flachen Seite eines schweren Messers etwas flach klopfen und jede Scheibe 2–3mal durchstechen.

2. Für die Würzpaste Knoblauch pellen und durchpressen. Limettenschale dünn abreiben, Limetten auspressen. Schalotten pellen und sehr fein würfeln.

3. Alle Zutaten mit Kreuzkümmel, Krabbenpaste, 3 El Öl und Sesamöl verrühren. Zitronenblätter zerzupfen. Spieße mit der Paste bestreichen und mit den Zitronenblättern lagenweise in eine Arbeitsschale schichten. Abgedeckt 5–6 Stunden oder über Nacht durchziehen lassen.

4. Vorm Servieren die gewürfelte Haut in einer Pfanne auslassen. Die goldbraunen Würfel mit einer Schaumkelle herausnehmen und auf Küchenpapier abtropfen lassen (Fett anderweitig verwenden).

Das Fleisch für die Saté-Spieße soll hauchdünn sein: Damit es besser hält, werden die Spieße zwei- oder dreimal durch das Fleisch gesteckt.

5. Saté-Spieße in einer Pfanne im restlichen Öl portionsweise sehr heiß und schnell braten. Auf einer vorgewärmten Platte anrichten und mit den Entenhautwürfeln bestreuen.

Zubereitungszeit: 1 1/2 Stunden (plus Marinierzeit)
Pro Spieß etwa 13 g E, 14 g F, 0 g KH = 189 kcal (790 kJ)

Riesengarnelen in Kokossauce

Zum Foto 6 auf Seite 58

Für 12 Portionen:
1 kg Riesengarnelen (roh, ohne Kopf)
10 El Öl
100 g Zwiebeln
5 große Knoblauchzehen
2 rote Chilischoten
1 Tl Sambal oelek
20 g Ingwerwurzel (gerieben)
250 ml Garnelen- oder Hummerfond
60 g Kokosnuß-Extrakt
Salz
1 Tl Palmzucker
5 Zitronenblätter

1. Die Panzer der Riesengarnelen so weit ablösen, daß nur noch die Schwanzflosse zurückbleibt. Rücken mit einem scharfen Messer einritzen und den Darm entfernen. Die Garnelen abspülen und trockentupfen.

2. Riesengarnelen in 4 El heißem Öl von beiden Seiten etwa 2 Minuten anbraten, bis sie fest werden und die Farbe wechseln.

3. Zwiebeln und Knoblauch pellen und fein würfeln, Chilischoten entkernen, waschen und fein würfeln. In dem restlichen Öl bei milder Hitze 5 Minuten braten. Sambal oelek und Ingwer dazugeben und 2–3 Minuten mitbraten.

4. Nacheinander Fond, Kokosnuß-Extrakt, Salz und Palmzucker einrühren. Zitronenblätter zerzupfen und einstreuen. Fond bei milder Hitze 10 Minuten einkochen.

5. Kurz vor dem Servieren die Garnelen in dem Fond bei milder Hitze in 6–8 Minuten erwärmen.

Zubereitungszeit: 1 Stunde
Pro Portion etwa 7 g E, 9 g F, 2 g KH = 122 kcal (511 kJ)

Scharfe Chilisauce

Zum Foto 7 auf Seite 59

Für 12 Portionen:
8 Schalotten
4 rote Chilischoten
8 Knoblauchzehen
Saft von 2 Limetten
10 El süße Sojasauce
1 Bund Koriandergrün

1. Schalotten pellen, Chilischoten halbieren, die Kerne herauskratzen und die Schoten waschen. Schalotten und Chilies sehr fein würfeln. Knoblauchzehen pellen und durchpressen.

2. Limettensaft und Sojasauce mit den Würfeln verrühren. Koriander fein hacken und untermischen.

Zubereitungszeit: 30 Minuten
Pro Portion etwa 1 g E, 0 g F, 2 g KH = 14 kcal (59 kJ)

Tamarinden-Sorbet

Zum Foto 8 auf Seite 59

Für 10–12 Portionen:
Sorbet
150 g Tamarindenpaste
150 g Zucker
1 Limette
30 g frische Ingwerwurzel
2 Blatt weiße Gelatine
Garnitur
4 reife Mangos
12 Lychees
20 g geröstete Kokosraspel
Minze- oder Melissenblätter

1. Tamarindenpaste mit 1/2 l Wasser und dem Zucker in einer Schüssel mischen. Limettenschale dünn abreiben, Saft auspressen und beides dazugeben. Die Ingwerwurzel mit Schale reiben und den Saft durch ein Mulltuch in die Schüssel pressen. Mischung im Kühlschrank gut durchkühlen lassen.

2. Gelatine in kaltem Wasser einweichen und tropfnaß bei milder Hitze auflösen. Die Gelatine unter die Tamarindenmischung rühren, alles in eine Sorbetière (Eismaschine) füllen, etwa 30 Minuten gefrieren lassen. Bis zum Servieren in den Gefrierschrank stellen.

3. Zum Anrichten die Mangos schälen und das Fleisch in Scheiben vom Stein schneiden. Scheiben in Blattform schneiden. Schale der Lychees über Kreuz einritzen und über dem Fruchtfleisch aufklappen.

4. Jeweils 2 Sorbetkugeln mit Mangoscheiben und Lychees anrichten, mit Kokosraspeln bestreuen, mit Minze- oder Melisseblättern garnieren.

Zubereitungszeit: 45 Minuten (plus Kühlzeiten)
Pro Portion (bei 12 Portionen) etwa 1 g E, 1 g F, 31 g KH = 141 kcal (591 kJ)

Weißer Reis

Zum Foto auf Seite 59

Für 6 Portionen:
1 kg asiatischer Rundkornreis
2 gestrichene Tl Salz

Reis unter kaltem Wasser gründlich abspülen und abtropfen lassen. 1 1/4 l Wasser mit dem Salz zum Kochen bringen, den Reis dazugeben und einmal kurz aufkochen lassen. Mit einem Deckel gut verschließen und bei sehr milder Hitze 15 Minuten ausquellen lassen.

Zubereitungszeit: 20 Minuten
Pro Portion etwa 12 g E, 1 g F, 131 g KH = 585 kcal (2448 kJ)

Rustikale Feste

KARTOFFEL-PARTY

Diesmal sind sie keine Beilage, sondern stehen im Mittelpunkt: herzhafte Gerichte aus und mit Kartoffeln! Und natürlich gibt´s dazu die passenden Zutaten

SPEISEN

Pellkartoffeln mit grobem Salz und Ofenkartoffeln *sind die Basis dieses Buffets.*

Rauke-Butter *ersetzt hier wunderbar die überlicherweise angebotene Kräuterbutter.*

Remoulade, *verfeinert mit Kapern und Zitronenmelisse, wird mit Büsumer Krabbenfleisch bestreut.*

Speckstippe *darf natürlich nie fehlen, wenn es Pellkartoffeln gibt.*

Champignon-Birnen-Salat *mit Blattspinat schmeckt herrlich erfrischend als Beilage. Passendes Getränk: kräftiger Roséwein oder Bier.*
Rezepte Seite 68

KARTOFFEL-PARTY

SPEISEN

Kartoffelsuppe mit Kerbel und Flußkrebsen
ist eine äußerst delikate Vorspeise. Sie wird mit Sahne, Sternanis und Lorbeer gewürzt.

Kalbshaxenragout mit Kapern, Schalotten und Thymian
ist im Gegensatz zur feinen Kartoffelsuppe richtig deftig. Dazu passen Pellkartoffeln und kühles Bier.
Rezepte Seiten 68/69

DESSERT

Apfeleis mit Brandy-Pflaumen
zum Dessert ist leicht und erfrischend. Das Eis wird aus Joghurt zubereitet. Dazu gibt es fruchtiges Kompott aus Pflaumen mit Brandy-Karamel, karamelisierten Walnüssen und gehackten Pistazienkernen.
Rezept Seite 69

Ofenkartoffeln

Zum Foto auf Seite 64

Für 10–12 Portionen:
2 kg Kartoffeln (möglichst gleich groß)
4 El Öl
1 El Fenchelsaat
1 El Sesamsaat
1 El Kümmel
1 El Senfkörner
Salz

1. Die Kartoffeln unter kaltem Wasser abbürsten und längs halbieren.

2. 2 Backbleche mit je 2 El Öl bepinseln. Das eine mit Fenchel- und Sesamsaat, das andere mit Kümmel und Senfkörnern bestreuen. Die Kartoffeln auf der Schnittfläche salzen und mit der Schnittfläche auf die Bleche legen.

3. Das eine Blech auf die 2. Einschubleiste von oben, das andere auf die 2. Einschubleiste von unten setzen. Im vorgeheizten Backofen bei 175 Grad (Gas 2, Umluft 150 Grad) etwa 45 Minuten backen. Die Bleche nach 25 Minuten tauschen.

4. Die Temperatur auf 225 Grad (Gas 4, Umluft 200 Grad) hochschalten. Jedes Blech noch mal einzeln 8–10 Minuten auf die unterste Einschubleiste setzen und die Kartoffeln goldbraun backen. Kartoffeln mit den Saucen servieren.

Zubereitungszeit: 1 Stunde
Pro Portion (bei 12 Portionen) etwa
3 g E, 4 g F, 21 g KH = 129 kcal (542 kJ)

Rauke-Butter

Zum Foto auf Seite 64

Für 10–12 Portionen:
200 g Rauke
300 g Butter (zimmerwarm)
Salz
Pfeffer (a. d. Mühle)

1. Die Raukeblätter von den Stielen zupfen, waschen, trockenschleudern und grob hacken. Mit dem Schneidstab des Handrührers pürieren.

2. Die Butter mit den Quirlen des Handrührers schaumig aufschlagen, die Rauke unterrühren und mit Salz und Pfeffer würzen. Bis zum Servieren kalt stellen.

Zubereitungszeit: 20 Minuten
Pro Portion (bei 12 Portionen) etwa
0 g E, 21 g F, 0 g KH = 195 kcal (818 kJ)

Krabben-Remoulade

Zum Foto auf Seite 64

Für 10–12 Portionen:
6 Eier
4 Eigelb (ganz frisch, Gew.-Kl. 3)
1 Tl Senf (mittelscharf)
Salz
1 Tl Essig
1/2 l Öl
2 Zwiebeln
100 g Gewürzgurken
2 Tl Kapern
1 Topf Zitronenmelisse
1 Bund Schnittlauch
schwarzer Pfeffer (a. d. Mühle)
250 g Büsumer Krabbenfleisch

1. Die Eier hart kochen, abschrecken und pellen. Eigelb mit Senf, 1 Prise Salz und dem Essig verrühren. Das Öl zuerst tropfenweise, dann in dünnem Strahl unter die Eigelbmasse schlagen, bis eine feste Mayonnaise entsteht.

2. Die hartgekochten Eier halbieren. Das Eigelb durch ein feines Sieb streichen, das Eiweiß fein hacken, beides zur Mayonnaise geben.

3. Die Zwiebeln und Gewürzgurken fein würfeln, die Kapern abtropfen lassen und grob hacken. Melisse von den Stielen zupfen und hacken. Den Schnittlauch in kleine Röllchen schneiden.

4. Alles unter die Mayonnaise mischen. Mit Salz und Pfeffer würzen. Ein paar Krabben zum Garnieren beiseite legen, die anderen grob hacken und unter die Mayonnaise mischen. Mit den restlichen Krabben garnieren.

Zubereitungszeit: 1 Stunde
Pro Portion (bei 12 Portionen) etwa
9 g E, 39 g F, 1 g KH = 408 kcal (1705 kJ)

Champignon-Birnen-Salat

Zum Foto auf Seite 65

Für 10–12 Portionen:
400 g Blattspinat
400 g kleine weiße Champignons
500 g reife Birnen (z. B. Williams Christ)
10 El Zitronensaft
100 g Schalotten
Salz, Pfeffer (a. d. Mühle)
Zucker
1 Eigelb (ganz frisch)
100 ml Öl

1. Den Spinat putzen, waschen, trockenschleudern und in mundgerechte Stücke zerpflücken. Champignons kurz abbrausen, putzen und in Scheiben schneiden. Die Birnen vierteln, von den Kerngehäusen befreien und in schmale Spalten schneiden. Mit 3 El Zitronensaft beträufeln. Schalotten fein würfeln.

2. Aus dem restlichen Zitronensaft, Salz, Pfeffer, 1 Prise Zucker, Eigelb und Öl eine Vinaigrette rühren. Spinat, Birnen, Champignons und Schalotten mit der Vinaigrette mischen, auf einer großen Platte anrichten und servieren.

Zubereitungszeit: 40 Minuten
Pro Portion (bei 12 Portionen) etwa
2 g E, 8 g F, 6 g KH = 104 kcal (433 kJ)

Außerdem brauchen Sie:

- 2 kg Pellkartoffeln, die Sie vorm Servieren mit grobem Salz bestreuen.
- Speckstippe aus 150 g fein gewürfeltem Bacon und 250 g Butter zubereitet.

Kartoffelsuppe mit Flußkrebsen

Zum Foto auf Seite 66

Für 10–12 Portionen:
1 kg Flußkrebse (gekocht)
250 g Gemüsezwiebel
1 El Butter
3 El Öl
2 Sternanis
2 Lorbeerblätter
1/4 l Weißwein (trocken)
1,2 l Kalbsfond (a. d. Glas)
300 ml Schlagsahne
1,2 kg Kartoffeln (mehligkochend)
2 Möhren
2 Petersilienwurzeln
100 g Knollensellerie
1–2 Knoblauchzehen
Salz, Pfeffer (a. d. Mühle)
Cayennepfeffer
60 g Kerbel

1. Die Flußkrebse vom Kopf lösen und aus den Panzern brechen, die Därme herausziehen.

2. Die Gemüsezwiebel grob würfeln, Butter und Öl erhitzen. Krebskarkassen, Zwiebel, Sternanis und Lorbeerblätter darin 15 Minuten unter Wenden scharf anrösten. 3/8 l Wasser, Weißwein und Kalbsfond dazugießen und 15 Minuten bei mittlerer Hitze im geschlossenen Topf kochen lassen. Dann durch ein feines Sieb gießen und gut ausdrücken. Die Sahne dazugießen.

3. Inzwischen die Kartoffeln schälen, Möhren, Petersilienwurzeln und Sellerieknolle putzen, alles grob würfeln. Den Knoblauch durchpressen. Vorbereitetes Gemüse in die Krebsbrühe geben und 20 Minuten kochen lassen,

pürieren und durch ein Haarsieb streichen. Mit Salz, Pfeffer und Cayenne würzen.

4. Den Kerbel von den Stielen zupfen, grob hacken und mit den Flußkrebsen in der Suppe erwärmen.

Zubereitungszeit: 2 Stunden
Pro Portion (bei 12 Portionen) etwa
7 g E, 12 g F, 16 g KH = 208 kcal (874 kJ)

Kalbshaxenragout mit Kapern und Schalotten

Zum Foto auf Seite 66

Für 10–12 Portionen:
2 kg Kalbshaxe (in Scheiben)
Salz, Pfeffer (a. d. Mühle)
40 g Butterschmalz
1 Bund Thymian
600 ml Kalbsfond (frisch gekocht oder a. d. Glas)
20 g Butter, 20 g Mehl
500 g Schalotten
1 Tl Zucker
50 g Kapern

1. Die Haxenscheiben waschen und trockentupfen. Die Haut rundherum mit einem scharfen Messer einritzen, das Fleisch mit Salz und Pfeffer würzen.

2. 25 g Butterschmalz in einem schweren flachen Bräter erhitzen. Das Fleisch darin von beiden Seiten goldbraun anbraten. Von der Hälfte des Thymians die Blätter abzupfen und über das Fleisch streuen.

3. Nach und nach mit 150 ml heißem Fond ablöschen: Immer nur so viel Fond dazugießen, daß die Röststoffe gelöst werden. Die Flüssigkeit immer wieder einkochen lassen. Das Fleisch insgesamt im geschlossenen Bräter bei schwacher bis mittlerer Hitze 1 1/2 Stunden schmoren.

4. Inzwischen Butter und Mehl verkneten und kalt stellen. Die Schalotten pellen und im restlichen Butterschmalz rundherum andünsten. Mit Salz, Pfeffer und Zucker würzen. 50 ml Fond dazugießen und die Schalotten 10 Minuten im geschlossenen Topf bei schwacher Hitze dünsten, von der Herdplatte nehmen.

5. Das Fleisch aus dem Topf nehmen. Den restlichen Fond in den Bräter gießen und sprudelnd kochen lassen, dabei die Mehlbutter in Flöckchen mit einem Schneebesen unterschlagen. 10 Minuten bei schwacher Hitze kochen lassen.

6. Inzwischen das Fleisch auslösen und in mundgerechte Stücke zerteilen. Knochen, Knorpel und Haut entfernen.

7. Den restlichen Thymian von den Stielen zupfen. Das Fleisch und die Schalotten in der Sauce erhitzen, die Kapern untermischen und den Thymian darüber streuen.

Zubereitungszeit: 2 Stunden
Pro Portion (bei 12 Portionen) etwa
24 g E, 7 g F, 4 g KH = 183 kcal (766 kJ)

ARBEITSPLAN

AM TAG VOR DER PARTY

- *Kartoffelsuppe zubereiten, aber die Flußkrebse und den Kerbel noch nicht dazugeben*
- *Kalbshaxenragout schmoren, aber noch nicht mit Thymian bestreuen*
- *Krabben-Remoulade bis auf die Kräuter zubereiten*
- *Rauke-Butter zubereiten*
- *Apfel-Joghurt-Eis und Pflaumenkompott fertigstellen, Walnußkerne karamelisieren*
- *Alles kalt stellen*

AM TAG DER PARTY

1 Stunde vor der Party

- *Ofenkartoffeln und Kalbshaxenragout erhitzen*
- *Kräuter für die Remoulade hacken*
- *Champignon-Birnen-Salat vorbereiten, aber noch nicht mit der Vinaigrette mischen*
- *Speckstippe zubereiten, Pellkartoffeln kochen*

Kurz vor dem Servieren

- *Flußkrebse und Kerbel in die Suppe geben*
- *Kalbshaxenragout mit Thymian bestreuen*
- *Champignon-Birnen-Salat mit der Vinaigrette mischen*
- *Kräuter unter die Remoulade rühren*
- *Apfel-Joghurt-Eis mit Kompott anrichten*
- *Ofenkartoffeln und Pellkartoffeln anrichten*

Apfel-Joghurt-Eis mit Brandy-Pflaumen

Zum Foto auf Seite 67

Für 10–12 Portionen:
Apfeleis
1 kg säuerliche Äpfel (z. B. Boskop)
1/8 l Sherry (trocken)
6 Eigelb (Gew.-Kl. 2)
150 g Zucker
Salz
300 g Sahnejoghurt
Pflaumenkompott und Garnitur
1 kg Pflaumen
100 g Zucker
100 ml spanischer Brandy (oder Weinbrand)
1 Lorbeerblatt
2 Gewürznelken
10 g Speisestärke
50 g Walnußkerne
4 El Ahornsirup
6 El Schlagsahne
30 g Pistazienkerne (gehackt)

1. Äpfel ungeschält in Stücke schneiden, die Kerngehäuse entfernen. Die Äpfel mit 1/4 l Wasser und dem Sherry 20 Minuten bei mittlerer Hitze im geschlossenen Topf kochen. In ein Haarsieb geben und leicht ausdrücken, den Saft auffangen. 300 ml Saft abmessen und heiß halten.

2. Eigelb, Zucker und 1 Prise Salz mit den Quirlen des Handrührers dicklich aufschlagen. Den Saft nach und nach unterziehen.

3. Die Masse bei schwacher Hitze unter Rühren bis kurz vorm Kochen weiter erhitzen, dann den Topf sofort in kaltes Wasser halten. Die Eimasse durch ein Sieb in einen Topf gießen, im Eiswasser kalt schlagen.

4. Den Joghurt mit dem Schneebesen unter die Masse rühren. In der Eismaschine 15 Minuten rühren, in eine Timbaleform (1 l Inhalt) füllen. Mindestens 3 Stunden ins Gefriergerät stellen.

5. Das Eis vorm Servieren dick in Zeitungspapier wickeln und 40 Minuten im Kühlschrank antauen lassen. Die Form kurz in lauwarmes Wasser halten, dann das Eis auf eine Platte stürzen.

6. Für das Kompott die Pflaumen vierteln und entsteinen. Zucker in einem Topf mit dickem Boden goldbraun karamelisieren. Brandy und 1/8 l Wasser dazugießen, Lorbeer und Nelken dazugeben und so lange kochen lassen, bis sich der Karamel gelöst hat.

7. Die Pflaumen einmal im Brandy-Sud aufkochen lassen. Die Speisestärke mit 3 El kaltem Wasser verrühren, zum Sud gießen und unter Rühren so lange aufkochen, bis der Sud klar und gebunden ist. Das Kompott im Kühlschrank durchkühlen lassen. Vorm Servieren das Lorbeerblatt herausnehmen.

8. Für die Garnitur die Walnüsse halbieren. Ahornsirup und Sahne 3 Minuten im offenen Topf sprudelnd kochen lassen. Die Walnüsse dazugeben und weitere 3–5 Minuten unter Rühren kochen, bis sie vom Sahnekaramel überzogen sind. Mit 2 Gabeln auf ein Gitter setzen und kalt werden lassen. Eis und Kompott mit Walnüssen anrichten und mit Pistazien bestreuen.

Zubereitungszeit: 1 Stunde (plus Kühlzeiten)
Pro Portion (bei 12 Portionen) etwa
5 g E, 12 g F, 46 g KH = 342 kcal (1430 kJ)

Rustikale Feste

MATJES-PARTY

Auch wenn Sie nicht im Mai, Juni oder Juli Geburtstag haben, gibt es einen triftigen Grund, zu feiern: Der Matjes ist da! Und der ist Anlaß genug, Freunden die schönsten Matjes-Variationen vorzustellen

SPEISEN

Kartoffelsuppe *mit Kresse ist als Vorspeise ideal.* **Matjesfilets** *sind der Mittelpunkt dieses Buffets. Sie werden auf Kräuter-Eiswürfeln mit roten Zwiebeln angerichtet.* **Pellkartoffeln und Speckstippe** *passen traditionell dazu.* **Tomaten-Crème-fraîche** *mit Kapern,* **Spargel-Vinaigrette** *mit Walnußöl und* **Tomaten-Concassée** *mit grünem Pfeffer sind ganz neue, ungewöhnliche Saucen zu den Matjes.* *Rezepte Seite 74*

MATJES-PARTY

VORSPEISEN

Exotischer Matjessalat *mit Chili, Ananas und Papaya ist die fruchtige Variante, Matjes zuzubereiten.*

Matjes-Paprika-Salat *erhält eine scharfe Note durch Chilischoten und Zwiebeln.*

Matjes in Portwein-Marinade *ist raffiniert und würzig zugleich.*

Matjes-Häckerle *auf geröstetem Schwarzbrot läßt sich aus der Hand essen. Dazu passen als Getränke Bier und Schnaps.*

Rezepte Seiten 74/75

DESSERT

Aprikosen-Mango-Grütze *wird mit Weißwein gekocht und mit gerösteten Mandelblättchen bestreut.*

Vanillesauce *mit viel Eigelb und echter Vanille ist eiskalt serviert die perfekte Ergänzung zur Grütze.*

Rezepte Seite 75

Kartoffelsuppe mit Kresse

Zum Foto auf Seite 71

Für 8–10 Portionen:
1 kg Kartoffeln (mehligkochend)
1,2 l Rinderfond (a. d. Glas)
4 Eigelb (Gew.-Kl. 3)
1/2 l Schlagsahne
1 El Senf
Salz, Pfeffer (a. d. Mühle)
Muskatnuß (frisch gerieben)
4 Beete Kresse

1. Kartoffeln schälen, grob würfeln. Fond mit 1,2 l Wasser in einem Topf zum Kochen bringen. Die Kartoffelwürfel in der Brühe gar kochen, mit dem Schneidstab im Fond pürieren.

2. Eigelb mit Sahne und Senf verquirlen und bei milder Hitze mit dem Schneebesen in den Fond rühren. Die Suppe unter ständigem Rühren erhitzen, aber nicht mehr kochen. Mit Salz, Pfeffer und Muskat würzen. Kresse vom Beet schneiden, kurz vorm Servieren unter die Suppe mischen. Dazu passen in Knoblauchbutter geröstete Brotwürfel.

Zubereitungszeit: 1 Stunde
Pro Portion (bei 10 Portionen) etwa
6 g E, 20 g F, 15 g KH = 266 kcal (1113 kJ)

Matjesplatte

Zum Foto auf Seite 70

Für 10 Portionen:
3 Bund glatte Petersilie
10 holländische Matjesdoppelfilets
2 rote Zwiebeln
3 kg Kartoffeln
200 g Bacon
250–300 g Butter

Für das Kräuter-Eis, auf dem die Matjesfilets angerichtet werden, wird Petersilie von den Stielen gezupft und mit Wasser in Eiswürfelbereitern eingefroren.

1. Von 2 Bund Petersilie die Blätter mit Wasser in Eiswürfelbereitern einfrieren. Matjesfilets kurz kalt abspülen, trokkentupfen. Zwiebeln pellen, in Scheiben schneiden. Kartoffeln kochen, pellen, im Ofen warm halten.

2. Bacon würfeln und in einer Pfanne knusprig braten, Butter dazugeben, einmal aufkochen lassen.

3. Matjes auf Eiswürfeln mit Zwiebelringen und restlicher Petersilie anrichten. Mit Kartoffeln und Speckstippe servieren. Dazu passen Vollkorn- und Bauernbrot, Bier und Schnaps.

Zubereitungszeit: 1 Stunde
Pro Portion etwa 33 g E, 70 g F, 38 g KH = 954 kcal (3995 kJ)

Tomaten-Crème-fraîche

Zum Foto auf Seite 71

Für 8–10 Portionen:
1 rote Chilischote
40 g Kapern
80 g getrocknete Tomaten
3–4 Stiele Estragon
300 g Crème fraîche
3–4 El Tomatenketchup
Salz, Cayennepfeffer

1. Chilischote halbieren, entkernen, Schote fein würfeln. Kapern grob hacken, getrocknete Tomaten fein würfeln. Estragon hacken.

2. Crème fraîche mit den Quirlen des Handrührers vorsichtig aufschlagen. Ketchup dazugeben. Vorbereitete Zutaten untermischen und mit Salz und Cayenne würzen.

Zubereitungszeit: 15 Minuten
Pro Portion (bei 10 Portionen) etwa 1 g E, 13 g F, 4 g KH = 141 kcal (592 kJ)

Spargel-Vinaigrette

Zum Foto auf Seite 71

Für 8–10 Portionen:
200 g grüner Spargel
4–5 El Sherry-Essig, Salz
schwarzer Pfeffer (a. d. Mühle)
Zucker, 2 El Zitronensaft
80 ml Walnußöl
1–2 Töpfe Kerbel

1. Spargel am unteren Drittel schälen, Köpfe abschneiden, halbieren. Stiele der Länge nach vierteln, fein würfeln. Essig, Salz, Pfeffer, 1 Prise Zucker, Zitronensaft und Öl verrühren. Spargel 1 Stunde darin marinieren.

2. Etwas Kerbel beiseite legen, restlichen Kerbel hacken, unter die Vinaigrette heben. Mit Kerbelblättchen garnieren.

Zubereitungszeit: 15 Minuten
(plus Zeit zum Marinieren)
Pro Portion (bei 10 Portionen) etwa
0 g E, 6 g F, 1 g KH = 65 kcal (273 kJ)

Tomaten-Concassée

Zum Foto auf Seite 71

Für 8–10 Portionen:
750 g Tomaten
2 Tl grüne Pfefferkörner
100 g Bacon (Frühstücksspeck)
10–15 Salbeiblätter
5–6 El Weißweinessig
Salz, Zucker
100 ml Olivenöl

1. Die Stielansätze der Tomaten herausschneiden. Tomaten kurz blanchieren, abschrecken, häuten, vierteln, entkernen und fein würfeln. Pfefferkörner in einem Mörser fein zerstoßen.

2. Speck fein würfeln, in einer Pfanne knusprig ausbraten und abtropfen lassen. Salbei in feine Streifen schneiden.

3. Essig, Salz, Pfeffer, 1 Prise Zucker und Öl verrühren. Vorbereitete Zutaten mit der Vinaigrette mischen.

Zubereitungszeit: 30 Minuten
Pro Portion (bei 10 Portionen) etwa
2 g E, 15 g F, 3 g KH = 155 kcal (650 kJ)

Exotischer Matjessalat

Zum Foto auf Seite 72

Für 8–10 Portionen:
300 g Sahnejoghurt
250 g Mungobohnensprossen
3 Frühlingszwiebeln, Salz
800 g Papayas (2 Früchte)
2 Limetten
1 Ananas (etwa 1 kg)
2 kleine rote Chilischoten
1 Eigelb (Gew.-Kl. 3)
125 ml Öl
3 Tl mildes Currypulver
1 El brauner Zucker
1 El Sojasauce
6 holländische Matjesdoppelfilets

1. Den Joghurt 1–2 Stunden in einem Sieb abtropfen lassen. Sprossen verlesen. Frühlingszwiebeln putzen, das Weiße und Hellgrüne in dünne Streifen schneiden. Sprossen und Frühlingszwiebeln nacheinander 1–2 Minuten in Salzwasser blanchieren, abschrecken, abtropfen lassen.

2. Papayas schälen, längs halbieren, entkernen und auf die Schnittfläche legen. Quer in 1/2 cm dicke Scheiben schneiden, die Scheiben je nach Größe halbieren oder dritteln. Limetten abreiben und auspressen. Saft und Schale mischen, die Hälfte über die Papayas geben.

3. Ananas dick schälen und längs vierteln, den Strunk herausschneiden. Die Ananasviertel in 1 cm dicke Scheiben schneiden, die Scheiben dritteln. Chilischoten halbieren, entkernen, sehr fein würfeln.

4. Eigelb verrühren, das Öl zuerst tropfenweise, dann im dünnen Strahl mit den Quirlen des Handrührers unterschlagen, bis eine dickliche Mayonnaise entsteht. Joghurt, Curry, Zucker und Sojasauce unterrühren. Den restlichen Limettensaft und die Chiliwürfel dazugeben.

5. Matjesfilets kurz abspülen und trockentupfen, wenn nötig, die restlichen Gräten entfernen, und die Filets in 1 cm breite Streifen schneiden. Alle vorbereiteten Zutaten mit der Curry-Joghurt-Mayonnaise mischen. Etwa 30 Minuten kalt stellen.

Zubereitungszeit: 1 1/4 Stunden
(plus Abtropf- und Kühlzeit)
Pro Portion (bei 10 Portionen) etwa 19 g E, 36 g F, 12 g KH = 470 kcal (1966 kJ)

Matjes-Paprika-Salat

Zum Foto auf Seite 72

Für 8–10 Portionen:
1 Zitrone (unbehandelt)
2 Eigelb (Gew.-Kl. 3)
Salz, Pfeffer (a. d. Mühle)
Zucker, 1/4 l Öl
5 Paprikaschoten (rot und gelb)
50 g rote Chilischoten
150 g rote Zwiebeln
5 holländische Matjesdoppelfilets
1 Bund Basilikum

1. Für die Mayonnaise die Zitronenschale abreiben und die Zitrone auspressen. Mit Eigelb, Salz, Pfeffer und 1 guten Prise Zucker schaumig aufschlagen. Öl zuerst tropfenweise, dann in dünnem Strahl dazugießen, bis eine Mayonnaise entsteht.

2. Paprikaschoten halbieren, entkernen und mit der Hautseite nach oben auf ein Backblech legen. Auf der 3. Einschubleiste von unten 10–15

Minuten unterm Grill rösten, bis die Haut fast schwarz ist. Herausnehmen, mit einem nassen Tuch bedecken und kalt werden lassen. Die Schoten häuten und in etwa 2 cm große schräge Stücke schneiden.

3. Chilischoten halbieren, entkernen und fein würfeln. Zwiebeln fein würfeln. Die Matjesfilets kurz unter kaltem Wasser abspülen, trockentupfen und in 2 cm breite schräge Stücke schneiden.

4. Alle vorbereiteten Zutaten vorsichtig mit der Mayonnaise mischen. Etwas Basilikum zum Garnieren beiseite legen, Rest grob hacken, unter den Salat mischen, mit beiseite gelegtem Basilikum garnieren.

Zubereitungszeit: 40 Minuten
Pro Portion (bei 10 Portionen) etwa
15 g E, 40 g F, 4 g KH = 458 kcal (1914 kJ)

Matjes in Portwein-Marinade

Zum Foto auf Seite 72

Für 8–10 Portionen:
300 g rote Zwiebeln
1 El Zucker
1/2 l roter Portwein
1/8 l Rotweinessig
1/2 l Rotwein (trocken)
30 g Senfkörner
10 g grüne Pfefferkörner
3 Lorbeerblätter
3 Zweige Thymian
5 holländische Matjesdoppelfilets

1. Zwiebeln in nicht zu dünne Ringe schneiden. Zucker in einem Topf goldbraun karamelisieren. Zwiebelringe hineingeben, unterrühren. 50 ml Portwein dazugießen, 1–2 Minuten einkochen lassen, vom Herd nehmen.

2. In einem anderen Topf den restlichen Portwein und den Essig auf die Hälfte einkochen. Mit Rotwein auffüllen. Senfkörner, Pfefferkörner, Lorbeer und Thymian dazugeben, aufkochen lassen. Den Sud zu den Zwiebeln geben, so lange kochen, bis der Karamel gelöst ist, etwas abkühlen lassen.

3. Matjes kurz kalt abspülen und trockentupfen. Mit dem Sud in ein Glasgefäß schichten, zugedeckt 2 Tage durchziehen lassen.

Zubereitungszeit: 45 Minuten
(plus Kühl- und Marinierzeit)
Pro Portion (bei 10 Portionen) etwa
13 g E, 18 g F, 7 g KH = 260 kcal (1088 kJ)

Matjes-Häckerle

Zum Foto auf Seite 73

Für 8–10 Portionen:
5 holländische Matjesdoppelfilets
150 g Zucchini, Salz
1 Bund Frühlingszwiebeln
150 g Gewürzgurken
1 Bund Radieschen
30 g Sonnenblumenkerne
1 Bund Schnittlauch
schwarzer Pfeffer (a. d. Mühle)
2–3 El Zitronensaft
1 Kasten-Vollkornbrot (1 kg)
50–70 g Butter

1. Matjes kurz kalt abspülen, trockentupfen, in sehr kleine Würfel schneiden. Zucchini fein würfeln, salzen, abtropfen lassen. Frühlingszwiebeln putzen, das Weiße und Hellgrüne fein würfeln, kurz in Salzwasser blanchieren, abschrecken, abtropfen lassen.

2. Gewürzgurken fein würfeln, Radieschen putzen, fein würfeln. Sonnenblumenkerne in einer Pfanne ohne Fett rösten, grob hacken. Schnittlauch in Röllchen schneiden.

3. Matjes mit den vorbereiteten Zutaten mischen, kräftig mit Pfeffer, Zitronensaft und eventuell mit Salz würzen.

4. Das Vollkornbrot in dünne Scheiben schneiden und portionsweise in einer großen Pfanne mit Butter auf beiden Seiten rösten, dann daraus mit einem runden Ausstecher (6 cm Durchmesser) Taler ausstechen. Mit dem Matjes-Häckerle belegen.

Zubereitungszeit: 40 Minuten
Pro Portion (bei 10 Portionen) etwa 22 g E, 25 g F, 38 g KH = 485 kcal (2027 kJ)

Aprikosen-Mango-Grütze

Zum Foto auf Seite 73

Für 8–10 Portionen:
1 kg reife Mangos
1 kg reife Aprikosen
1/2 l trockener Weißwein
200 g Zucker
1 Tl Zitronenschale (unbehandelt, dünn abgerieben)
40 g Speisestärke
50 g Mandelblättchen

1. Mangos schälen, das Fruchtfleisch vom Stein schneiden und grob würfeln. Aprikosen halbieren, entsteinen. Wein, Zucker, Mangos und Aprikosen bei milder Hitze im geschlossenen Topf 10–12 Minuten garen: Die Früchte sollen weich sein, aber nicht zerfallen. Zitronenschale dazugeben.

2. Stärke mit 1/4 l Wasser verrühren, unter die Früchte rühren. 2–3 Minuten quellen lassen. Grütze in einer Glasschale abkühlen lassen. Mandelblättchen in einer Pfanne ohne Fett rösten, über die Grütze streuen. Mit Vanillesauce servieren.

Zubereitungszeit: 1 Stunde
Pro Portion (bei 10 Portionen) etwa
2 g E, 2 g F, 43 g KH = 208 kcal (874 kJ)

Vanillesauce

Zum Foto auf Seite 73

Für 8–10 Portionen:
2 Vanilleschoten
3/4 l Milch
1/4 l Schlagsahne, Salz
6 Eigelb (Gew.-Kl. 3)
100 g Zucker
30 g Speisestärke

1. Das Mark aus den Vanilleschoten kratzen. Schoten und Mark mit 1/2 l Milch, Sahne und 1 Prise Salz zum Kochen bringen. Die Schoten herausnehmen.

2. Eigelb und Zucker verrühren, die Stärke mit der restlichen Milch verrühren, unter die Eigelbmasse schlagen. Masse mit dem Schneebesen unter die kochende Sahnemischung schlagen und unter ständigem Rühren erhitzen, aber nicht kochen lassen. Vanillesauce abkühlen lassen, zur Grütze servieren.

Zubereitungszeit: 30 Minuten
Pro Portion (bei 10 Portionen) etwa
6 g E, 15 g F, 17 g KH = 236 kcal (986 kJ)

ARBEITSPLAN

2 TAGE VOR DER PARTY
- *Matjes in Portwein-Marinade einlegen*

1 TAG VOR DER PARTY
- *Grütze und Vanillesauce kochen*
- *Matjes-Paprika-Salat zubereiten, noch nicht den Basilikum dazugeben*
- *Exotischen Matjessalat vorbereiten, Zutaten einzeln abdecken*
- *Kartoffelsuppe kochen, aber noch nicht binden und noch keine Kresse hineinstreuen*
- *Tomaten-Crème-fraîche zubereiten*
- *Tomaten-Concassée zubereiten*
- *Kräuter-Wasser in Eiswürfelbereitern einfrieren*
- *Matjesfilets kalt abspülen und abdecken*
- *Alles kalt stellen*

AM TAG DER PARTY

1 1/2 Stunden vor der Party
- *Spargel-Vinaigrette zubereiten*
- *Matjes-Paprika-Salat mit Basilikum mischen*
- *Matjes-Häckerle zubereiten*
- *Pellkartoffeln kochen, pellen und abgedeckt im Ofen warm halten*

Kurz vor dem Servieren
- *Kartoffelsuppe binden und die Kresse dazugeben*
- *Matjesfilets auf Eiswürfeln anrichten*
- *Salate und Saucen in Schüsseln anrichten*

***Tip:* So erkennen Sie guten Matjes**

● Der beste Matjes kommt aus den Niederlanden und wird als Doppelfilet verkauft: Er ist noch am Schwanz zusammengewachsen.

● Möglichst klein und jung sollte der Matjes sein, wie der „Kuttermatjes", der im Juni und Juli Saison hat.

● Guter Matjes ist marzipanfarben bis bräunlich, schön fett und mild gesalzen. Beste Qualitäten sind handgeschnitten, denn sie sind zu weich für die Maschine. Sie erkennen sie an den leicht ausgefransten Rändern.

Rustikale Feste

BERLINER BUFFET

Handfest und schnörkellos sind diese Spezialitäten, die sich hervorragend vorbereiten lassen: Verwöhnen Sie Ihre Gäste mit zehn Original-Rezepten aus Berlin

SPEISEN

Buletten *aus Schweinemett und Tatar werden mit gebratenen Zwiebeln serviert.*

Kasselerbraten *mit einer Meerrettichkruste schmeckt heiß oder kalt angerichtet.*

Kartoffelsalat *mit Speck und Senfgurken ist die ideale Beilage zu Buletten und Kasseler.*

Kartoffelpuffer *schmecken ebenfalls heiß oder kalt und am besten mit Frucht wie* **Pflaumenkompott oder Apfelmus.**

Kartoffelsuppe mit Würstchen *ist ein guter Auftakt des herzhaften Buffets.*

Soleier *erhalten ihren typischen Geschmack durch Einlegen in Salzlake.*

Heringssalat *aus Matjes, Äpfeln, Zwiebeln und Gurken wird mit einer Schmandsauce zubereitet.*

Holundersuppe *mit Schneeklößchen und Butterbröseln ist ein runder Abschluß dieses Festes. Als Getränke passen Bier und Schnaps.*

Rezepte Seiten 78/79

Buletten

Zum Foto auf Seite 76 links

Für 8 Portionen:
3 Scheiben Weizentoastbrot
350 g Zwiebeln
500 g Schweinemett
500 g Tatar
4 Eier
2 El Senf
Salz
Pfeffer (a. d. Mühle)
6 El Öl

1. Die Rinde vom Toastbrot abschneiden, das Brot einweichen. 2 Zwiebeln würfeln und mit Mett, Tatar, Eiern, Senf und dem ausgedrückten, zerpflückten Toastbrot zu einem glatten Teig verkneten, herzhaft mit Salz und Pfeffer würzen.

2. Aus dem Fleischteig 16 Buletten formen und im heißen Öl bei mittlerer Hitze in etwa 20 Minuten goldbraun braten, aus der Pfanne nehmen und warm stellen.

3. Die restlichen Zwiebeln in Ringe schneiden und im Bratfett braun rösten. Die Zwiebeln über die Buletten geben und servieren.

Zubereitungszeit: 45 Minuten
Pro Portion etwa
27 g E, 36 g F, 8 g KH = 486 kcal (2033 kJ)

Kasselerbraten

Zum Foto auf Seite 76 unten

Für 8 Portionen:
3 El Meerrettich (frisch gerieben oder a. d. Glas)
1 El Zitronensaft
Pfeffer (a. d. Mühle)
3 El Öl
1,5 kg Kasseler Rippenstück am Knochen
Fett fürs Backblech

1. Den Meerrettich mit Zitronensaft, Pfeffer und Öl verrühren. Den Kasselerbraten damit rundherum bestreichen.

2. Das Backblech einfetten, den Braten darauf setzen und im vorgeheizten Backofen bei 200 Grad (Gas 3, Umluft 40 Minuten bei 200 Grad) auf der 2. Einschubleiste von unten 40–50 Minuten braten.

3. Den Braten vom Knochen lösen, in Scheiben schneiden und warm oder kalt servieren.

Zubereitungszeit: 1 Stunde
Pro Portion etwa
33 g E, 33 g F, 1 g KH = 457 kcal (1913 kJ)

Kartoffelsalat

Zum Foto auf Seite 76 Mitte

Für 8 Portionen:
2 kg Kartoffeln
200 g durchwachsener Speck
4 Zwiebeln
2 El Öl
3/8 l Brühe
6 El Weißweinessig
2 Eigelb
1 Glas Senfgurken (300 g)
2 Bund Schnittlauch
Salz
Pfeffer (a. d. Mühle)

1. Die Kartoffeln in der Schale kochen, pellen und in Scheiben schneiden.

2. Den Speck und die Zwiebeln fein würfeln, im Öl goldbraun braten, mit Brühe und Essig ablöschen. Das Eigelb unterrühren, nicht aufkochen lassen. Die Kartoffeln vorsichtig mit der Sauce mischen.

3. Abgetropfte Gurken (Gurkensud aufbewahren) würfeln. Den Schnittlauch in Röllchen schneiden. Beides unter den Salat mischen. Den Salat 30 Minuten durchziehen lassen, dann mit Salz und Pfeffer würzen und 5–8 El Senfgurkensud unterrühren.

Zubereitungszeit: 1 Stunde
Pro Portion etwa
8 g E, 21 g F, 33 g KH = 361 kcal (1512 kJ)

Kartoffelpuffer

Zum Foto auf Seite 77 Mitte

Für 8 Portionen:
1,2 kg Kartoffeln
2 Zwiebeln
5 El Mehl
4 Eier
Salz
1/8 l Öl

1. Die Kartoffeln schälen und auf der Haushaltsreibe oder mit der Küchenmaschine grob raspeln. Den Kartoffelbrei mit fein gewürfelten Zwiebeln, Mehl, Eiern und Salz verrühren.

2. Aus dem Teig im heißen Fett nacheinander 24 kleine runde Puffer braten. Die fertigen Puffer auf einem Rost abtropfen lassen und warm halten. Apfelmus und Pflaumenkompott zu den Kartoffelpuffern servieren.

Zubereitungszeit: 45 Minuten
Pro Portion etwa
6 g E, 13 g F, 24 g KH = 244 kcal (1022 kJ)

Pflaumenkompott

Zum Foto auf Seite 76 Mitte

Für 8 Portionen:
1 kg Pflaumen
200 g Zucker
1 Stück Zitronenschale (unbehandelt)
2 Zimtstangen
1/4 l Pflaumennektar
2 El Speisestärke

1. Die Pflaumen halbieren, entsteinen, mit Zucker, Zitronenschale, Zimt und Pflaumennektar in einen Topf geben und 1 Stunde Saft ziehen lassen.

2. Die Pflaumen zum Kochen bringen. Speisestärke mit 4 El Wasser glattrühren, das Kompott damit binden.

3. Das Pflaumenkompott noch einmal aufkochen, dann abkühlen lassen. Eiskalt zu den Puffern servieren.

Zubereitungszeit: 1 1/4 Stunden
Pro Portion etwa
1 g E, 0 g F, 46 g KH = 189 kcal (787 kJ)

Apfelmus

Zum Foto auf Seite 77 Mitte

Für 8 Portionen:
1 kg säuerliche Äpfel
100–150 g Zucker
2 Zimtstangen

1. Die Äpfel schälen, vierteln, entkernen, grob zerteilen und mit Zucker und Zimt unter Rühren 5 Minuten kochen.

2. Das Apfelmus durch ein Sieb streichen und zu den Puffern reichen.

Zubereitungszeit: 25 Minuten
Pro Portion etwa
0 g E, 0 g F, 26 g KH = 111 kcal (462 kJ)

Kartoffelsuppe

Zum Foto auf Seite 77 oben

Für 8 Portionen:
1 kg Kartoffeln
1 Bund Suppengrün
4 Zwiebeln
2 Pakete Bacon (à 150 g)
2 l Brühe
1/4 l Schlagsahne
Salz
Pfeffer (a. d. Mühle)
1 El gehackte Majoranblätter
8 Bockwürste (à 80 g)

1. Kartoffeln schälen, Suppengrün putzen, Zwiebeln pellen. Kartoffeln, Suppengrün und Zwiebeln würfeln. Bacon in feine Streifen schneiden, im Topf ausbraten, vorbereitetes Gemüse dazugeben und andünsten. Die Brühe dazugießen und zugedeckt 25 Minuten bei milder Hitze kochen.

Berliner Weiße
Das traditionelle Getränk heißt in Berlin Champagner des Nordens. Es wird mit Himbeer- oder Waldmeistersirup getrunken. Das Bier schmeckt aber auch besonders gut mit Sekt (halb und halb) oder mit Cassis oder Pfirsichlikör. Pro Flasche nimmt man 4 cl Likör. Tip für Nicht-Berliner: Die Weiße nie mit Strohhalm trinken.

2. Das Gemüse (bis auf 1/3) im Topf pürieren. Die Sahne unterrühren, mit Salz, Pfeffer und Majoran würzen. Restliches Gemüse wieder dazugeben. Die Würste in Scheiben schneiden und in der Suppe erhitzen.

Zubereitungszeit: 1 Stunde
Pro Portion etwa 18 g E, 56 g F, 20 g KH = 684 kcal (2863 kJ)

Soleier

Zum Foto auf Seite 77 oben

Für 8 Portionen:
8 Eier
2 El Salz

1. Die Eier anstechen und 10 Minuten kochen, abschrecken, abkühlen lassen.

2. Inzwischen 1 l Wasser mit dem Salz 5 Minuten kochen, abkühlen lassen. Die Eier etwas anschlagen, damit sie kleine Risse bekommen.

3. Die Eier in ein hohes Gefäß geben und mit der Salzlake übergießen. Die Eier mindestens 1 Tag darin durchziehen lassen. Die Eier entweder pur oder mit verschiedenen Saucen essen.

Zubereitungszeit: 20 Minuten
Pro Portion etwa 7 g E, 6 g F, 0 g KH = 90 kcal (370 kJ)

Tip: ***In Berlin ißt man Soleier so: Eier pellen und halbieren. Eigelb herausheben, mit Senf (Mostrich), Salz und Pfeffer, ein wenig Öl und Essig zerdrücken, in das Eiweiß geben, Eigelb wieder hineinsetzen und die Eier verspeisen.***

ARBEITSPLAN

AM TAG VOR DER PARTY
- *Kasseler braten, wenn er kalt serviert werden soll*
- *Buletten braten*
- *Pflaumenkompott zubereiten*
- *Apfelmus zubereiten*
- *Kartoffeln für den Kartoffelsalat kochen*
- *Kartoffelsuppe kochen*
- *Holundersuppe kochen*
- *Soleier zubereiten*

AM TAG DER PARTY
2 1/2 Stunden vor der Party
- *Heringssalat zubereiten*
- *Kasseler zubereiten, wenn er heiß serviert werden soll*
- *Kartoffelpuffer zubereiten und braten*
- *Sauce für den Kartoffelsalat herstellen und unter die Kartoffelscheiben geben*
- *Butterbrösel für Holundersuppe rösten*

Kurz vor dem Servieren
- *Kartoffelsuppe mit geschnittenen Würstchen erhitzen*
- *Schneeklößchen zubereiten*
- *Kasseler aufschneiden*

Heringssalat

Zum Foto auf Seite 77 rechts

Für 8 Portionen:
3 säuerliche Äpfel
1 Salatgurke
4 Bismarckheringe (500 g)
200 g Gewürzgurken (a. d. Glas)
3 kleine Zwiebeln (à 40 g)
2 Becher Schmand (à 200 g)
Salz, Pfeffer (a. d. Mühle)
2 El Zitronensaft
2 Bund Dill

1. Die Äpfel waschen, vierteln, die Kerngehäuse herausschneiden. Die Salatgurke waschen. Äpfel, Heringe, Salat- und Gewürzgurken würfeln. Die Zwiebeln in Ringe schneiden.

2. Schmand mit Salz, Pfeffer, Zitronensaft und 1/8 l Gurkensud verrühren. Gehackten Dill unterziehen. Die Sauce unter den Salat rühren.

Zubereitungszeit: 30 Minuten
Pro Portion etwa 13 g E, 21 g F, 13 g KH = 303 kcal (1264 kJ)

Holundersuppe

Zum Foto auf Seite 77 unten

Für 8 Portionen:
2 Flaschen Holunderbeersaft (à 0,33 l)
1/4 l Orangensaft
8–10 El Zucker
1 Tl Zimtpulver
4 El Zitronensaft
3 El Speisestärke
1 Eiweiß
Salz
2 El Zucker
8 Zwiebäcke
100 g Butter

1. Holunderbeer- und Orangensaft, 1/2 l Wasser, Zucker, Zimt und Zitronensaft mit der Speisestärke glattrühren, unter Rühren zum Kochen bringen und 5 Minuten kochen lassen.

2. Das Eiweiß mit 1 Prise Salz steif schlagen. Dabei den Zucker nach und nach einrieseln lassen. Aus dem Eischnee 24 Klößchen abstechen und in leicht kochendem Wasser 3–5 Minuten zugedeckt ziehen lassen.

3. Die Zwiebäcke zerbröseln und in der Butter goldbraun rösten.

4. Die Suppe heiß oder kalt mit Schneeklößchen und Butterbröseln servieren.

Zubereitungszeit: 40 Minuten
Pro Portion etwa 3 g E, 11 g F, 33 g KH = 248 kcal (1038 kJ)

Rustikale Feste

VEGETARISCHES MENÜ

Warum kochen Sie nicht einmal fleischlos für Ihre Gäste? Dieses pikante viergängige Menü läßt nämlich jeden Gedanken an Steak oder Braten vergessen. Der Beweis: knackige Gemüsesülze, sahnige Artischockensuppe und herzhafter Pilzstrudel

VORSPEISEN

Gemüsesülze
wird aus ganz feinen Würfeln von rotem und gelbem Paprika und Zucchini bereitet. Zu dem farbenfrohen Appetitanreger paßt eine Sauce aus Crème fraîche, Basilikum, Kerbel, Schnittlauch und Petersilie.

Artischockensuppe
als zweite Vorspeise ist fein, cremig und ungewöhnlich durch ihre Einlage: gebratene Kartoffelcroûtons.

HAUPTGANG

Pilzstrudel mit Tomatensauce und Brokkoli
ist pikant durch die herzhafte Champignon-Austernpilz-Füllung des Blätterteigstrudels. Dazu harmonieren die milde, mit Knoblauch gewürzte Tomatensauce und der bißfeste Brokkoli mit aufgeschäumter Butter.
Rezepte auf den Seiten 82/83

VEGETARISCHES MENÜ

DESSERT

Erdbeeren in Balsamicosauce mit Vanilleeis
ist ganz schnell zubereitet und trotzdem raffiniert: Die Erdbeeren werden in einer süß-säuerlichen Sauce aus Aceto balsamico, dem feinen italienischen Würzessig, und süßem Portwein mariniert – einfach köstlich! Dazu gehört eine große Kugel Vanilleeis.
Rezept Seite 83

Gemüsesülze mit Kräuterschaum

Zum Foto auf Seite 80

Für 8 Personen:
Gemüsesülze
2 rote und 2 gelbe Paprikaschoten
1 Zucchini
5–6 Blatt weiße Gelatine
400 ml Gemüsefond (a. d. Glas)
1–2 El Zitronensaft
Salz
Pfeffer (a. d. Mühle)
1 Bund glatte Petersilie
Kräuterschaum
je 1/4 Bund Basilikum, Kerbel und Schnittlauch
8 El Crème fraîche
Salz
Pfeffer (a. d. Mühle)
1–2 El Zitronensaft

1. Paprikaschoten und Zucchini putzen, waschen und sehr fein würfeln.

2. Gelatine in kaltem Wasser einweichen. Gemüsefond mit Zitronensaft, Salz und Pfeffer würzen. Gelatine ausdrücken und tropfnaß in einem Topf bei milder Hitze auflösen, unter den Fond rühren.

3. In jedes der 8 Souffléförmchen (125 ml Inhalt) einen 1–2 mm hohen Spiegel aus dem Fond gießen. Darauf je 1 Petersilienblatt legen. Förmchen kühl stellen, bis das Gelee fest ist.

4. Paprika- und Zucchiniwürfel dicht an dicht in die Förmchen füllen. Fond darüber gießen und die Förmchen 2–3 Stunden kühl stellen, bis das Gelee völlig erstarrt ist.

5. Für den Kräuterschaum Basilikum, Kerbel, Schnittlauch und restliche Petersilie fein hacken. Die Kräuter mit Crème fraîche, Salz, Pfeffer und Zitronensaft verrühren. Sollte der Schaum zu fest sein, noch etwas Milch oder Wasser unterrühren.

Zubereitungszeit: 40 Minuten
(plus Kühlzeiten)
Pro Portion etwa
3 g E, 6 g F, 5 g KH = 89 kcal (374 kJ)

Tip: ***Wenn Sie die Sülze nicht mit Gelatine zubereiten möchten, können Sie auch Agar Agar, ein pflanzliches Bindemittel, zum Gelieren verwenden. Es ist erhältlich im Reformhaus.***

VEGETARISCHES MENÜ

DESSERT

Erdbeeren in Balsamicosauce mit Vanilleeis
ist ganz schnell zubereitet und trotzdem raffiniert: Die Erdbeeren werden in einer süß-säuerlichen Sauce aus Aceto balsamico, dem feinen italienischen Würzessig, und süßem Portwein mariniert – einfach köstlich! Dazu gehört eine große Kugel Vanilleeis. *Rezept Seite 83*

Gemüsesülze mit Kräuterschaum

Zum Foto auf Seite 80

Für 8 Personen:
Gemüsesülze
2 rote und 2 gelbe Paprikaschoten
1 Zucchini
5–6 Blatt weiße Gelatine
400 ml Gemüsefond (a. d. Glas)
1–2 El Zitronensaft
Salz
Pfeffer (a. d. Mühle)
1 Bund glatte Petersilie
Kräuterschaum
je 1/4 Bund Basilikum, Kerbel und Schnittlauch
8 El Crème fraîche
Salz
Pfeffer (a. d. Mühle)
1–2 El Zitronensaft

1. Paprikaschoten und Zucchini putzen, waschen und sehr fein würfeln.

2. Gelatine in kaltem Wasser einweichen. Gemüsefond mit Zitronensaft, Salz und Pfeffer würzen. Gelatine ausdrücken und tropfnaß in einem Topf bei milder Hitze auflösen, unter den Fond rühren.

3. In jedes der 8 Soufflééförmchen (125 ml Inhalt) einen 1–2 mm hohen Spiegel aus dem Fond gießen. Darauf je 1 Petersilienblatt legen. Förmchen kühl stellen, bis das Gelee fest ist.

4. Paprika- und Zucchiniwürfel dicht an dicht in die Förmchen füllen. Fond darüber gießen und die Förmchen 2–3 Stunden kühl stellen, bis das Gelee völlig erstarrt ist.

5. Für den Kräuterschaum Basilikum, Kerbel, Schnittlauch und restliche Petersilie fein hacken. Die Kräuter mit Crème fraîche, Salz, Pfeffer und Zitronensaft verrühren. Sollte der Schaum zu fest sein, noch etwas Milch oder Wasser unterrühren.

Zubereitungszeit: 40 Minuten
(plus Kühlzeiten)
Pro Portion etwa
3 g E, 6 g F, 5 g KH = 89 kcal (374 kJ)

***Tip:* Wenn Sie die Sülze nicht mit Gelatine zubereiten möchten, können Sie auch Agar Agar, ein pflanzliches Bindemittel, zum Gelieren verwenden. Es ist erhältlich im Reformhaus.**

VORSPEISEN

Gemüsesülze
wird aus ganz feinen Würfeln von rotem und gelbem Paprika und Zucchini bereitet. Zu dem farbenfrohen Appetitanreger paßt eine Sauce aus Crème fraîche, Basilikum, Kerbel, Schnittlauch und Petersilie.

Artischockensuppe
als zweite Vorspeise ist fein, cremig und ungewöhnlich durch ihre Einlage: gebratene Kartoffelcroûtons.

HAUPTGANG

Pilzstrudel mit Tomatensauce und Brokkoli
ist pikant durch die herzhafte Champignon-Austernpilz-Füllung des Blätterteigstrudels. Dazu harmonieren die milde, mit Knoblauch gewürzte Tomatensauce und der bißfeste Brokkoli mit aufgeschäumter Butter.
Rezepte auf den Seiten 82/83

Artischockensuppe mit Kartoffelcroûtons

Zum Foto auf Seite 81

Für 8 Portionen:
8–10 Artischocken
Saft von 2 Zitronen
800 ml Gemüsefond (a. d. Mühle)
400 ml Schlagsahne
1–2 El Limettensaft
4 große Kartoffeln
2–3 El Öl
Salz
Pfeffer (a. d. Mühle)
etwas Kerbel

1. Von den Artischocken die Stiele abbrechen, die Blätter vollständig entfernen, die Böden vom Heu befreien. Böden in Zitronenwasser legen, damit sie hell bleiben.

2. Die geputzten Artischockenböden grob würfeln und im Gemüsefond 10–15 Minuten kochen.

3. Die Sahne dazugeben, die Suppe mit dem Schneidstab fein pürieren, mit Limettensaft würzen.

4. Kartoffeln kochen, pellen und in 1x1 cm große Würfel schneiden. Die Würfel im Öl goldgelb braten, mit Salz und Pfeffer würzen.

5. Die Kartoffeln in die Suppe geben und mit Kerbelblättchen garnieren.

Zubereitungszeit: 1 Stunde
Pro Portion etwa
6 g E, 19 g F, 24 g KH = 289 kcal (1209 kJ)

Pilzstrudel mit Tomatensauce und Brokkoli

Zum Foto auf Seite 81

Für 8 Portionen:
Pilzstrudel
1 kg weiße Champignons
1 Bund Petersilie
Salz
Pfeffer (a. d. Mühle)
250 g Austernpilze
1 große Knoblauchzehe
2–3 El Olivenöl
2 Eier
2 Scheiben Blätterteig (TK)
Mehl zum Bearbeiten
Tomatensauce
500 ml Tomatenpüree mit Stücken
2–3 große Knoblauchzehen
4–6 El Olivenöl
Salz
Pfeffer (a. d. Mühle)
Brokkoli
1,5 kg Brokkoli
Salz
10 g Haselnüsse
50 g Butter
Pfeffer (a. d. Mühle)

1. Die Champignons putzen, nicht waschen, und in der Moulinette oder mit dem Messer fein hacken. Champignons in einer großen Pfanne ohne Fett rösten, bis die Flüssigkeit verdampft ist.

2. Petersilie hacken, unter die Champignons geben, mit Salz und Pfeffer abschmecken, abkühlen lassen.

3. Die Austernpilze putzen, halbieren und mit dem durchgepreßten Knoblauch im Öl 3–4 Minuten anbraten. Mit Salz und Pfeffer würzen, abkühlen lassen.

4. Die Pilzmassen mit 1 Ei verrühren. Angetaute Blätterteigplatten auf einer bemehlten Arbeitsfläche aufeinanderlegen und zu einem Rechteck von etwa 30x25 cm ausrollen.

5. Die Pilzmasse als Streifen längs in die Mitte des Rechtecks geben. An den Querseiten einen Rand von je 4 cm frei lassen.

6. Das restliche Ei verquirlen und die Teigränder dünn damit bestreichen. Den Strudel überklappen, die Strudelenden unterschlagen. Den Strudel mit dem restlichen Eigelb bestreichen und auf ein Backblech setzen.

7. Im vorgeheizten Backofen bei 225 Grad (Gas 4, Umluft nicht empfehlenswert) auf der 2. Einschubleiste von unten 25–30 Minuten backen.

8. Inzwischen das Tomatenpüree mit dem durchgepreßten Knoblauch und Öl 10 Minuten bei kleiner Hitze kochen lassen. Mit Salz und Pfeffer würzen.

9. Den Brokkoli putzen, in Röschen teilen und 2–3 Minuten in Salzwasser blanchieren.

10. Die Nüsse hobeln. Die Butter aufschäumen, unter den Brokkoli geben, mit Salz und Pfeffer würzen und mit den Nüssen bestreuen.

11. Den Strudel in Scheiben schneiden und mit der Tomatensauce und dem Brokkoli servieren.

Zubereitungszeit: 1 1/2 Stunden
Pro Portion etwa 12 g E,
20 g F, 14 g KH = 293 kcal (1228 kJ)

ARBEITSPLAN

AM TAG VOR DEM MENÜ
- *Gemüsesülze zubereiten*

AM TAG DES MENÜS

3 Stunden vor dem Fest
- *Kräuterschaum für die Gemüsesülze zubereiten*
- *Artischockensuppe kochen*
- *Pilzstrudel vorbereiten*
- *Tomatensauce für den Strudel kochen, kühl stellen*

1 Stunde vor dem Fest
- *Erdbeeren putzen und mit Balsamico-Portwein-Sauce marinieren*
- *Pilzstrudel backen*

Kurz vor dem Servieren
- *Kartoffelcroûtons braten*
- *Brokkoli kochen, in Butter schwenken*
- *Strudel in Scheiben schneiden*

Erdbeeren in Balsamicosauce mit Vanilleeis

Zum Foto auf Seite 82

Für 8 Portionen:
750 g Erdbeeren
6–8 El Zucker
6–8 El Aceto balsamico (italienischer Würzessig)
6–8 El süßer Portwein
1 unbehandelte Zitrone
1 Paket Vanilleeis (Fertigprodukt, 1 kg)
Zitronenmelisse

1. Die Erdbeeren putzen, halbieren oder vierteln. Zucker mit Essig und Portwein verrühren. Über die Erdbeeren geben und 10 Minuten darin marinieren.

2. Die Zitronenschale in feine Streifen schneiden. Die Erdbeeren mit Sauce und Vanilleeiskugeln anrichten, Erdbeeren mit Zitronenschale bestreuen und mit Zitronenmelisse garnieren.

Zubereitungszeit: 25 Minuten
Pro Portion etwa
3 g E, 9 g F, 28 g KH = 216 kcal (912 kJ)

SNACKS ZUM WEIN

Was servieren Sie Ihren Gästen, wenn Sie sie spontan zu einem Glas Wein einladen? Kein groß arrangiertes Essen, sondern ein paar raffinierte, deftige, kalte oder heiße Snacks – wie diese

SNACKS

Garnelen in Anis-Orangen-Sauce *passen zum Chardonnay. Die Schalentiere werden in Anisöl gebraten und mit aufgeschlagener Butter-Orangen-Sauce serviert.*

Röstbrot mit geeistem Zucchinipüree *läßt sich bequem zu einem Glas Wein aus der Hand essen. Es wird mit Zitrone und Knoblauch gewürzt.*

Paprikaschoten mit roten Linsen *gefüllt sind ein ungewöhnlicher Snack in zweierlei Hinsicht: Es werden die türkischen, länglichen und schärfer schmeckenden Paprikaschoten verwendet, und sie werden im Ofen im Tomatenbett gebacken.*

Rezepte Seiten 88/89

SNACKS ZUM WEIN

SNACKS

Mandelrauten mit frischem Rosmarin schmecken zu kräftigem Riesling oder Rotwein.

Filetsteaks mit Langustenscheiben sind das Beste aus Land und Meer: zarte Filetsteaks mit Langustenscheiben und schaumiger Krebsbutter-Hollandaise.

Sardinen-Dip mit rohem Gemüse wie Radieschen, Staudensellerie und Möhren sind schön frisch und knackig. Rezepte Seiten 89/90

Käse-Kerbel-Creme (Foto oben) mit Radieschen ist blitzschnell zubereitet aus Camembert, Sahne, Frischkäse und Kerbel. Dazu schmeckt Bauernbrot.

Tomaten-Basilikum-Quiche läßt sich gut vorbereiten. Dazu paßt jeder Wein.

Kartoffelsalat mit Flußkrebsen harmoniert gut mit einem Müller-Thurgau. Der Salat wird mit Koriandergrün und leichter Mayonnaise gewürzt. Rezepte Seite 90

SNACKS ZUM WEIN

SNACKS

Auberginen-Spinat-Rolle *mit Hackfleisch ist orientalisch gewürzt mit Schafskäse, Cayenne, Zimt und Muskatnuß.*

Kartoffel-Gemüse-Gratin *mit Eiersahne wird heiß oder kalt zu einem Riesling serviert.*

Hähnchenfilets auf Polenta-Talern *sind mit Thymian gewürzt und kurz im Ofen überbacken.* *Rezepte Seite 91*

Garnelen in Anis-Orangen-Sauce

Zum Foto auf Seite 84

Für 4 Portionen:
3 Orangen (unbehandelt)
1 Zitrone
12 Riesengarnelen (mit Schale)
Salz, Cayennepfeffer
2 El Öl, 1/2 Tl Anissaat
30 g Butter (eiskalt, in Stücken)
2 Eigelb (Gew.-Kl. 3)
3 Stiele Dill
Außerdem
4 Holzstäbchen

1. 1 Orange dünn abschälen, Schale in sehr feine Späne schneiden. Orangen und Zitrone auspressen, Saft mischen. Orangenschale in 3 El Saft geben.

2. Restlichen Saft im offenen Topf auf 200 ml einkochen, durch ein feines Sieb gießen. Die Riesengarnelen schälen und entdarmen. Auf Spieße stecken und mit Salz und Cayenne würzen.

3. Das Öl in einer großen Pfanne nicht zu heiß werden lassen, den Anis darin unter Rühren andünsten. Die Garnelen im Anisöl von jeder Seite 2 Minuten sanft braten, Saft dazugießen, einmal aufkochen lassen. Die Garnelen abtropfen lassen, zugedeckt warm stellen.

4. Saucenfond durch ein Sieb in einen Topf gießen, aufkochen. Butterstücke einzeln mit dem Schneebesen unterschlagen, Sauce vom Herd nehmen. Eigelb mit 3 El heißer Sauce verquirlen und in die Sauce rühren.

5. Vorsichtig wieder erhitzen, bis die Sauce bindet, aber nicht kocht, dabei ständig mit dem Schneebesen umrühren. Garnelen anrichten und mit der Sauce überziehen. Mit den abgetropften Orangenspänen und dem abgezupften Dill garnieren.

Zubereitungszeit: 45 Minuten
Pro Portion etwa 30 g E, 18 g F, 6 g KH = 312 kcal (1313 kJ)

***Tip:* Bei Garnelen sollte immer der Darm entfernt werden, damit sie nicht bitter schmecken. Dazu die Garnelen am Rücken längs einschneiden und den dunklen Darm aus dem Fleisch herausziehen.**

Röstbrot mit geeistem Zucchinipüree

Zum Foto auf Seite 84

Für 6–8 Portionen:
1 kg Zucchini
6 Knoblauchzehen, Salz
7 El Olivenöl (extra vergine)
2 Tomaten
2–3 El Zitronensaft
1 Baguette

1. Zucchini waschen und die Stielenden entfernen. Von den Zucchini je zwei Streifen Schale abschälen und beiseite legen.

2. Die Zucchini und den ungepellten Knoblauch in eine ofenfeste Form legen, salzen und mit 2 El Öl beträufeln. Bei 200 Grad (Gas 3, Umluft 175 Grad) zugedeckt auf der 2. Einschubleiste von oben 45 Minuten backen.

3. Zucchinischale sehr fein würfeln und in 2 El Olivenöl bei schwacher Hitze 1 Minute dünsten, salzen. Tomaten vierteln, Saft, Kerne und Stielansätze entfernen. Tomaten sehr fein würfeln.

4. Gebackene Zucchini grob hacken, Knoblauchzehen aus der Pelle drücken. Beides mit dem Schneidstab des Handrührers pürieren. Mit Salz und Zitronensaft würzen. Die Hälfte der Zucchinischalenwürfel unterrühren, das Püree auskühlen lassen und 15 Minuten vor dem Servieren ins Gefriergerät stellen.

5. Das Baguette schräg aufschneiden, die Scheiben mit dem restlichen Öl bestreichen. Im vorgeheizten Backofen bei 200 Grad 6–8 Minuten (Gas 3, Umluft 175 Grad) auf der 2. Einschubleiste von oben goldbraun rösten. Das geeiste Zucchinipüree mit Tomaten und restlichen Zucchiniwürfeln bestreuen und mit Röstbrot servieren.

Zubereitungszeit: 1 1/2 Stunden
Pro Portion (bei 8 Portionen) etwa
5 g E, 11 g F, 19 g KH = 198 kcal (832 kJ)

***Tip:* Wenn Sie Zucchinipüree übrigbehalten haben, können Sie es in ein Twist-off-Glas füllen und bis zu einer Woche im Kühlschrank aufbewahren. Es paßt ebenfalls zu gegrilltem Fisch und zu gegrilltem, gekochtem oder gebratenem Fleisch.**

Paprikaschoten mit roten Linsen

Zum Foto auf Seite 85

Für 4–6 Portionen:
100 g rote Linsen
1/4 l Gemüsefond (a. d. Glas)
60 g getrocknete Tomaten (in Öl)
1 El Sesamsaat
1 Tl Kreuzkümmelsaat
40 g Butterschmalz, Salz
8–12 lange türkische Paprikaschoten (350–500 g, ersatzweise andere Paprikaschoten)
1 Bund glatte Petersilie
1 Dose geschälte Tomaten (800 g EW)
2 El Öl
3 Scheiben Weizentoastbrot
1 Knoblauchzehe
150 g Sahnejoghurt
4 El Schlagsahne

1. Linsen einmal im Gemüsefond aufkochen. Im offenen Topf bei schwacher Hitze 5 Minuten ziehen lassen. Abgetropfte Tomaten fein hacken, mit 1 El vom Einlegeöl unter die Linsen mischen.

2. Sesam und Kreuzkümmel in 15 g Butterschmalz leicht anrösten, unter die Linsen rühren. Mit Salz würzen, etwas abkühlen lassen. Die oberen Enden der Paprikaschoten mit Stielansatz abschneiden, die Kerne entfernen. Linsen in die Schoten füllen, dabei fest zusammendrücken.

3. Petersilienblätter von den Stielen zupfen. Tomaten abgießen, im Sieb abspülen und abtropfen lassen. Eine ofenfeste Form mit etwas Öl auspinseln. Petersilie, Paprikaschoten und Tomaten hineingeben. Salzen, mit dem restlichen Öl beträufeln.

4. In der Form ohne Deckel im vorgeheizten Backofen bei 200 Grad (Gas 3, Umluft 175 Grad, abgedeckt) auf der 2. Einschubleiste von oben 25 Minuten garen.

5. Toastbrot entrinden und würfeln, Knoblauch durchpressen. Brot im restlichen Butterschmalz goldbraun rösten, mit Knoblauch würzen und auf Küchenpapier abtropfen lassen. Joghurt mit Sahne verrühren. Kurz vorm Servieren über die Paprikaschoten geben oder getrennt dazu servieren.

Zubereitungszeit: 1 Stunde
Pro Portion (bei 6 Portionen) etwa
9 g E, 20 g F, 23 g KH = 329 kcal (1381 kJ)

Mandelrauten mit Rosmarin

Zum Foto auf Seite 86

Für 6–8 Portionen:
500 g Mehl
Salz, 1 Tl Zucker
8 Eigelb
250 g Butter oder Margarine
1 Ei (Gew.-Kl. 3)
weißer Pfeffer (a. d. Mühle)
1/2 Knoblauchzehe
1 Bund Frühlingszwiebeln
1 El Rosmarinnadeln
50 g Mandeln (gehackt)
30 g durchwachsener Speck (1 Scheibe)

1. Das Mehl auf die Arbeitsfläche schütten, in die Mitte eine Mulde drücken. 1/2 Tl Salz, Zucker, 1 Eigelb und gut 1/8 l Wasser in die Mulde geben. Butter oder Margarine in Stücken auf dem Mehlrand verteilen.

2. Von der Mitte aus alle Zutaten möglichst schnell mit einem schweren Messer zusammenhacken und kurz zu einem Teig zusammendrükken. Zu einer Kugel formen, in Klarsichtfolie einschlagen und mindestens 1 Stunde (besser über Nacht) kalt stellen: Dann wird der Mürbeteig beim Ausrollen nicht so bröckelig. Teig auf Backblechgröße ausrollen, auf das ungefettete Blech legen und dicht nebeneinander mit einer Gabel einstechen.

3. Restliches Eigelb und das Ei mit 4 El Wasser verschlagen, mit Salz, Pfeffer und durchgepreßtem Knoblauch würzen. Frühlingszwiebeln putzen – nur das Weiße und Hellgrüne verwenden – und in sehr dünne Ringe schneiden. Rosmarinnadeln sehr fein hacken. Frühlingszwiebeln, Rosmarin und Mandeln unter die Eier rühren und mit einem Gummispatel auf dem Teig verteilen.

4. Den Speck ohne Schwarte sehr fein würfeln und auf die Eimasse streuen. Im vorgeheizten Backofen bei 200 Grad (Gas 3, Umluft 175 Grad) auf der 2. Einschubleiste von unten 12–15 Minuten backen. Dann direkt auf dem Backofenboden weitere 5 Minuten backen. Noch heiß in Rauten schneiden und lauwarm servieren.

Zubereitungszeit: 1 Stunde
(plus Ruhezeit für den Teig)
Pro Portion (bei 8 Portionen) etwa 13 g E, 39 g F, 47 g KH = 603 kcal (2551 kJ)

Filetsteaks mit Langusten und Krebsbutter-Hollandaise

Zum Foto auf Seite 86

Für 4–6 Portionen:
2 Langustenschwänze (TK, à 250 g)
Salz
4 El Zitronensaft
100 g Butter
25 g Krebspaste (a. d. Dose)
4 Eigelb (Gew.-Kl. 2)
50 ml Hummerfond (a. d. Glas)
weißer Pfeffer (a. d. Mühle)
12 dünne Filetsteaks (à 60 g)
30 g Butterschmalz

1. Langusten aus den Schalen brechen, abspülen, trokkentupfen. In je 6 Scheiben schneiden, mit Salz und 2 El Zitronensaft würzen.

2. Für die Hollandaise die Butter mit der Krebspaste schmelzen, einmal aufkochen und auf 35–40 Grad abkühlen lassen. In einem Topf mit schwerem Boden Eigelb, Hummerfond und restlichen Zitronensaft verquirlen. Salzen und pfeffern.

3. Schwach erhitzen, dabei die Krebsbutter tropfenweise mit dem Schneebesen unterschlagen, bis die Sauce dick wird. Sofort vom Herd nehmen und in Eiswasser stellen.

4. Die Steaks im sehr heißen Butterschmalz von jeder Seite 1 1/2–2 Minuten braten. Aus der Pfanne nehmen, salzen, pfeffern und in eine Gratinform legen. Mit Langusten belegen, die Hollandaise darüber verteilen.

5. Im vorgeheizten Ofen bei 225 Grad (Gas 4, Umluft 200 Grad) auf der 2. Einschubleiste von oben 7–8 Minuten gratinieren. Sofort servieren.

Zubereitungszeit: 50 Minuten
Pro Portion (bei 6 Portionen) etwa
37 g E, 32 g F, 2 g KH = 449 kcal (1895 kJ)

Sardinen-Dip mit rohem Gemüse

Zum Foto auf Seite 86

Für 4–6 Portionen:
1 Zitrone (unbehandelt)
2 Eigelb (Gew.-Kl. 3)
Salz
1 Tl Dijon-Senf
200 ml Öl
6 El Schlagsahne
2 Dosen Sardinen (125 g Inhalt, ohne Haut und Gräten)
weißer Pfeffer (a. d. Mühle)
30 g Kapern
1 Bund Schnittlauch
2 kg gemischtes Gemüse (z. B. Möhren, Staudensellerie, Radieschen, Fenchel, Chicorée, Rettich, Salatgurke)

1. Zitronenschale abreiben, Zitrone auspressen. Eigelb, Salz, 1 El Zitronensaft und Senf cremig rühren. Das Öl zuerst tropfenweise, dann im dünnen Strahl mit den Quirlen des Handrührers unterschlagen, bis eine dicke Mayonnaise entsteht.

2. Mayonnaise mit der Sahne glattrühren. Sardinen abtropfen lassen, mit zwei Gabeln fein zerpflücken. Mit den Quirlen des Handrührers unter die Mayonnaise mengen. Kräftig mit 2–3 El Zitronensaft, Zitronenschale, Salz und Pfeffer würzen.

3. Kapern fein hacken und unterrühren. Schnittlauch in feine Röllchen schneiden, 1 El zum Garnieren beiseite legen, den Rest untermischen. Kalt stellen, vorm Servieren mit den restlichen Schnittlauchröllchen garnieren. Gemüse putzen und waschen. Mit gerösteten Fladenbrotstreifen zum Dip servieren.

Zubereitungszeit: 1 Stunde
Pro Portion (bei 6 Portionen) etwa 13 g E, 44 g F, 17 g KH = 525 kcal (2198 kJ)

Käse-Kerbel-Creme

Zum Foto auf Seite 87

Für 6–8 Portionen:
200 g reifer Camembert
3/8 l Schlagsahne
200 g Doppelrahm-Frischkäse
1–2 El Rôtisseur-Senf
Salz
weißer Pfeffer (a. d. Mühle)
1 Bund Kerbel
1 Bund Schnittlauch
1 Zitrone (unbehandelt)
1 Bund Radieschen

1. Camembert fein hacken. In 1/4 l Schlagsahne mit dem Schneidstab des Handrührers pürieren.

2. Frischkäse und restliche Sahne dazugeben. Mit den Quirlen des Handrührers zu einer homogenen Masse verarbeiten. Senf unterrühren, salzen und kräftig pfeffern.

3. 3/4 des Kerbels fein hakken, Schnittlauch in feine Röllchen schneiden. Die Zitronenschale fein abreiben. Die Kräuter und die Zitronenschale unter den Käse rühren. Die Käsecreme mit 2–3 Tl Zitronensaft würzen.

4. Die Radieschen schälen, die Schale in sehr feine Späne schneiden. Die Radieschen sehr fein würfeln und unter den Käse mischen. Die Käse-Kerbel-Creme mit Kerbel und Radieschenspänen garnieren.

Zubereitungszeit: 30 Minuten
Pro Portion (bei 8 Portionen) etwa 9 g E, 32 g F, 2 g KH = 331 kcal (1396 kJ)

Tomaten-Basilikum-Quiche

Zum Foto auf Seite 87

Für 6–8 Portionen:
Tomaten-Concassée
100 g Schalotten
2 Knoblauchzehen
2 El Olivenöl
1 Dose geschälte Tomaten (800 g EW)
Salz, Zucker
Cayennepfeffer
Basilikumpüree
2–3 Bund Basilikum
1 Bund glatte Petersilie
50 g Pistazienkerne
2 Eier (Gew.-Kl. 3)
1/8 l Schlagsahne
1 Knoblauchzehe, Salz
Hefeteig und Eiersahne
300 g Mehl und Mehl zum Bearbeiten
10 g Hefe
3 Eigelb (Gew.-Kl. 2)
Salz, 2 El Olivenöl
1/8 l Schlagsahne
30 g Parmesan

1. Schalotten würfeln. Knoblauch hacken und in einer großen Pfanne im Olivenöl unter Rühren glasig dünsten.

2. Tomaten abgießen (Saft anderweitig verwenden), abspülen und grob hacken. In die Pfanne geben und bei mittlerer Hitze in etwa 10 Minuten dicklich einkochen. Mit Salz, etwas Zucker und Cayenne würzen.

3. Basilikum und Petersilie von den Stielen zupfen und grob hacken. Mit Pistazien und Eiern im Mixer pürieren. Sahne unterrühren und mit durchgepreßtem Knoblauch und Salz würzen.

4. Für den Teig das Mehl in eine Schüssel geben, in die Mitte eine Mulde drücken. Zerbröckelte Hefe und 150 ml lauwarmes Wasser in die Mulde geben, leicht verrühren und mit Mehl vom Rand bedecken. 1 Eigelb, Salz und Öl auf dem Mehlrand verteilen.

5. Von der Mitte aus zusammenkneten. Die Arbeitsfläche mit Mehl bestäuben, den Teig darauf 10 Minuten durchkneten. Zugedeckt an einem warmen Ort 20–30 Minuten gehen lassen, bis sich der Teig verdoppelt hat.

6. Den Teig kurz zusammenkneten und backblechgroß ausrollen. Aufs Blech legen, 5 Minuten gehen lassen und auf Blechgröße ausziehen. Die Ränder etwas hochziehen und festdrücken, den Teig mehrmals mit einer Gabel einstechen. Restliches Eigelb mit Sahne und Käse verquirlen.

7. Tomaten-Concassée, Basilikumpüree und Eiersahne unregelmäßig auf dem Teig verteilen. Im vorgeheizten Backofen bei 225 Grad (Gas 4, Umluft 200 Grad) direkt auf dem Backofenboden 15–18 Minuten backen. Auf einem Rost 5 Minuten abkühlen lassen, die Ränder geradeschneiden. Die Quiche in Streifen schneiden.

Zubereitungszeit: 1 1/2 Stunden
Pro Portion (bei 8 Portionen) etwa 11 g E, 24 g F, 31 g KH = 393 kcal (1663 kJ)

Kartoffelsalat mit Koriander und Flußkrebsen

Zum Foto auf Seite 87

Für 6–8 Portionen:
1 kg kleine Kartoffeln
400 ml Geflügelfond (a. d. Glas)
1 El gekörnte Brühe
200 ml Öl
6 El Weißweinessig
Salz
weißer Pfeffer (a. d. Mühle)
36 Flußkrebse (etwa 1,5 kg, TK oder frisch gekocht)
3 El Zitronensaft
2 Eigelb (Gew.-Kl. 3)
1 Tl Senf
4 Stiele Koriandergrün
1 Bund glatte Petersilie

1. Die Kartoffeln gar kochen und pellen. Fond aufkochen, gekörnte Brühe darin auflösen und durch ein feines Sieb in eine Schüssel gießen. 6 El Öl und den Essig unterrühren.

2. Die Kartoffeln noch heiß in dünnen Scheiben in die Brühe schneiden, jede Schicht salzen und pfeffern. 30 Minuten durchziehen lassen, bis sie die Brühe fast aufgenommen haben, dabei ab und zu mit einem Spatel wenden.

3. Krebsschwänze aus den Panzern brechen und mit 2 El Zitronensaft beträufeln. Für die Mayonnaise Eigelb mit restlichem Zitronensaft, Salz und Senf cremig rühren. Restliches Öl mit den Quirlen des Handrührers zuerst tropfenweise, dann in dünnem Strahl unterschlagen. Die Kräuter von den Stielen zupfen, mischen und fein hacken.

4. Kartoffeln mit der Schaumkelle aus der Brühe heben, abtropfen lassen, mit den Kräutern bestreuen und anrichten. Restliche Kartoffelbrühe durch ein Sieb gießen. Mayonnaise mit 3–4 El Brühe verrühren und über dem Kartoffelsalat verteilen. Mit Krebsschwänzen garnieren.

Zubereitungszeit: 1 1/4 Stunden
Pro Portion (bei 8 Portionen) etwa 18 g E, 27 g F, 19 g KH = 405 kcal (1687 kJ)

Auberginen-Spinat-Rolle

Zum Foto auf Seite 88

Für 4–6 Portionen:
1 kg Spinat
7 El Öl, Salz
Muskatnuß (frisch gerieben)
1 Knoblauchzehe
150 g Beefsteakhack
2 El Tomatenmark
Cayennepfeffer
1 Aubergine (ca. 400 g)
1/4 Tl Zimt
100 ml Gemüsefond (a. d. Glas)
2 Pizzaböden (36 cm Durchmesser, a. d. Kühlregal)
100 g milder Schafskäse
1 Ei (Gew.-Kl. 3)
Fett für das Backblech

1. Spinat putzen, waschen, tropfnaß in 2 El heißem Öl zugedeckt 2–3 Minuten zusammenfallen lassen. Mit Salz, Muskat und durchgepreßtem Knoblauch würzen. Den Spinat abtropfen und abkühlen lassen.

2. 2 El Öl in einer Pfanne erhitzen. Das Hack darin unter Rühren 5 Minuten krümelig braten. 1 El Tomatenmark unterrühren und erhitzen. Mit Salz und Cayenne würzen und abkühlen lassen.

3. Die Aubergine in 3 cm große Würfel schneiden und in 2 El Öl scharf anbraten. Mit Salz und Zimt würzen. Restliches Tomatenmark unterrühren, mit dem Fond auffüllen und so lange kochen, bis die Flüssigkeit verdampft ist.

4. Die Pizzaböden auf die Arbeitsfläche legen. Den Spinat ausdrücken, grob hacken und auf den Böden verteilen, dabei einen Rand von etwa 5 cm frei lassen. Den Schafskäse fein würfeln und auf den Spinat streuen. Das Hack und die Auberginen darauf verteilen. Das Ei trennen.

5. Die Teigränder mit Eiweiß bepinseln, die Böden aufrollen, die Teigränder zusammendrücken und die Rollen mit der Nahtstelle nach unten auf ein dünn gefettetes Backblech legen. Restliches Eiweiß mit Eigelb und restlichem Öl verquirlen, die Auberginen-Spinat-Rollen einpinseln und rundherum einstechen.

6. Im vorgeheizten Backofen bei 200 Grad (Gas 3, Umluft 175 Grad) auf der 2. Einschubleiste von unten 25–30 Minuten goldbraun backen.

7. Das Blech 5 Minuten auf ein nasses Küchentuch stellen. Die Rollen mit einer Palette lösen. Heiß oder lauwarm servieren. Die Rollen lassen sich vorbacken und einfrieren.

Zubereitungszeit: 1 1/2 Stunden
Pro Portion (bei 6 Portionen) etwa 17 g E, 20 g F, 30 g KH = 364 kcal (1531 kJ)

Kartoffel-Gemüse-Gratin

Zum Foto auf Seite 88

Für 4–6 Portionen:
1 kg Kartoffeln
300 g Möhren
300 g Sellerie
300 g Porree
Salz
150 g Gruyère (im Stück)
200 g Crème fraîche
4 Eigelb (Gew.-Kl. 3)
weißer Pfeffer (a. d. Mühle)
Muskatnuß (frisch gerieben)
6 Salbeiblätter
Fett für die Form

1. Die Kartoffeln schälen, zuerst in dünne Scheiben, dann in dünne Stifte schneiden und mit reichlich kaltem Wasser bedecken.

2. Möhren, Sellerie und Porree putzen. Möhren und Sellerie in dünne Stifte schneiden. Den Porree längs halbieren und quer in feine Streifen schneiden.

3. Kartoffeln abtropfen lassen und in reichlich kochendem Salzwasser 1 Minute vorgaren. Die Möhren dazugeben und noch 1 Minute kochen. Sellerie und Porree dazugeben und 1 weitere Minute kochen. In einem Durchschlag abtropfen lassen und auf einem Tablett ausbreiten und abkühlen lassen.

4. Den Käse grob raspeln. Crème fraîche und Eigelb verrühren, mit Salz, Pfeffer und Muskat würzen. Salbei hakken und unterrühren. Eine Tarteform (32 cm Durchmesser) ausfetten.

5. Gemüse und Käse mischen, in die Form geben und leicht andrücken. Eiersahne darüber verteilen. Im vorgeheizten Backofen bei 175 Grad (Gas 2, Umluft 160 Grad, nach 20 Minuten mit Alufolie abdecken) auf der 2. Einschubleiste von unten 40–45 Minuten backen. Auf einem Kuchengitter 5 Minuten ruhenlassen, dann servieren.

Zubereitungszeit: 1 3/4 Stunden
Pro Portion (bei 6 Portionen) etwa 15 g E, 26 g F, 32 g KH = 436 kcal (1814 kJ)

Hähnchenbrustfilet auf Polenta-Talern

Zum Foto auf Seite 88

Für 4–6 Portionen:
Polenta-Taler
1 Bund Thymian
Salz
125 g Polenta (Maisgrieß)
Fett für die Arbeitsschale
Hähnchenbrustfilets und Sauce
2 Chilischoten (ca. 10 g)
1/2 Stange Porree (ca. 150 g)
2 Knoblauchzehen
1 Hähnchenbrustfilet (ca. 350 g)
Salz, 2 El Öl
1/8 l Geflügelfond (a. d. Glas)
30 g Butter (eiskalt, in Stücken)
Außerdem
Holzstäbchen

1. Für die Polenta-Taler 600 ml Wasser in einem schmalen, hohen Topf aufkochen. Thymian hacken und dazugeben, salzen. Polenta einrieseln lassen, die Hitze sofort herunterschalten. Die Masse unter Rühren 10–15 Minuten garen.

2. Eine flache Arbeitsschale einfetten. Die Polenta etwa 1 1/2 cm hoch einfüllen, sofort mit einer feuchten Palette glattstreichen. Kalt werden lassen, mit Frischhaltefolie abdecken, mindestens 2 Stunden kalt stellen. Mit einem Ringausstecher (5–6 cm Durchmesser) Polenta-Taler ausstechen und auf ein Backblech mit Backpapier legen.

3. Chilischoten längs aufschneiden, waschen und putzen. Quer in sehr feine Streifen schneiden. Porree putzen, längs vierteln und quer in feine Streifen schneiden. Knoblauch sehr fein hacken.

4. Hähnchenbrustfilet längs durchschneiden, die Sehnen entfernen. Fleisch salzen und im heißen Öl von jeder Seite 1 Minute scharf anbraten. Pfanne mit dem Bratfett beiseite stellen, das Fleisch auf das Backblech zu den Talern legen. Im vorgeheizten Backofen bei 200 Grad (Gas 3, Umluft 175 Grad) auf der 2. Einschubleiste von oben 10–12 Minuten garen.

5. Chilischoten, Porree und Knoblauch im Bratfett bei schwacher Hitze 3–4 Minuten unter Rühren glasig dünsten. Fond dazugießen, salzen, kurz aufkochen. Die Butter nach und nach mit dem Schneebesen unterschlagen.

6. Polenta-Taler auf einer vorgewärmten Servierplatte anrichten. Das Fleisch in Scheiben schneiden und auf die Taler legen. Löffelweise mit der Sauce überziehen, mit Holzstäbchen zusammenstecken und servieren.

Zubereitungszeit: 45 Minuten (plus Kühlzeit)
Pro Portion (bei 6 Portionen) etwa 16 g E, 9 g F, 18 g KH = 212 kcal (901 kJ)

Wein-Tips:

Welcher Wein paßt am besten zu welchem Snack? Ein kräftiger Riesling aus Deutschland, Elsaß oder Österreich paßt zu den Mandelrauten, zur Käse-Kerbel-Creme und zum Kartoffel-Gemüse-Gratin; ein Müller-Thurgau zu Kartoffelsalat und Röstbrot mit Zucchinipüree. Und ein Chardonnay aus Burgund, Kalifornien oder Australien schmeckt zu den Garnelen und Filetsteaks mit Languste. Ein Grüner Veltliner paßt gut zu den Paprikaschoten, Röstbrot mit Zucchinipüree und Kartoffelsalat. Sardinen-Dip, Hähnchenbrustfilet und Auberginen-Spinat-Rolle vertragen einen leichten Rotwein, während die Filetsteaks mit Languste und der Kartoffel-Gemüse-Gratin ideal zu einem kräftigen Rotwein sind. Zur Tomaten-Basilikum-Quiche paßt jeder Wein.

Feiern im Freien

GRILLPARTY

Jetzt ist Saison für saftige Fleischspieße, geröstete Lammkoteletts und knusprige Rouladen! Also schnell ein paar Freunde einladen, den Grill aus dem Keller holen und der Glut schon mal Zunder geben

HAUPT-GERICHTE

Auf dem Grill: **Bunte Grillspieße** *und* **Kalbsnieren-Spieße mit Oliven** *sind sowohl optisch als auch geschmacklich viel origineller als Bratwurst oder Nackenbraten.*

Rinderrouladen mit Garnelen *gefüllt, lassen sich nicht nur im Topf schmoren, sondern auch auf dem Grill rösten.*

Seeteufel in Pergament *gegart, sieht nicht nur sehr schön aus, der Fisch bleibt auch in der Papierhülle besonders saftig. Zum Gegrillten passen verschiedene Saucen, Salate und natürlich gebackene Kartoffeln.*

Rezepte auf den Seiten 97/98

HAUPT-GERICHTE

Rinderrouladen *harmonieren gut mit* **Mango-Pfeffer-Sauce** *und* **Tomaten-Knoblauch-Sauce.**

Seeteufel *wird mit verschiedenen Gemüsen in Pergament gegart.*

Die Salatplatte *besteht aus Bundmöhren, grünem Spargel, Tomaten, Radieschen und roten Zwiebeln, verfeinert mit einer Kräuter-Vinaigrette.*

Doppelte Lammkoteletts *sind besonders zart, weil sie über Nacht in Knoblauchöl mariniert werden. Zu allen Fleischgerichten passen ausgezeichnet* **Mango-Pfeffer-Sauce, Schafskäse-Oliven-Sauce** *und* **Tomaten-Knoblauch-Sauce.**

Käsekartoffeln *werden nicht im ganzen in Folie auf dem Grill gegart, sondern bereits in Scheiben geschnitten. Sie sind kräftig im Geschmack durch Bacon, Zwiebeln und viel Pfeffer.*

Rezepte auf den Seiten 98/99

DESSERT

Pfirsich-Quark-Creme mit Himbeerpüree – *sommerlicher kann keine Nachspeise sein. Die Creme wird aromatisiert mit Vanille, Zitronensaft und Pfirsichlikör. Für das Püree müssen nur die Himbeeren mit Puderzucker püriert und durch ein Sieb gestrichen werden.* *Rezept Seite 99* *Wer mag, bietet seinen Gästen noch verschiedene Obst- und Käsesorten an.*

Campari-Erdbeer-Cocktail

Zum Foto unten

Für 10–12 Gläser:
20 g Zucker
12 El Zitronensaft
150 g Erdbeeren
9 cl Campari
6 cl Orangenlikör
(z. B. Cointreau)
2 Flaschen Tonic Water
(à 0,7 l)
1–2 Töpfe Melissenblätter
10–12 Erdbeeren
und Zironenscheiben
zum Garnieren
Außerdem
Eiswürfel

1. Den Zucker und 5 El Zitronensaft in je eine flache Arbeitsschale geben. Die Ränder der Cocktailgläser zuerst in Zitronensaft tauchen, dann in den Zucker drücken und antrocknen lassen.

2. Die Erdbeeren putzen und in Scheiben schneiden. Campari, Orangenlikör und den restlichen Zitronensaft mit Eiswürfeln in einem Shaker schütteln. Zerstoßenes Eis in die Cocktailgläser geben, die Campari-Mischung darüber gießen, die Erdbeerscheiben dazugeben und alles mit Tonic auffüllen. Cocktail mit Melissenblättchen garnieren. Erdbeeren und Zitronenscheiben auf den Glasrand stecken.

Zubereitungszeit: 15 Minuten
Pro Glas (bei 12 Gläsern) etwa
0 g E, 0 g F, 15 g KH = 85 kcal (357 kJ)

Eiskalter Aperitif: Campari-Erdbeer-Cocktail mit Orangenlikör und Tonic Water.

Bunte Grillspieße

Zum Foto auf den Seiten 92/93

Für 8–10 kleine
oder 4–6 große Spieße:
Marinade
1 Bund Thymian
3 Knoblauchzehen
1 große Chilischote
1 Zitrone
(mit unbehandelter Schale)
1/8 l Olivenöl
Spieße
450 g magerer
Schweinenacken
(schier, im Stück)
600 g Zucchini
200 g Zwiebeln
400 g rote Paprikaschoten
200 g Krakauer Würstchen
Salz
schwarzer Pfeffer
(a. d. Mühle)

1. Für die Marinade den Thymian fein hacken. Den Knoblauch fein würfeln. Die Chilischote längs halbieren, putzen und fein würfeln. Zitronenschale fein abreiben, Zitrone auspressen. Alle vorbereiteten Zutaten mit Öl verrühren.

2. Für die Spieße eventuell die Fettkante vom Schweinenacken abschneiden. Den Schweinenacken in 2 cm große Würfel schneiden und über Nacht zugedeckt in der Marinade durchziehen lassen. Dabei einmal wenden.

3. Am nächsten Tag die Zucchini in 1/2 cm dicke Scheiben schneiden. Zwiebeln vierteln. Paprikaschoten halbieren, putzen und in 2 cm große Stücke schneiden, in 1 El von der Marinade 2–3 Minuten andünsten, dabei wenden. Dann kalt werden lassen. Die Krakauer in 1 1/2 cm dicke Scheiben schneiden.

4. Die Fleischwürfel aus der Marinade nehmen und abtropfen lassen, die Marinade aufheben. Abwechselnd Zucchini, Zwiebeln, Paprika, Fleisch und Krakauer auf die Spieße stecken. Mit Salz und Pfeffer würzen, mit der restlichen Marinade bestreichen.

5. Die Spieße ungefähr 15–20 Minuten über Holzkohlenfeuer grillen, mehrmals wenden.

Zubereitungszeit: 1 1/4 Stunden
(ohne Zeit zum Marinieren)
Pro Spieß (bei 10 Spießen) etwa
14 g E, 22 g F, 4 g KH = 279 kcal (1166 kJ)

Kalbsnieren-Spieße mit Oliven

Zum Foto auf den Seiten 92/93

Für 8–10 kleine
oder 4–6 große Spieße:
600 g Kalbsniere
550 g grüner Speck
(in Scheiben)
250 g Schalotten
1 großer Zweig Salbei
125 g grüne Oliven
(ohne Stein, a. d. Glas)
schwarzer Pfeffer
(a. d. Mühle)
5 El Öl zum Bestreichen
Salz

1. Die Kalbsniere 1 Stunde wässern, kalt abspülen und trockentupfen. Fett und Sehnen entfernen. Die Kalbsniere in 2 cm große Würfel schneiden, die Würfel mit Speck umwickeln. Schalotten pellen, eventuell halbieren. Salbeiblätter von den Stielen zupfen. Oliven abtropfen lassen.

2. Abwechselnd Schalotten, Fleisch, Salbei und Oliven auf Spieße stecken. Mit Pfeffer würzen. Die Spieße über Holzkohlenfeuer bei mittlerer Hitze und bei größtmöglichem Abstand zur Glut ungefähr 20–25 Minuten grillen, dabei leicht mit Öl bestreichen und ab und zu wenden. Nach dem Grillen salzen.

Zubereitungszeit: 1 1/4 Stunden
Pro Spieß (bei 10 Spießen) etwa
10 g E, 35 g F, 2 g KH = 379 kcal (1587 kJ)

Für die Spieße abwechselnd die in Speck eingerollten Kalbsnierenwürfel, Schalotten, Oliven und Salbei aufstecken.

Rinderrouladen mit Garnelen

Zum Foto auf Seite 94

Für 10–12 Portionen:
10–12 Riesengarnelen
(ohne Kopf, à 50 g)
3 Knoblauchzehen
2 Bund glatte Petersilie
2 El Zitronensaft
Cayennepfeffer
1 kg Rinderfilet (a. d. Mitte)
50 g alter Pecorino
(italienischer Schafskäse)
schwarzer Pfeffer
(a. d. Mühle)
Salz
5 El Öl
Außerdem
Holzstäbchen

1. Garnelen kalt abspülen. Das Fleisch aus der Schale brechen, den Rücken der Garnelen einschneiden, den Darm herausziehen. Knoblauch und Petersilie fein hakken. Garnelen in eine Arbeitsschale legen. Mit Knoblauch, Petersilie und Zitronensaft mischen, mit Cayennepfeffer würzen. Zudecken und beiseite stellen.

2. Aus dem Rinderfilet 10–12 Scheiben von 1–1 1/2 cm Dicke schneiden. Die Scheiben zwischen 2 Gefrierbeutel legen und mit einem Fleischklopfer dünn klopfen. Den Pecorino fein raspeln. Das Fleisch mit Pfeffer und Salz würzen. Je 1 Garnele darauf setzen, mit etwas Pecorino bestreuen und fest zu einer Roulade aufwickeln, mit Holzstäbchen zusammenstecken.

3. Die Rouladen kurz vorm Grillen dünn mit Öl bestreichen. Über mittlerer Hitze ungefähr 20–25 Minuten grillen, dabei öfter wenden.

Zubereitungszeit: 1 1/4 Stunden
Pro Portion (bei 12 Portionen) etwa
26 g E, 8 g F, 0 g KH = 190 kcal (796 kJ)

Raffiniert: Rinderrouladen gefüllt mit Pecorino und Riesengarnelen.

Seeteufel mit Pilzen in Pergament

Zum Foto auf Seite 94

Für 10–12 Portionen:
600 g Seeteufelfilet
100 g Frühlingszwiebeln
1 Bund glatte Petersilie
200 g Kirschtomaten
150–200 g Shiitakepilze
2–3 El Zitronensaft
Salz
schwarzer Pfeffer (a. d. Mühle)
70 g Butter
Butter zum Einfetten
Außerdem
Pergamentpapier

1. Das Seeteufelfilet kalt abspülen und, wenn nötig, häuten. In 10–12 Stücke schneiden. Die Frühlingszwiebeln putzen und in feine Ringe schneiden. Die Petersilie grob hacken. Die Kirschtomaten vierteln. Die Shiitakepilze würfeln, die Stiele nicht verwenden. Alle vorbereiteten Zutaten mischen, mit Zitronensaft beträufeln und mit Salz und Pfeffer würzen.

2. Pro Portion 2 Pergamentblätter leicht mit Wasser bestreichen und übereinanderlegen. Das obere Blatt dünn mit Butter bestreichen. Den Fisch und das vorbereitete Gemüse in die Mitte legen und Butterflöckchen darüber geben. Das Pergamentpapier wie eine Rolle seitlich zusammendrehen, die Enden mit einem Fleischfaden zusammenbinden, die überstehenden Papierzipfel abschneiden.

3. Die gefüllten Pergamentrollen über mittlerer Hitze ungefähr 20–25 Minuten grillen, dabei ab und zu wenden. Das Papier vorm Servieren in der Mitte aufschneiden.

Zubereitungszeit: 1 1/4 Stunden
Pro Portion (bei 12 Portionen) etwa
8 g E, 6 g F, 2 g KH = 98 kcal (409 kJ)

Eingewickelt und verschnürt: Seeteufelfilet wird mit Gemüse und Kräutern in Pergamentpapier schonend gegrillt.

Gemischte Salatplatte

Zum Foto auf Seite 94

Für 10–12 Portionen:
500 g Bundmöhren
1 Zitrone (unbehandelt)
1/8 l Gemüsefond (a. d. Glas)
15 El Öl
Zucker
Salz
Pfeffer (a. d. Mühle)
500 g grüner Spargel
500 g Tomaten
200 g rote Zwiebeln
1 Bund Radieschen
1 Bund glatte Petersilie
1 Bund Schnittlauch
200 g Kerbelblättchen
5–6 El Weißweinessig

1. Die Möhren putzen und der Länge nach vierteln. Die Zitrone dünn abschälen, die Schale in sehr feine Streifen schneiden. Gemüsefond, 2 El Öl, 1 Prise Zucker, Salz und Pfeffer in einer großen Pfanne erhitzen. Möhren und Zitronenschale hineingeben und in der geschlossenen Pfanne 5–7 Minuten bei milder Hitze dünsten, kalt werden lassen.

2. Das untere Ende des Spargels schälen, den Spargel schräg in dünne Scheiben schneiden. Die Blütenansätze keilförmig aus den Tomaten herausschneiden, die Tomaten in Stücke schneiden. Die Zwiebeln in feine Ringe, die Radieschen in feine Scheiben schneiden. Petersilie, Schnittlauch und Kerbelblättchen grob hacken.

3. Aus Essig, Salz, Pfeffer, 1 Prise Zucker und restlichem Öl eine Vinaigrette rühren. Eine Hälfte mit dem Spargel und der Hälfte der Kräuter mischen, die andere Hälfte mit den restlichen Kräutern, den Tomaten, Zwiebeln und Radieschen mischen.

4. Alles auf einer großen Platte anrichten und servieren.

Zubereitungszeit: 1 1/2 Stunden
Pro Portion (bei 12 Portionen) etwa
2 g E, 13 g F, 7 g KH = 158 kcal (661 kJ)

Lammkoteletts in Knoblauchöl

Zum Foto auf Seite 95

Für 10–12 Portionen:
2 Bund Thymian
5 Knoblauchzehen
1 rote Chilischote
2 Zitronen (unbehandelt)
1/4 l Olivenöl
10–12 doppelte Lammkoteletts
schwarzer Pfeffer (a. d. Mühle)
Salz

1. Thymian fein hacken, Knoblauch fein würfeln. Die Chilischote längs halbieren, putzen und fein würfeln. Die Zitronenschale fein abreiben, die Zitronen auspressen. Alle vorbereiteten Zutaten mit Olivenöl verrühren.

2. Die Lammkoteletts pfeffern und in die Marinade legen. Zudecken und einige Stunden oder über Nacht durchziehen lassen, dabei einmal wenden.

3. Die Koteletts bei mittlerer Hitze ungefähr 15–20 Minuten grillen. Sie sollen rosa sein. Dabei einmal wenden und mit der restlichen Marinade bepinseln. Nach dem Grillen mit Salz würzen.

Zubereitungszeit: 1 1/4 Stunden
(plus Zeit zum Marinieren)
Pro Portion (bei 12 Portionen) etwa
14 g E, 21 g F, 1 g KH = 263 kcal (1103 kJ)

Mango-Pfeffer-Sauce

Zu den Fotos auf den Seiten 94/95

Für 10–12 Portionen:
1 Eigelb
1/2 El Senf (mittelscharf)
1–2 El Zitronensaft, 1/8 l Öl
1 Mango
1/2–1 El grüne Pfefferkörner
150 g Vollmilchjoghurt
Pfeffer (a. d. Mühle), Salz

1. Eigelb, Senf und Zitronensaft mit den Quirlen des Handrührers mischen. Das Öl zuerst tropfenweise, dann in dünnem Strahl dazugeben, bis eine feste Mayonnaise entsteht.

2. Die Mango schälen und das Fleisch vom Stein schneiden. 2/3 davon mit dem Schneidstab des Handrührers pürieren und durch ein Sieb streichen. Den Rest fein würfeln. Einige grüne Pfefferkörner beiseite legen, die restlichen fein hacken.

3. Die Mayonnaise mit Mangopüree, Joghurt und gehackten Pfefferkörnern verrühren. Mit Pfeffer und Salz würzen. Zuletzt die Mangowürfel und Pfefferkörner unterheben. Zudecken und kühl stellen.

Zubereitungszeit: 20 Minuten
Pro Portion (bei 12 Portionen) etwa
1 g E, 9 g F, 3 g KH = 105 kcal (440 kJ)

Schafskäse-Oliven-Sauce

Zum Foto auf Seite 95

Für 10–12 Portionen:
200 g Schafskäse (mild)
1/4 l Schlagsahne
50 g Perlzwiebeln (a. d. Glas)
50 g schwarze Oliven
1 Bund Schnittlauch
Pfeffer (a. d. Mühle)
Salz
2 El Zitronensaft

1. Den Schafskäse durch ein feines Sieb streichen und mit der Sahne verrühren. Perlzwiebeln halbieren, Oliven in Spalten vom Stein schneiden und fein hacken. Schnittlauch in Röllchen schneiden.

2. Alle Zutaten unter den Schafskäse heben. Mit Pfeffer, Salz und Zitronensaft herzhaft würzen.

Zubereitungszeit: 15 Minuten
Pro Portion (bei 12 Portionen) etwa
2 g E, 11 g F, 2 g KH = 119 kcal (498 kJ)

Die Mangoschale läßt sich hauchdünn mit einem Sparschäler entfernen.

Tomaten-Knoblauch-Sauce

Zu den Fotos auf den Seiten 94/95

Für 10–12 Portionen:
150 g Zwiebeln
3 Knoblauchzehen
3 El Öl
1 Dose geschälte Tomaten (800 g EW)
150 g Tomatenketchup
50 g Tomatenmark
1–2 El Worcestershiresauce
2 El Ahornsirup
1–2 El Senf (mittelscharf)
Cayennepfeffer
Salz

1. Zwiebeln und Knoblauch fein würfeln. Im heißen Öl unter Wenden glasig dünsten. Dann die kurz abgetropften Tomaten, Ketchup, Tomatenmark, Worcestershiresauce, Ahornsirup und Senf dazugeben. Kräftig mit Cayennepfeffer und Salz würzen.

2. Das Ganze bei mittlerer Hitze ungefähr 7–10 Minuten einkochen lassen. Die Sauce kalt servieren.

Zubereitungszeit: 25 Minuten
Pro Portion (bei 12 Portionen) etwa
1 g E, 3 g F, 7 g KH = 57 kcal (238 kJ)

Käsekartoffeln in der Folie

Zum Foto auf Seite 95

Für 10–12 Portionen:
750 g Kartoffeln (festkochend)
200 g Bacon (Frühstücksspeck)
150 g rote Zwiebeln
250 g mittelalter Gouda
schwarzer Pfeffer (a. d. Mühle)
Salz
50 g Butter
Außerdem
extrastarke Alufolie

Die anderen Folienkartoffeln: Sie kommen in Scheiben geschnitten und mit Speck und Käse bestreut, eingewickelt auf den Grill.

1. Kartoffeln schälen, in sehr dünne Scheiben schneiden und mit kaltem Wasser bedecken. Den Frühstücksspeck fein würfeln und in einer Pfanne ohne Fett knusprig ausbraten. Die Zwiebeln in feine Ringe, den Käse in kleine Würfel schneiden.

2. 4 Stücke Alufolie von 50x50 cm schneiden und auf die Arbeitsfläche legen. In die Mitte von 2 Stücken die abgetropften Kartoffeln legen, dabei 15 cm Abstand zum Folienrand lassen. Die Kartoffeln mit Pfeffer und Salz würzen. Zwiebeln und Käsewürfel darauf verteilen. Den Speck und die Butter in Flöckchen darauf geben.

3. Auf die Folienstücke mit den Kartoffeln die anderen Folienstücke legen und die Ränder mehrmals fest zusammenfalten. Die Pakete 50–60 Minuten auf den Grillrost legen, zwischendurch einmal wenden.

Zubereitungszeit: 1 1/2 Stunden
Pro Portion (bei 12 Portionen) etwa
8 g E, 20 g F, 8 g KH = 260 kcal (1098 kJ)

Tip:* *Sie können die Käsekartoffeln auch im Backofen zubereiten. Dann brauchen sie bei 200 Grad (Gas 3, Umluft 200 Grad) 50–60 Minuten.

Pfirsich-Quark-Creme mit Himbeerpüree

Zum Foto auf Seite 96

Für 10–12 Portionen:
Creme
1,2 kg Pfirsiche (vollreif)
12 Blatt weiße Gelatine
1 Vanilleschote
150 g Zucker
6 Eier (Gew.-Kl. 2, getrennt)
500 g Sahnequark
8 El Pfirsichlikör
3 El Zitronensaft
200 ml Schlagsahne
Sauce
300 g Himbeeren
30 g Puderzucker
2 El Zitronensaft
Minze zum Garnieren

ARBEITSPLAN

AM TAG VOR DER PARTY
- *Bunte Grillspieße marinieren*
- *Lammkoteletts marinieren*
- *Pfirsichcreme zubereiten*
- *Mango-Pfeffer-Sauce, Schafskäse-Oliven-Sauce und Tomaten-Knoblauch-Sauce herstellen*

AM TAG DER PARTY

3–4 Stunden vor dem Fest
- *Rinderrouladen zubereiten*
- *Kalbsnieren wässern*
- *Grillspieße zubereiten*
- *Kalbsnieren-Spieße zubereiten*
- *Gemüse für Salatplatte putzen und Vinaigrette herstellen*
- *Zuckerrand für den Cocktail herstellen*
- *Seeteufel in Pergament einwickeln*
- *Folienkartoffeln zubereiten*
- *Himbeerpüree herstellen*
- *Grill anzünden*

Kurz vor dem Servieren
- *Cocktail mixen*
- *Alles anrichten*

1. Pfirsiche an der Oberseite kreuzweise einschneiden und 30–60 Sekunden blanchieren, abschrecken, häuten und Fruchtfleisch vom Stein lösen. Grob zerteilen und mit dem Schneidstab des Handrührers pürieren.

2. Die Gelatine in kaltem Wasser einweichen. Das Vanillemark herauskratzen und ungefähr 7 Minuten mit Zucker und Eigelb cremig mit den Schneebesen des Handrührers aufschlagen. Die Gelatine in einem kleinen Topf bei milder Hitze auflösen. Quark, Pfirsichlikör, Zitronensaft und Pfirsichpüree unter die Eimasse heben. Gelatine unterrühren und ungefähr 15 Minuten kalt stellen, zwischendurch umrühren.

3. Inzwischen Sahne und Eiweiß steif schlagen. Wenn die Masse zu gelieren beginnt, zuerst die Sahne, dann den Eischnee unterheben. Die Pfirsichcreme 1–2 Stunden oder über Nacht zugedeckt kalt stellen.

4. Für die Sauce die Himbeeren mit Puderzucker und Zitronensaft mit dem Schneidstab des Handrührers pürieren und durch ein feines Sieb streichen. Zur Pfirsich-Quark-Creme servieren. Mit Minze garnieren.

Zubereitungszeit: 1 Stunde (plus Kühlzeiten)
Pro Portion (bei 12 Portionen) etwa 11 g E,
13 g F, 29 g KH = 287 kcal (1201 kJ)

Tips zum Grillen

● Grillen Sie mit guter Holzkohle oder Grill-Holzkohlen-Briketts und nie mit Kiefernzweigen, Holz oder Papier.
● Entzünden Sie die Holzkohle rechtzeitig vor dem Grillen. Sie muß völlig durchgeglüht und von einer weißen Asche überzogen sein.
● Während des Grillens darf kein Fett vom Fleisch in die Glut tropfen. Sonst entwickelt sich krebserregendes Benzpyren, das mit dem Rauch aufsteigt und sich auf dem Fleisch absetzt. Alu-Grillschalen verhindern, daß Fett in die Glut gelangt.
● Grillen Sie nie gepökeltes oder geräuchertes Fleisch, es enthält Nitritpökelsalz. Aus Nitrit und den Aminen im Fleisch können sich bei starker Hitze krebserregende Nitrosamine bilden.

Feiern im Freien

SOMMERPARTY

Sensationell schnell, sensationell gut: In nur drei Stunden sind Köstlichkeiten wie Mango-Forellen-Salat, geeiste Garnelen-Melonen-Suppe, gefüllte Hähnchenbrust und eiskaltes Tiramisu für zehn Gäste zubereitet!

VORSPEISEN

Orangen-Grenadine-Drink mit Amaretto *schmeckt zur Begrüßung – erfrischend und eisgekühlt.*

Garnelen-Melonen-Suppe *wird mit viel Sahne, Tomatenmark und Portwein zubereitet. In einer Schüssel auf Eis serviert, ist sie ein schöner Blickfang.*

Mango-Forellen-Salat *schmeckt frisch durch Apfel, Gurke und Zitronensaft.*

Schweinefilet mit Pfirsich-Chutney *ist ein Sommer-Hit: Das orange Chutney erhält seine Würze durch Zwiebeln, Chilischoten, Rosinen und Essig und paßt ausgezeichnet zum kalten Filet.*

Rezepte Seite 104

HAUPT-GERICHT

Hähnchenbrustfilets mit Kräutern und Pinienkernen
gefüllt, kommen warm aus dem Backofen auf den Tisch. Dazu gibt's eine cremige Sauce aus Geflügelfond, Weinbrand und Crème double.

Ofentomaten mit Bröseln
sind ganz einfach und ganz schnell zubereitet.

Lollo rosso mit Pfeffer-Limetten-Sauce
ist eine knackig-pikante Beilage zu dem feinen Essen. Dazu paßt ein Rosé aus der Provence oder aus dem Languedoc.
Rezepte Seite 105

DESSERT

Tiramisu,
die klassische italienische Nachspeise, ist der krönende Abschluß dieses Festes: Es wird mit Amaretti, den kleinen Bittermandelmakronen, zubereitet und leicht angefroren serviert.
Rezept Seite 103

Orangen-Grenadine-Drink

Zum Foto auf Seite 101

Für 8–10 Portionen:
3 l kalter Orangensaft
1/8 l Amaretto (italienischer Mandellikör)
6 El Grenadine (Granatapfelsirup)
1/2 Bund Minze
Außerdem
Eiswürfel

1. Den Orangensaft mit Amaretto und Grenadine mischen.

2. Minzeblätter von den Stielen zupfen und in einen Krug geben. Eiswürfel auf die Minze geben und mit der Orangensaft-Amaretto-Mischung auffüllen. Sofort servieren.

Zubereitungszeit: 5 Minuten
Pro Portion (bei 10 Portionen) etwa
2 g E, 1 g F, 38 g KH = 172 kcal (722 kJ)

Tip: ***Sie können den Drink, zum Beispiel für Kinder oder Autofahrer, natürlich auch ohne Alkohol zubereiten: Mischen Sie 1 l Orangensaft mit 1 l Ananassaft, 1 l Grapefruitsaft und 1/4 l Grenadine und servieren Sie ihn in einem großen Krug auf Eiswürfeln.***

Geeiste Garnelen-Melonen-Suppe

Zum Foto auf Seite 100

Für 8–10 Portionen:
750 g Riesengarnelen (ungeschält, roh, mit Kopf)
1–2 El Öl
1 El Tomatenmark
4–6 El Portwein (rot)
400 ml Geflügelfond (a. d. Glas)
500 ml Schlagsahne
2 reife Netzmelonen (1,3 kg)
2–3 El Zitronensaft
Salz
Cayennepfeffer
Minze zum Garnieren
Außerdem
Eiswürfel

1. Garnelenschwänze aus der Schale brechen und entdarmen. Das Öl in einem Topf bei mittlerer Hitze erwärmen. Die Garnelen 3–4 Minuten darin braten. Mit der Schaumkelle herausnehmen und beiseite stellen.

2. Garnelenköpfe und -schalen in den Topf geben und 3 Minuten anrösten. Tomatenmark dazugeben. 1–2 Minuten anrösten, dann mit 4 El Portwein ablöschen. Flüssigkeit verkochen lassen. Mit Geflügelfond und Sahne auffüllen. Bei mittlerer Hitze aufkochen lassen, vom Herd nehmen und 20 Minuten ziehen lassen.

3. Melonen halbieren, entkernen und schälen. Das Fruchtfleisch mit dem Schneidstab des Handrührers fein pürieren und kalt stellen. Den Garnelenfond durch ein feines Sieb gießen und kalt stellen.

4. Melonenpüree und Garnelenfond mit dem Schneebesen verrühren. Mit Zitronensaft, Salz, Cayenne und eventuell mit restlichem Portwein würzen. Garnelen in Stücke schneiden. Suppe und Garnelenfleisch kalt stellen.

5. Kurz vorm Servieren die Eiswürfel in eine große Schüssel geben. Garnelenfleisch und Suppe in eine kleine Schüssel füllen und auf das Eis stellen. Mit Minze garnieren. Sofort servieren.

Zubereitungszeit: 1 1/4 Stunden (plus Kühlzeit)
Pro Portion (bei 10 Portionen) etwa
9 g E, 18 g F, 16 g KH = 263 kcal (1101 kJ)

Mango-Forellen-Salat

Zum Foto auf Seite 100

Für 8–10 Portionen:
3 El Zitronensaft
1 großer Apfel (200 g, säuerlich)
1 Salatgurke
1 kleine Mango (450 g)
1/2 Bund Frühlingszwiebeln (160 g)
100 g Champignons
250 g geräucherte Forellenfilets
1/2 Bund Dill
125 g Crème fraîche
2–3 Tl mittelscharfer Senf
Salz
Pfeffer (a. d. Mühle)
Zucker

1. 2 El Zitronensaft in eine Schüssel geben. Den Apfel waschen, vierteln und entkernen. Apfelviertel längs halbieren, in dünne Scheiben schneiden und im Zitronensaft wenden.

2. Gurke schälen, längs halbieren und mit einem Teelöffel entkernen. Gurkenhälften noch mal längs halbieren und in dünne Scheiben schneiden. Zu den Apfelscheiben geben. Mango schälen, Fruchtfleisch vom Stein schneiden und würfeln. Zu Gurke und Apfel geben.

3. Frühlingszwiebeln putzen, waschen und schräg in dünne Scheiben schneiden. Champignons putzen, waschen und in dünne Scheiben schneiden. Frühlingszwiebeln und Champignons in die Schüssel geben. Forellenfilets häuten und mit der Gabel zerpflücken. Die Zutaten vorsichtig miteinander mischen.

4. Dill hacken. Crème fraîche mit Dill, restlichem Zitronensaft und Senf verrühren. Mit Salz, Pfeffer und Zucker würzen. Salat und Sauce getrennt kalt stellen. Kurz vor dem Servieren die Sauce über den Salat geben.

Zubereitungszeit: 1 Stunde
Pro Portion (bei 10 Portionen) etwa
7 g E, 4 g F, 9 g KH = 109 kcal (455 kJ)

Schweinefilet

Zum Foto auf Seite 100

Für 8–10 Portionen:
3 El Öl
2 Schweinefilets (à 350 g, küchenfertig)
Salz
Pfeffer (a. d. Mühle)
Außerdem
Alufolie

1. Das Öl in einer Pfanne bei mittlerer Hitze heiß werden lassen. Die Schweinefilets darin von allen Seiten 1 Minute anbraten.

2. Im vorgeheizten Backofen bei 200 Grad (Gas 3, Umluft 15 Minuten bei 200 Grad) 15–18 Minuten auf der 2. Einschubleiste von unten garen. Aus dem Ofen nehmen, auf Küchenpapier abtropfen lassen, salzen, pfeffern und in Alufolie wickeln. Kalt werden lassen.

3. Das Fleisch aus der Folie nehmen, zudecken und kühl stellen. Kurz vorm Servieren in 3 mm dünne Scheiben schneiden und auf einer Platte anrichten. Mit Pfirsich-Chutney servieren.

Zubereitungszeit: 30 Minuten (plus Kühlzeit)
Pro Portion (bei 10 Portionen) etwa
15 g E, 4 g F, 0 g KH = 102 kcal (428 kJ)

Tip: ***Statt Schweinefleisch können Sie auch Lammfilet verwenden. Es braucht bei derselben Temperatur nur 12–15 Minuten im Ofen zu garen.***

Pfirsich-Chutney

Zum Foto auf Seite 100

Für 8–10 Portionen:
800 g Pfirsiche (fest)
400 g Zwiebeln
3 rote Chilischoten
50 g Rosinen
75 g Zucker
1/4 l Weißweinessig
Salz

1. 2 l Wasser in einem großen Topf zum Kochen bringen. Die Haut der Pfirsiche über Kreuz einritzen. Pfirsiche 30–60 Sekunden ins kochende Wasser geben, herausnehmen, abschrecken und häuten. Pfirsiche halbieren, entsteinen und das Fruchtfleisch in Stücke schneiden.

2. Die Zwiebeln pellen, halbieren und in dünne Scheiben schneiden. Chilischoten längs halbieren, entkernen und in feine Streifen schneiden.

3. Alle Zutaten in einen Topf geben, bei mittlerer Hitze aufkochen und 5 Minuten kochen lassen. 1 l Wasser dazugießen. Im offenen Topf bei kleiner bis mittlerer Hitze 2 1/2–3 Stunden köcheln lassen, dabei ab und zu umrühren. Wenn nötig, noch etwas Wasser dazugießen. Das Chutney soll eine kompottartige Konsistenz haben. Kalt stellen. Zum Schweinefilet servieren.

Zubereitungszeit: 3 1/4 Stunden
Pro Portion (bei 10 Portionen) etwa
1 g E, 0 g F, 20 g KH = 90 kcal (374 kJ)

Tip: ***Das Pfirsich-Chutney können Sie auch auf Vorrat kochen: Bereiten Sie einfach die doppelte Menge zu und füllen Sie das, was Sie nicht gleich verbrauchen, in Twist-off-Gläser. Verschlossen hält es sich im Kühlschrank bis zu zwei Wochen.***

Lollo rosso mit Pfeffer-Limetten-Sauce

Zum Foto auf Seite 102

Für 8–10 Portionen:
2 Köpfe Lollo rosso
1 Limette
3 El Crème double
1/2 El Honig
12 El Öl
Salz
schwarzer Pfeffer (geschrotet)
Zucker

1. Den Salat waschen, putzen, trockenschleudern und in mundgerechte Stücke zerpflücken.

2. Die Limette auspressen. Limettensaft, Crème double, Honig und Öl mischen und mit Salz, Pfeffer und 1 Prise Zucker würzen. Kurz vorm Servieren die Sauce über den Salat geben.

Zubereitungszeit: 25 Minuten
Pro Portion (bei 10 Portionen) etwa
1 g E, 15 g F, 2 g KH = 147 kcal (616 kJ)

Hähnchenbrust mit Kräutern und Pinienkernen

Zum Foto auf Seite 103

Für 8–10 Portionen:
5 Hähnchenbrustfilets (ohne Haut und Knochen, à 300–350 g)
1 Bund Schnittlauch
1 Bund Petersilie
1 Bund Basilikum
30 g Pinienkerne
1 Ei, 400 g feines Kalbsbrät
Salz
weißer Pfeffer (a. d. Mühle)
4 El Öl
1/8 l Weinbrand
250 ml Geflügelfond (a. d. Glas)
200 g Crème double

1. Die Hähnchenbrustfilets abspülen und trockentupfen. Mit der glatten Seite nach unten auf die Arbeitsfläche legen und mit einem Fleischklopfer leicht flach klopfen. Schnittlauch in feine Röllchen schneiden. Petersilie, die Hälfte des Basilikums und die Pinienkerne, das Ei und das Kalbsbrät mischen. Mit Salz und Pfeffer würzen.

2. Das Kalbsbrät gleichmäßig jeweils auf die Mitte der Hähnchenbrüste geben, die Brusthälften überklappen. Das Öl in einem Bräter bei mittlerer Hitze heiß werden lassen. Die Hähnchenbrüste mit der gefüllten Seite nach unten ins heiße Öl geben und 2–3 Minuten darin braten.

3. Den Bräter bei 200 Grad (Gas 3, Umluft 20 Minuten bei 200 Grad) auf der 2. Einschubleiste von unten in den vorgeheizten Backofen stellen und die Hähnchenbrüste 15–20 Minuten garen. Fleisch aus dem Bräter nehmen und warm stellen.

4. Bräter auf den Herd stellen. Bei starker Hitze den Bratensatz mit Weinbrand ablöschen. Die Flüssigkeit einkochen, dann den Geflügelfond und die Crème double dazugießen. Kochen lassen, bis die Sauce eine cremige Konsistenz hat, salzen und pfeffern. Die Hähnchenbrüste in Scheiben schneiden, mit der Sauce servieren. Mit restlichem Basilikum garnieren. Dazu passen Ofentomaten.

Zubereitungszeit: 1 1/4 Stunden
Pro Portion (bei 10 Portionen) etwa
41 g E, 26 g F, 2 g KH = 446 kcal (1867 kJ)

ARBEITSPLAN

AM TAG VOR DER PARTY
- *Pfirsich-Chutney kochen*
- *Schweinefilet braten*
- *Garnelen-Melonen-Suppe kochen (Garnelen erst am nächsten Tag braten)*
- *Tiramisu zubereiten*

AM TAG DER PARTY

Morgens
- *Garnelen für die Suppe braten*
- *Schweinefilet aufschneiden*
- *Mango-Forellen-Salat zubereiten*

2 Stunden vor der Party
- *Lollo-rosso-Salat vorbereiten*
- *Hähnchenbrustfilets füllen und braten*

Kurz vor dem Servieren
- *Ofentomaten zubereiten*
- *Schweinefilet mit dem Chutney anrichten*
- *Garnelen-Melonen-Suppe anrichten*
- *Drink zubereiten*

Ofentomaten mit Bröseln

Zum Foto auf Seite 102

Für 8–10 Portionen:
10 Tomaten (mittelgroß, à 50 g)
50 g Butter
Salz, Pfeffer (a. d. Mühle)
1 Scheibe Weizentoastbrot
1 Knoblauchzehe
5 Blätter Basilikum (gehackt)

1. Die Tomaten waschen, von den Stielansätzen befreien und über Kreuz bis zur Mitte einschneiden. Die Hälfte der Butter in 10 Stücke schneiden und in die Einschnitte der Tomaten drücken. Die Tomaten mit Salz und Pfeffer würzen und in eine feuerfeste Form setzen. Im vorgeheizten Backofen bei 180 Grad (Gas 2–3, Umluft 180 Grad) auf der 2. Einschubleiste von unten 10 Minuten garen.

2. Die restliche Butter in einem Topf bei mittlerer Hitze heiß werden lassen. Das Toastbrot entrinden, fein zerreiben und in die heiße Butter geben. Knoblauch durchpressen, dazugeben. Die Masse in 4–5 Minuten bei kleiner Hitze unter ständigem Rühren goldbraun werden lassen, salzen und pfeffern.

3. Die Tomaten aus dem Ofen nehmen, die Brösel darüber streuen, mit den Basilikumblättern garnieren und zu den Hähnchenbrüsten servieren.

Zubereitungszeit: 20 Minuten
Pro Portion (bei 10 Portionen) etwa
1 g E, 4 g F, 3 g KH = 54 kcal (226 kJ)

Tiramisu

Zum Foto auf Seite 103

Für 8–10 Portionen:
3 Pakete Amaretti (à 75 g, italienische Bittermandelmakronen)
10 Löffelbiskuits (50 g)
1 Tasse starker Espresso (aus 3 Tl Instant-Espresso und 1/8 l Wasser)
4 El Weinbrand
8 Eigelb
100 g Zucker
500 g Mascarpone
150 ml Schlagsahne
Kakaopulver

1. 30 Amaretti beiseite legen. Die restlichen Amaretti und die Löffelbiskuits zerbröseln, mit dem Espresso tränken.

2. Weinbrand, Eigelb und Zucker im heißen Wasserbad 10 Minuten mit dem Schneebesen zu einer cremigen Masse aufschlagen. Mascarpone unterheben und 15 Minuten kalt stellen.

3. Sahne steif schlagen und mit dem Schneebesen unter die Mascarponecreme heben. In 10 Dessertschalen je 1 Löffel Creme geben, die Amaretti-Biskuit-Mischung darauf verteilen. Die restliche Creme darüber füllen und kalt stellen.

4. Kurz vor dem Servieren mit Kakaopulver bestäuben und 10 Minuten ins Gefriergerät stellen. Mit den restlichen Amaretti garnieren.

Zubereitungszeit: 40 Minuten (plus Kühlzeit)
Pro Portion (bei 10 Portionen) etwa
8 g E, 36 g F, 28 g KH = 497 kcal (2080 kJ)

Feiern im Freien

GARTENFEST

Hier wird weder gegrillt, noch ein Braten am Spieß gedreht, sondern eine Gemüse-Fleisch-Pfanne über Holzkohle geschmort. Probieren Sie dieses ungewöhnliche und leichte Gericht einfach aus!

HAUPTGANG

Mediterrane Riesenpfanne
besteht aus Schweinenacken, Lammkeule, viel Gemüse, Kräutern und Gewürzen. Über einer Feuerstelle werden die Zutaten in einer schweren Pfanne mehr geschmort als gebraten. Und: Alle Freunde können gleichzeitig die Gemüse-Fleisch-Pfanne genießen und müssen nicht, wie meistens beim Grillen, in Etappen essen.
Rezept Seite 110

VORSPEISEN

Feldsalat mit Pfifferlingen, *Frühlingszwiebeln und Tomaten braucht zum Genuß nicht mehr als eine schlichte Vinaigrette.*

Friséesalat mit Kartoffeln *und Speck hingegen erhält seinen speziellen Geschmack durch eine raffinierte Vinaigrette aus zerdrückten Kartoffeln, Balsamessig, Gemüsebrühe und Olivenöl.*

Gemüse in Estragon-Vinaigrette *wird bereits am Vortag zubereitet, damit Blumenkohl, Brokkoli und Möhren das kräftige Aroma des gewürzten Fonds annehmen.*

Gemüsetarte mit Krabben, *Porree und Speck wird heiß aus dem Ofen serviert. Vor dem Dessert schmeckt ein Stück Käse, zum Beispiel Cheddar, Gorgonzola oder Brie.*
Rezepte auf den Seiten 110/111

DESSERT

Vanillecreme mit eingelegten Pflaumen und Pfirsichen *ist eine leichte und frische Nachspeise.*
Rezept Seite 111

Campari-Cocktail mit Limetten

Zum Foto unten

Für 16 Portionen:
16 Limetten
300 ml Campari
300 ml Cuarenta y tres (spanischer Likör)
2 Flaschen trockener Sekt (0,7 l)
Außerdem
Eiswürfel

1. 2 Limetten längs halbieren und quer in Scheiben schneiden. Die restlichen Limetten auspressen.

2. 300 ml Limettensaft mit Campari und Cuarenta y tres verrühren, in Cocktailgläser füllen, Eiswürfel und Limettenscheiben dazugeben und mit Sekt auffüllen.

Zubereitungszeit: 10 Minuten
Pro Portion etwa 0 g E, 1 g F, 10 g KH = 164 kcal (683 kJ)

Vor der Riesenpfanne: Campari-Cocktail mit Limetten. Nach der Riesenpfanne: Vanille-Creme mit Früchten, Käse und Obst.

Feldsalat mit Pfifferlingen

Zum Foto auf Seite 108

Für 16 Portionen:
500 g Pfifferlinge
2 Bund Frühlingszwiebeln
4 El Olivenöl
Salz
Pfeffer (a. d. Mühle)
250 g Tomaten
250 g Feldsalat
6 El Weißweinessig

1. Pfifferlinge putzen und waschen, dann gut abtropfen lassen. Frühlingszwiebeln waschen, putzen und schräg in Scheiben schneiden. Beides 3–4 Minuten in 2 El Olivenöl dünsten. Mit Salz und Pfeffer würzen. Kalt werden lassen.

2. Die Tomaten waschen, die Stielansätze keilförmig herausschneiden. Die Tomaten halbieren, entkernen und das Fruchtfleisch in Spalten schneiden. Den Feldsalat putzen, waschen und trockenschleudern.

3. Pfifferlinge und Frühlingszwiebeln in einem Sieb abtropfen lassen, den Fond auffangen. Aus dem Fond, Essig, Salz, Pfeffer und restlichem Öl eine Vinaigrette rühren.

4. Den Salat auf einer Platte anrichten, mit Vinaigrette begießen und sofort servieren.

Zubereitungszeit: 40 Minuten
Pro Portion etwa 1 g E, 3 g F, 2 g KH = 36 kcal (150 kJ)

Gemüse in Estragon-Vinaigrette

Zum Foto auf Seite 108

Für 16 Portionen:
2 Zwiebeln
2 El Estragon (getrocknet)
200 ml Estragonessig
1 El schwarze Pfefferkörner
Salz
1 Blumenkohl (700 g)
750 g Brokkoli
500 g Möhren
2 Bund Estragon (frisch)
6 El Olivenöl

1. Die Zwiebeln pellen und nicht zerteilen. Mit getrocknetem Estragon, Estragonessig, Pfefferkörnern und Salz in einem Topf mit 4 l Wasser zum Kochen bringen und im geschlossenen Topf 20 Minuten kochen lassen.

2. Inzwischen Blumenkohl und Brokkoli waschen, putzen und in Röschen zerteilen. Möhren putzen, waschen und eventuell längs halbieren.

3. Den Estragonfond durch ein Tuch gießen. Die Flüssigkeit auf drei Töpfe verteilen. Das Gemüse getrennt darin garen: Der Blumenkohl und der Brokkoli brauchen 5–7 Minuten, die Möhren 10–12 Minuten. In jeden Topf 1/2 Bund Estragon geben. Das Gemüse über Nacht kühl stellen und im Fond durchziehen lassen.

4. Das Gemüse aus dem Fond nehmen und auf einer Platte anrichten. Mit Olivenöl beträufeln und mit dem restlichen Estragon garnieren.

Zubereitungszeit: 50 Minuten
(plus Zeit zum Durchziehen)
Pro Portion etwa 2 g E, 4 g F, 3 g KH = 56 kcal (236 kJ)

Friséesalat mit Kartoffel-Vinaigrette

Zum Foto auf Seite 108

Für 16 Portionen:
500 g Kartoffeln
Salz
1/4 l Gemüsebrühe
4 El Balsamessig
Pfeffer (a. d. Mühle)
4 El Olivenöl
150 g Bacon (Frühstücksspeck)
1 Kopf Friséesalat
2 Bund Schnittlauch

1. Kartoffeln mit der Schale in reichlich Salzwasser gar kochen und pellen. Die Hälfte der Kartoffeln zuerst durch die Kartoffelpresse drücken, dann durch ein feines Sieb streichen. Mit Gemüsebrühe, Balsamessig, Salz, Pfeffer und Olivenöl verrühren. Kalt werden lassen.

2. Den Bacon in Streifen schneiden. In einer Pfanne ohne Fett goldbraun ausbraten. Friséesalat putzen, waschen und trockenschleudern. Die restlichen Kartoffeln in dünne Scheiben schneiden, salzen. Den Schnittlauch in Röllchen schneiden.

3. Friséesalat zerpflücken und auf einer Platte anrichten. Kartoffelscheiben und Bacon darauf legen, die Kartoffel-Vinaigrette darüber verteilen. Mit Schnittlauch bestreuen.

Zubereitungszeit: 40 Minuten
Pro Portion etwa 2 g E, 6 g F, 4 g KH = 82 kcal (342 kJ)

Mediterrane Riesenpfanne

Zum Foto auf Seite 106

Für 16 Portionen:
1,2 kg Schweinenacken (ohne Knochen)
1,2 kg Lammkeule (ohne Knochen)
4 Knoblauchzehen
1 Zweig Salbei
175 ml Olivenöl
1 kg Auberginen
Salz
750 g Schalotten
250 g schwarze Oliven
250 g grüne Oliven
500 g Zucchini
1,5 kg Tomaten
5 Bund glatte Petersilie
Pfeffer (a. d. Mühle)
1/4 l Sherry (medium)
3/4 l Brühe (Instant)

1. Das Fleisch in ungefähr 4 cm große Würfel schneiden. Den Knoblauch pellen und fein würfeln. Salbeiblätter von den Stielen zupfen und fein hacken. Beides mit dem Olivenöl zum Fleisch geben. Gut mischen, zudecken, kühl stellen und über Nacht durchziehen lassen.

2. Die Auberginen putzen, waschen, vierteln und in Scheiben schneiden, dann salzen. Die Schalotten pellen, die Oliven entsteinen. Die Zucchini waschen, putzen, eventuell längs halbieren und in Scheiben schneiden. Die Tomaten waschen, die Stielansätze keilförmig herausschneiden und die Tomaten halbieren. Die Petersilie von den Stielen zupfen und grob hacken.

3. Die Riesenpfanne (ca. 50–60 cm Durchmesser) auf der Feuerstelle stark erhitzen. Das Fleisch in die Pfanne geben, gleichmäßig verteilen und so lange ruhenlassen, bis der Fleischsud verkocht ist und das Fleisch zu braten beginnt. Dann von allen Seiten 10–15 Minuten anbraten.

4. Schalotten und Oliven dazugeben, weitere 10 Minuten braten, zwischendurch immer wieder umrühren.

5. Auberginen in einem Tuch ausdrücken und mit den Zucchinischeiben in die Pfanne geben. Unter Wenden weitere 10 Minuten mit dem Fleisch garen. Zum Schluß Tomaten und Petersilie unterheben. 2–4 Minuten garen. Sherry und Brühe dazugießen, nachwürzen.

Zubereitungszeit: 1 1/2 Stunden
Pro Portion etwa 31 g E, 41 g F, 12 g KH = 576 kcal (2413 kJ)

***Tip:* Falls Sie keine große Pfanne oder nicht die Möglichkeit haben, die Riesenpfanne im Freien zu befeuern, können sie das Gericht natürlich auch in kleineren Pfannen auf dem Herd zubereiten.**

Gemüsetarte mit Krabben

Zum Foto auf Seite 109

Für 16 Portionen:
300 g Mehl
Salz
175 g Butter (eiskalt)
500 g Porree
1 gelbe Paprikaschote
2 Bund glatte Petersilie
150 g Bacon (Frühstücksspeck)
80 g eingelegte, getrocknete Tomaten
Pfeffer (a. d. Mühle)
Cayennepfeffer
150 g Krabbenfleisch
1/8 l Schlagsahne
4 Eier (Gew.-Kl. 2)
Muskatnuß (frisch gerieben)

1. Mehl und Salz auf die Arbeitsfläche geben. Die kalte Butter in kleinen Stücken und 3 El eiskaltes Wasser auf das Mehl geben. Schnell mit einer Palette zusammenhacken, dann zu einem glatten Teig verkneten. In Folie wickeln und 30 Minuten kalt stellen.

2. Inzwischen Porree und Paprika waschen, putzen und in Streifen schneiden. Petersilie waschen, trockenschütteln, von den Stielen zupfen und grob hacken. Bacon und abgetropfte, getrocknete Tomaten in Streifen schneiden.

3. Den Bacon in einer Pfanne glasig anbraten. Porree, Paprika und Tomaten dazugeben und 3–4 Minuten in der offenen Pfanne dünsten. Gehackte Petersilie dazugeben. Mit Salz, Pfeffer und Cayennepfeffer würzen. Abkühlen lassen.

4. Den Backofen auf 200 Grad (Gas 3, Umluft 200 Grad) vorheizen. Den Mürbeteig gleichmäßig in eine Tarteform (30 cm Durchmesser) drücken. Die Krabben unter das Gemüse mischen und den Teig damit belegen. Sahne und Eier verquirlen. Mit Salz, Pfeffer und Muskat würzen und über das Gemüse gießen.

5. Die Tarte auf den Boden des Backofens stellen und 30 Minuten backen (bei Umluft nach 20 Minuten mit Alufolie abdecken). In der Form auf einem Rost kalt werden lassen. Am nächsten Tag im vorgeheizten Backofen 10–15 Minuten bei 200 Grad (Gas 3, Umluft gleiche Zeit, aber mit Alufolie abdecken) aufbacken.

Zubereitungszeit: 1 1/2 Stunden
Pro Portion etwa 7 g E, 20 g F, 16 g KH = 276 kcal (1154 kJ)

Käseplatte

Zum Foto auf Seite 109

Für 16 Portionen:
500 g Emmentaler (im Stück)
250 g Gorgonzola (im Stück)
200 g Brie (im Stück)
250 g Cheddar (im Stück)
200 g französischer Rohmilchkäse (im Stück)
500 g grüne Weintrauben
500 g blaue Weintrauben
1 Kiwi
1 Apfel
einige Cracker

Den Käse mit Früchten und Crackern dekorativ auf einer Platte anrichten.

ARBEITSPLAN

AM TAG VOR DER PARTY

- *Das Fleisch für die Riesenpfanne marinieren*
- *Gemüstarte mit Krabben backen*
- *Gemüse in der Estragon-Vinaigrette zubereiten*
- *Vanillecreme und Früchte zubereiten*
- *Alles kalt stellen*

AM TAG DER PARTY

2 Stunden vor der Party

- *Alle Zutaten für die Riesenpfanne vorbereiten*
- *Feldsalat mit Pfifferlingen und Friséesalat mit Kartoffel-Vinaigrette zubereiten*
- *Zutaten für den Cocktail vorbereiten*
- *Feuerstelle erhitzen*
- *Salat und das Estragongemüse anrichten*
- *Riesenpfanne zubereiten*
- *Käseplatte anrichten*
- *Tarte aufbacken*
- *Cocktails zubereiten*

Vanillecreme mit eingelegten Früchten

Zum Foto auf Seite 109

Für 16 Portionen:
Creme
8 Blatt weiße Gelatine
6 Eier (Gew.-Kl. 2)
150 g Zucker
2 Vanilleschoten
1 l Milch
1/4 l Schlagsahne
Früchte
1 kg Pfirsiche
80 g Zucker
2 Pakete Vanillinzucker
1 kleine Zimtstange
5–6 El Zitronensaft
6 cl Pfirsichlikör
1 kg Pflaumen
4 cl Armagnac (Weinbrand aus Südwestfrankreich)

1. Die Gelatine in kaltem Wasser einweichen. Die Eier trennen. Eigelb mit 150 g Zucker über dem heißen Wasserbad mit den Quirlen des Handrührers aufschlagen. Die Vanilleschoten längs aufschlitzen, das Mark herauskratzen.

2. Milch mit Vanillemark und -schoten langsam zum Kochen bringen. Mit den Quirlen des Handrührers nach und nach unter die Eimasse schlagen. So lange über dem heißen Wasserbad weiterschlagen, bis die Masse kurz vor dem Kochen ist.

3. Die Gelatine ausdrücken und in der heißen Eimasse auflösen. Den Topf mit der Masse in Eiswasser stellen und so lange weiterschlagen, bis die Masse anfängt zu gelieren. Eiweiß und Sahne getrennt steif schlagen und nacheinander unter die Creme ziehen. In eine Schüssel füllen und über Nacht kalt stellen.

4. Die Pfirsiche waschen, halbieren, entsteinen. Fruchtfleisch in Spalten schneiden. 1/4 l Wasser mit 40 g Zucker, 1 Paket Vanillinzucker, der Zimtstange und der Hälfte des Zitronensafts zum Kochen bringen. Die Zimtstange herausnehmen, die Pfirsiche und den Pfirsichlikör dazugeben und über Nacht kalt stellen.

5. Die Pflaumen waschen, halbieren und entsteinen. 1/4 l Wasser mit dem restlichen Zucker, Vanillinzucker und Zitronensaft zum Kochen bringen. Die Pflaumen und den Armagnac dazugeben und über Nacht kalt stellen. Die Pfirsiche und Pflaumen zur Vanillecreme servieren.

Zubereitungszeit: 1 1/2 Stunden
(plus Kühl- und Gelierzeit)
Pro Portion etwa 7 g E, 10 g F, 33 g KH = 252 kcal (1051 kJ)

Feiern im Freien

BAYERISCHES FEST

Wenn Sie mit Ihren Freunden so richtig zünftig feiern wollen, sind diese deftigen Spezialitäten die ideale Grundlage – natürlich angerichtet auf weißblau

SPEZIALITÄTEN

Krautsalat mit Kresse, gefüllte Fleischpflanzerln mit Kartoffelsalat, Zwiebelbrot *und* **Ochsenbrustsalat** *sind bayerische Köstlichkeiten. Komplettiert wird das Picknick durch Laugenbrezeln, Weißbier und Weißwein.*

Kalbsbries-Terrine *wird zubereitet aus Pökelzunge, Kalbsbrät und Bries. Verfeinert wird sie mit Koriander und Zitrone.*

Krautsalat *aus jungem, fein geschnittenem Weißkohl mit Kümmel, Speck und Essig ist typisch bayerisch. Frische und Schärfe verleiht ihm Meerrettich. Ein Muß zu jeder Brotzeit: Laugenwecken und eine Maß Bier.* *Rezepte auf den Seiten 116/117*

BAYERISCHES FEST

SPEZIALITÄTEN

Fleischpflanzerln *heißen sie in Bayern, Buletten in Berlin, Fleischküchle in Schwaben und Frikadellen im Norden der Republik. Diese gebratenen Fleischklopse sind gefüllt mit Würfeln von Thymian-Röstbrot.* **Kartoffelsalat mit Linsen** *und Porree ist saftig und pikant durch Paprikabrühe. Ungewöhnlich, aber genial:* **Chips mit Speckgeschmack** *kommen nicht nur als Garnitur über den Salat.*

Ochsenbrustsalat *ist eine Kombination aus gepökelter Kalbszunge, gepökelter Ochsenbrust und knackigen Zutaten wie Rettich und Gewürzgurken.* **Schnittlauchbutter** *auf selbstgebakkenem* **Zwiebelbrot** *paßt zum schlanken Ochsenbrustsalat. Rezepte auf den Seiten 116/117*

DESSERT

Millirahmpfannkuchen *werden im Ofen goldbraun gebacken. Dazu gibt´s marinierte Erbeeren. Rezept Seite 117*

Kalbsbries-Terrine

Zum Foto auf Seite 113

Für 12–16 Portionen:
800 g Kalbsbries
Salz, 1/8 l Weißweinessig
250 g Pökelzunge (Aufsschnitt)
1 El Koriandersaat
1 Zitrone (unbehandelt)
1 kg Kalbsbrät (vorbestellen)
1/4 l Kalbsfond
weißer Pfeffer (a. d. Mühle)
Öl zum Fetten
1/2 Bund glatte Petersilie
Außerdem
Backpapier

1. Das Bries 1 Stunde wässern, dabei das Wasser ab und zu wechseln. Das Bries dann mit kaltem Wasser bedecken, Salz und Essig dazugeben. Das Essigwasser erhitzen, bis es eben anfängt zu kochen. Das Bries 10 Minuten bei milder Hitze ziehen lassen.

2. Das Bries kalt abschrecken und putzen, dabei die Häute und Adern entfernen. Das Bries fein würfeln und weitere 5 Minuten wässern. Die Pökelzunge ebenfalls würfeln. Den Koriander im Mörser zerstoßen. Die Zitronenschale fein abraspeln.

3. Die vorbereiteten Zutaten mit dem Kalbsbrät und dem Fond in eine Schüssel geben. Wenig salzen, aber kräftig pfeffern. Gründlich mit einem Holzlöffel durcharbeiten. Den Backofen auf 175 Grad (Gas 2) vorheizen.

4. Eine Kastenform von 2 l Inhalt so mit beidseitig geöltem Backpapier auslegen, daß es etwa 10 cm überlappt. Die Masse hineinfüllen. Die Form zwischendurch mehrfach auf die Arbeitsfläche stoßen, damit Luftblasen entweichen können. Das Papier über der Masse zusammenlegen.

5. Die Form in einen Fischtopf oder Bräter stellen. Kochendes Wasser bis zu 2/3 der Formhöhe angießen. Die Terrine ohne Deckel auf der 2. Einschubleiste von unten 1 1/4 Stunden (Umluft 1 1/2 Stunden bei 160 Grad) garen. Über Nacht kalt stellen. Die Terrine mit gehackter Petersilie bestreuen.

Zubereitungszeit: 2 Stunden (plus Zeit zum Wässern)
Pro Portion (bei 16 Portionen) etwa
18 g E, 19 g F, 0 g KH = 262 kcal (1096 kJ)

Krautsalat mit Kresse und Meerrettich

Zum Foto auf Seite 113

Für 12–16 Portionen:
1,5 kg junger Weißkohl (oder 3 kg Spitzkohl)
Salz, 1 1/2 El Kümmelsaat
200 g durchwachsener Speck
150 ml Öl
12 El Weißweinessig
3 El Meerrettich (frisch gerieben oder a. d. Glas)
4 Beete Kresse

1. Den Kohl vierteln oder achteln und in ganz feinen Streifen vom Strunk schneiden. In eine große Schüssel geben. 3 l Wasser mit Salz und Kümmel aufkochen und über den Kohl gießen. Weißkohl etwa 5 Minuten im Wasser liegenlassen, dann in einem Sieb abtropfen lassen, Spitzkohl sofort abtropfen lassen.

2. Den Speck ohne Schwarte sehr fein würfeln und in 2 El Öl bei milder Hitze knusprig ausbraten. Das restliche Öl mit Essig und Meerrettich verrühren. Die Kresse von den Beeten schneiden.

3. Den abgetropften Kohl mit den Speckwürfeln und dem ausgebratenen Speckfett in der Meerrettich-Vinaigrette wenden, eventuell mit Salz nachwürzen. Möglichst noch lauwarm servieren.

Zubereitungszeit: 35 Minuten
Pro Portion (bei 16 Portionen) etwa
2 g E, 16 g F, 3 g KH = 171 kcal (718 kJ)

***Tip:* Wenn Sie den Salat schon vorher zubereiten und ihn beim Fest lauwarm servieren möchten, erwärmen Sie ihn 15 Minuten bei 150 Grad (Gas 1) in einer Edelstahlschüssel im Backofen.**

Gefüllte Fleischpflanzerln

Zum Foto auf Seite 114

Für 20–24 Stück:
250 g Zwiebeln
60 g Schmalz
10 Scheiben Weizentoastbrot
1 Bund Thymian
2 Bund glatte Petersilie
1,25 kg Schweinemett
7 Eier (Gew.-Kl. 3)
Salz
schwarzer Pfeffer (a. d. Mühle)
ca. 1/8 l Öl zum Braten

1. Die Zwiebeln pellen und fein würfeln. In 30 g Schmalz bei milder Hitze in 5 Minuten glasig dünsten und abkühlen lassen. 3 Scheiben Toastbrot fein würfeln. Den Thymian hacken. Beides im restlichen Schmalz rösten und beiseite stellen. Die Petersilie abzupfen und hacken.

2. Das restliche Toastbrot in kaltem Wasser einweichen, ausdrücken und zerzupfen. Mit Mett, Eiern, Petersilie und Zwiebeln, wenig Salz und viel Pfeffer gut verkneten.

3. Mit angefeuchteten Händen 20–24 Fleischpflanzerln formen und jeweils einige Röstbrotwürfel in die Mitte drücken. Das Öl erhitzen, die Fleischpflanzerln darin bei mittlerer Hitze von jeder Seite etwa 5 Minuten braten.

Zubereitungszeit: 1 1/4 Stunden
Pro Stück (bei 24 Stück) etwa
10 g E, 28 g F, 6 g KH = 330 kcal (1383 kJ)

Kartoffelsalat mit Linsen

Zum Foto auf Seite 114

Für 12–16 Portionen:
250 g Linsen
Salz
125–150 ml Weißweinessig
1,5 kg kleine Kartoffeln (festkochend)
2 gestrichene El Paprikapulver (edelsüß)
150 ml Öl
1/2 l Brühe (Instant)
750 g Porree
1 Tüte Bacon Crisp (Chips mit Speckgeschmack)

1. Die Linsen in 1/2 l Wasser zum Kochen bringen. Im offenen Topf 25–30 Minuten bei schwacher Hitze knapp gar kochen. Mit Salz und 3 El Essig würzen. Im Kochsud zum Nachquellen beiseite stellen.

2. Die Kartoffeln mit Schale gar kochen, abschrecken und etwas abkühlen lassen. Das Paprikapulver in 100 ml Öl bei schwacher Hitze ein paar Sekunden anschwitzen. Mit 1/8 l Brühe und 2/3 vom Essig auffüllen und 3 Minuten bei milder Hitze kochen lassen.

3. Die Kartoffeln pellen und in dünne Scheiben schneiden. Mit Salz bestreuen und in die heiße Paprikabrühe geben. Etwa 30 Minuten stehen lassen, bis die Kartoffeln die Brühe vollständig aufgenommen haben. Ab und zu vorsichtig wenden.

4. Den Porree putzen und in 1/2 cm dicke Scheiben schneiden. Im restlichen Öl andünsten und salzen. Die restliche Brühe dazugießen, den Porree darin im geschlossenen Topf 3 Minuten dünsten. Die Linsen abtropfen lassen. Alle Salatzutaten mischen und mit Salz und Essig nachwürzen. Mit Bacon Crisp bestreuen.

Zubereitungszeit: 1 1/2 Stunden
Pro Portion (bei 16 Portionen) etwa
7 g E, 10 g F, 20 g KH = 202 kcal (845 kJ)

Ochsenbrustsalat

Zum Foto auf Seite 115

Für 12–16 Portionen:
1 El Wacholderbeeren
2 Lorbeerblätter
250 g Zwiebeln
1 Stange Porree
1 Bund glatte Petersilie
1 gepökelte Kalbszunge (ca. 1 kg, vorbestellen)
1 kg gepökelte Ochsenbrust (vorbestellen)
1 Glas Gewürzgurken (220 g EW)
1 Rettich
1/8 l Öl
8–10 El Weißweinessig
weißer Pfeffer (grob gestoßen)

1. Am Vortag 3 1/2 l Wasser mit Wacholder und Lorbeer aufkochen. 2 Zwiebeln und den Porree putzen, grob zerteilen und mit der Petersilie ins Wasser geben. Zunge und Ochsenbrust in den Sud geben. Im offenen Topf 2 1/2 Stunden bei schwacher Hitze eher ziehen als kochen lassen, ab und zu abschäumen.

2. Die Zunge herausnehmen und kalt abschrecken. Etwas abkühlen lassen, dann die Haut abziehen. Die Ochsenbrust ebenfalls etwas abkühlen lassen. Sorgfältig das Fett abschneiden. Beide Fleischstücke über Nacht in der Brühe liegenlassen. Am nächsten Tag in sehr dünne Scheiben schneiden.

3. Die restlichen Zwiebeln pellen und in Ringe schneiden. Die Gurken in einem Sieb abtropfen lassen, Sud auffangen. Gurken in dünne Scheiben schneiden. Den Rettich schälen, längs vierteln und quer in dünne Scheiben schneiden. Die inneren Rettichblättchen fein hacken.

4. Das Öl mit 8 El Essig, 8 El Gurkensud, Rettichgrün und Pfeffer verrühren und alle Salatzutaten darin mindestens 1 Stunde durchziehen lassen. Dann noch einmal mit Salz und Essig nachwürzen.

Zubereitungszeit: 1 Stunde
(plus Kochzeit für das Fleisch)
Pro Portion (bei 16 Portionen) etwa
18 g E, 18 g F, 1 g KH = 243 kcal (1017 kJ)

***Tip:* Für die Kalbsbries-Terrine können Sie statt des Aufschnitts ein Stück von der Zunge verwenden und die Brühe statt Kalbsfond nehmen.**

Zwiebelbrot mit Majoran

Zum Foto auf Seite 115

Für ein Brot von 1,2 kg:
1 kg Weizenvollkornmehl und Mehl zum Bearbeiten
2 Päckchen Trockenhefe
80 g Schweineschmalz (weich)
1 gestrichener El Salz
100 g Röstzwiebeln (Fertigprodukt)
2 El Majoran (getrocknet)
1 Ei
Außerdem
4–6 glasierte Tonplatten (aus dem Baumarkt)

1. Mehl und Hefe in einer großen Schüssel mischen und eine Mulde hineindrücken. 700 ml lauwarmes Wasser in die Mulde gießen. Schmalz, Salz, Röstzwiebeln und Majoran an den Mehlrand geben. Alle Zutaten mit den Knethaken des Handrührers zu einem Teig verarbeiten.

2. Den Teig auf der mit Mehl bestäubten Arbeitsfläche kräftig durchkneten. Zur Kugel formen und mit einem Tuch zudecken. 30–40 Minuten gehen lassen, bis sich der Teig verdoppelt hat.

3. Tonplatten 20 Minuten wässern. Den Rost auf die unterste Einschubleiste des Ofens schieben, mit den Platten auslegen. Den Ofen auf 250 Grad (Gas 5, Umluft nicht empfehlenswert) vorheizen.

4. Teig zusammenkneten, zu einem Laib formen. Ei verquirlen, den Laib dick damit bestreichen. Die Oberfläche mit einem Messer rautenförmig mindestens 1/2 cm tief einschneiden. An den Kreuzstellen mit der Küchenschere zusätzlich einknipsen.

5. Hitze auf 200 Grad (Gas 3) zurückschalten. Platten mit Mehl bestreuen, Laib darauf schieben und 45 Minuten backen. Das Brot auf einem Gitter auskühlen lassen.

Zubereitungszeit: 1 3/4 Stunden
Pro 100 g etwa
6 g E, 6 g F, 27 g KH = 191 kcal (800 kJ)

***Tip:* Wenn Sie ohne Tonplatten backen möchten, stellen Sie eine kleine Edelstahlschüssel mit kochendem Wasser unter das Backblech und backen Sie das Brot auf dem Blech auf der 2. Einschubleiste von unten.**

ARBEITSPLAN

AM TAG VOR DEM FEST
- *Kalbbries-Terrine zubereiten*
- *evtl. Krautsalat zubereiten*
- *Fleischpflanzerln braten*
- *Ochsenbrust und Zunge für Ochsenbrustsalat kochen*
- *Zwiebelbrot backen*
- *Schnittlauchbutter zubereiten*
- *Pfannkuchen backen*

AM TAG DES FESTES

2 Stunden vor dem Fest
- *evtl. Krautsalat herstellen*
- *Kartoffelsalat zubereiten*
- *Ochsenbrustsalat herstellen*
- *Pfannkuchen und Erdbeeren zubereiten*

Kurz vor dem Servieren
- *Fleischpflanzerln und Krautsalat zusammen im Backofen erwärmen*
- *Alles anrichten*

Schnittlauchbutter

Zum Foto auf Seite 115

Für 12–16 Portionen:
250 g weiche Butter
2–3 Bund Schnittlauch
Salz
2 El Zitronensaft
1/2 El Senf (mittelscharf)

1. Die Butter in Flöckchen zerteilen. Den Schnittlauch in feine Röllchen schneiden und auf die Butter streuen.

2. Salz, Zitronensaft und Senf dazugeben. Dann alle Zutaten mit einer Gabel gründlich verkneten. Die Butter bis zum Servieren kühl stellen. Zum Zwiebelbrot servieren.

Zubereitungszeit: 10 Minuten
Pro Portion (bei 16 Portionen) etwa
0 g E, 13 g F, 0 g KH = 123 kcal (513 kJ)

Millirahmpfannkuchen mit Erdbeeren

Zum Foto auf Seite 115

Für 12–16 Portionen:
3/4 l Milch
Salz
200 g Zucker
180 g Mehl
500 g Magerquark
1 Vanilleschote
1 Päckchen Vanillinzucker
60 g Rosinen
8 Eier (Gew.-Kl. 3)
100 g Butterschmalz zum Backen
20 g Butter (flüssig)
2 1/2 kg Erdbeeren
1/8 l roter Genever (Johannisbeerschnaps)
20 g Mandelblättchen

1. 1/2 l Milch mit 1 Prise Salz, 1 Tl Zucker und dem Mehl verrühren, 20 Minuten ausquellen lassen. Ein Sieb mit einem Mulltuch auslegen, den Quark darin abtropfen lassen.

2. Vanilleschote aufschlitzen und auskratzen. Den Quark mit Vanillemark, Vanillinzucker, 40 g Zucker, den Rosinen und 2 Eiern verrühren.

3. 4 Eier unter die Mehlmilch rühren. In jeweils 10–15 g Butterschmalz nacheinander 8 Pfannkuchen (24 cm Durchmesser) von jeder Seite in 3 Minuten goldbraun backen. Quarkmasse auf die Pfannkuchen streichen und aufrollen.

4. Die Pfannkuchen nebeneinander in eine flache, ofenfeste Form legen. Die Oberfläche mit der Butter einpinseln. Bei 175 Grad (Gas 2, Umluft 160 Grad) auf der 2. Einschubleiste von unten 15 Minuten backen.

5. Restliche Milch mit 30 g Zucker und der ausgekratzten Vanilleschote aufkochen. Die Schote entfernen. Restliche Eier verquirlen, die heiße Milch nach und nach darunterschlagen. Über die Pfannkuchen gießen, weitere 15 Minuten backen (Umluft ebenso).

6. Inzwischen die Erdbeeren putzen, größere Früchte halbieren oder vierteln. Mit dem restlichen Zucker bestreuen und mit dem Genever beträufeln. Die Mandelblättchen in einer Pfanne ohne Fett hellbraun rösten und über die Pfannkuchen streuen. Mit den Erdbeeren servieren.

Zubereitungszeit: 1 1/2 Stunden
Pro Portion (bei 16 Portionen) etwa 11 g E, 13 g F, 33 g KH = 323 kcal (1351 kJ)

Kochen am Tisch

FONDUES

Ob mit Fleisch, Fisch, Käse oder auf chinesische Art – Fondues kommen nie aus der Mode. Denn in gemütlicher Runde mit Freunden zu brutzeln, ist immer ein Vergnügen

FLEISCH-FONDUE

Dafür werden Rumpsteak, Kalbssteak und Schweinefilet in Stücke geschnitten und im heißen Fett gegart. Noch bekömmlicher wird das Fondue, wenn das Fett durch Brühe ersetzt wird. Zum Stippen ideal sind diese Saucen: **Koriander-Chutney** *mit viel Petersilie, Ingwer und frischer Kokosnuß,* **Minz-Chutney** *mit grüner Pfefferschote,* **scharfe Cocktailsauce**, *verfeinert mit Cognac und Chilisauce,* **Eiersauce mit Cornichons**, *Perlzwiebeln und Kapern sowie* **Champignon-Vinaigrette** *mit Limette. Als Beilage passen Baguette und ein kräftiger Rotwein, zum Beispiel Burgunder.*

Rezepte Seite 123

CHINESISCHES FONDUE

Krabben, Gemüse und Fleisch werden in kleine Siebe gelegt, in Hühnerbrühe gegart und mit ***Sesam-Soja-Sauce****,* ***Crème fraîche mit Kräutern****,* ***Curry-Mango-Mayonnaise*** *und* ***Senfmayonnaise mit Cornichons*** *serviert. Dazu passen Baguette und trockener Weißwein.*

Rezepte Seite 124

KÄSE-FONDUE

Für das Schweizer Nationalgericht werden Würfel von Weiß- oder Graubrot und Champignons in die Käsemasse getaucht. Dazu trinkt man den Wein, den man für das Fondue verwendet, am besten ein Riesling. Und damit das gehaltvolle Essen nicht den Magen strapaziert, schmeckt zum Schluß ein Gläschen Kirschwasser.

Rezept Seite 124

FISCH-FONDUE

Kalbeljau-, Lachs- und Steinbuttfilet, frischer Thunfisch, Riesengarnelen und Jakobsmuscheln werden wie beim chinesischen Fondue in kleine Siebe gelegt und in heißem Fett fritiert. Zu den edlen Fischen schmecken **Tomatenmayonnaise, Crème fraîche mit Apfel und Schalotten, Avocado-Krabben-Sauce** und als knackige Beilage süß-scharfes **Currygemüse**. Baguette und trockener Weißwein runden dieses Fondue ab. Rezepte Seite 125

Fleisch-Fondue

Zum Foto auf Seite 118

Für 4–6 Portionen:
300 g Rumpsteak
300 g Kalbssteak
300 g Schweinefilet
Pflanzenfett zum Ausbacken

1. Das Fleisch in mundgerechte Stücke schneiden und auf einer Platte anrichten. Das Fett auf 180 Grad erhitzen und in einem Fonduetopf auf ein Rechaud auf den Eßtisch stellen.

2. Bei Tisch spießt jeder Fleisch auf eine Fonduegabel (jeder hat zwei Stück davon) und gart es im heißen Fett. Das Fleisch wird auf dem Teller in Saucen gestippt. Zum Fleisch-Fondue passen Baguette und kräftiger Rotwein, zum Beispiel Burgunder.

Zubereitungszeit: 15 Minuten
Pro Portion (bei 6 Portionen) etwa
28 g E, 17 g F, 0 g KH = 292 kcal (1222 kJ)

Koriander-Chutney

Zum Foto auf Seite 118

Für 4–6 Portionen:
3–4 Bund glatte Petersilie (sie sollen 2 Tassen fest zusammengedrückte Blätter ergeben)
5 El Zitronensaft
125 g Zwiebeln
20 g frische Ingwerwurzel
50 g frische Kokosnuß (ohne Schale)
1 Tl Zucker
1 Tl Koriander (gemahlen)
10 g frische grüne Pfefferschote

1. Die Petersilie waschen, gut trockenschütteln, die Blättchen von den Stielen zupfen, einige zum Garnieren beiseite stellen, den Rest grob hakken. Mit dem Schneidstab des Handrührers pürieren, dabei den Zitronensaft und 5 El Wasser dazugeben.

2. Die Zwiebeln pellen und würfeln, den Ingwer schälen und ebenfalls würfeln, etwas davon zum Garnieren beiseite stellen. Die Kokosnuß grob raspeln. Alles zum Petersilienmus geben und noch mal gut pürieren. Mit Zucker und Koriander würzen.

3. Zum Schluß die geputzte und sehr fein gewürfelte Pfefferschote dazugeben. Zugedeckt kalt stellen und durchziehen lassen. Die Sauce hält sich im Kühlschrank ungefähr 1 Woche. Kurz vorm Servieren noch mal abschmecken und mit Ingwerwürfeln und Petersilie garnieren.

Zubereitungszeit: 30 Minuten
Pro Portion (bei 6 Portionen) etwa
1 g E, 2 g F, 6 g KH = 51 kcal (215 kJ)

Scharfe Cocktailsauce

Zum Foto auf Seite 118

Für 4–6 Portionen:
2 Eigelb
Salz
Pfeffer (a. d. Mühle)
200 ml Öl
1 El Cognac
2 El Tomatenketchup
1 El Chilisauce
1 Tl Tomatenmark
10 g frische rote Pfefferschote
20 g grüne Pfefferkörner

1. Eigelb mit Salz und Pfeffer verrühren. Mit den Quirlen des Handrührers das Öl zuerst tropfenweise, dann in dünnem Strahl unterrühren, bis eine feste Mayonnaise entsteht. Mit Cognac, Ketchup, Chilisauce und Tomatenmark verrühren.

2. Die Pfefferschote putzen, waschen und fein würfeln, einige Würfel und einige Pfefferschoten zum Garnieren beiseite legen. Die anderen Pfefferkörner dazudrücken.

3. Pfefferkörner und Pfefferschote mit der Sauce verrühren, zudecken und kühl stellen. Durchziehen lassen. Kurz vorm Servieren noch mal abschmecken und mit Pfefferkörnern und Pfefferschotenwürfeln garnieren.

Zubereitungszeit: 20 Minuten
Pro Portion (bei 6 Portionen) etwa
2 g E, 35 g F, 2 g KH = 346 kcal (1450 kJ)

Minz-Chutney

Zum Foto auf Seite 118

Für 4–6 Portionen:
6–7 Töpfe frische Minze (sie sollen 2 Tassen fest zusammengepreßte Blättchen ergeben)
3–4 El Essig
1 mittelgroße Zwiebel
15 g frische grüne Pfefferschote
Salz

1. Die Minzblättchen von den Stielen zupfen, einige zum Garnieren beiseite legen, die anderen grob hacken. Mit Essig und ungefähr 50 ml Wasser vermischen und mit dem Schneidstab des Handrührers pürieren.

2. Die Zwiebel pellen und würfeln. Die Pfefferschote putzen, waschen und ebenfalls würfeln. Beides zum Minzpüree geben, alles noch mal mit dem Schneidstab pürieren. Mit Salz würzen. Das Minz-Chutney hält sich ungefähr 1 Woche im Kühlschrank.

Zubereitungszeit: 20 Minuten
Pro Portion (bei 6 Portionen) etwa
0 g E, 0 g F, 1 g KH = 13 kcal (56 kJ)

Eiersauce mit Cornichons

Zum Foto auf Seite 118

Für 4–6 Portionen:
4 Eier
1 Tl süßer Senf
1 Tl scharfer Senf
100 g Cornichons
100 g Perlzwiebeln
50 g Kapern
1 Bund glatte Petersilie
6 El Öl

1. Die Eier hart kochen, abschrecken, pellen und mit dem Eierschneider würfeln, einige Eiwürfel zum Garnieren beiseite legen. Die anderen mit dem Senf vermischen. Cornichons und Perlzwiebeln fein würfeln. Einige Kapern zum Garnieren beiseite legen, die anderen und die Petersilie hacken.

2. Alles mit den Eiern vermischen, 6 El vom Cornichon-Essig mit dem Öl mischen, unterrühren. Die Sauce zudecken, kühl stellen und durchziehen lassen. Kurz vor dem Servieren noch mal abschmecken und mit Kapern und Eiwürfeln garnieren.

Zubereitungszeit: 25 Minuten
Pro Portion (bei 6 Portionen) etwa
5 g E, 14 g F, 1 g KH = 193 kcal (807 kJ)

Champignon-Vinaigrette

Zum Foto auf Seite 118

Für 4–6 Portionen:
1 Limette
1–2 El Worcestershiresauce
125 g feste weiße Champignons
1 Bund glatte Petersilie
Salz, Pfeffer (a. d. Mühle)
Zucker
6 El Öl

1. Etwas Limettenschale fein abreiben, Limette auspressen und mit 2 El Limettensaft verrühren. Die Worcestershiresauce dazugeben.

2. Die Champignons putzen, wenn nötig, waschen, 1 oder 2 Champignons zum Garnieren beiseite stellen, die anderen sehr fein hacken und sofort mit der Sauce verrühren.

3. Etwas Petersilie zum Garnieren zurücklegen, die andere Petersilie hacken und mit der Sauce verrühren. Alles mit Salz, Pfeffer und 1 Prise Zucker würzen. Mit Öl verrühren, zudecken, kühl stellen und durchziehen lassen. Kurz vorm Servieren noch mal abschmecken und mit Petersilie und Champignonscheiben garnieren.

Zubereitungszeit: 20 Minuten
Pro Portion (bei 6 Portionen) etwa
0 g E, 6 g F, 3 g KH = 80 kcal (338 kJ)

Chinesisches Fondue

Zum Foto auf Seite 120

Für 6–8 Portionen:
Bouillon
1,5 kg Hühnerklein
(Flügel, Mägen, Herzen)
1 gehäufter El Hühnersuppenpaste
1 Bund Suppengrün
1 El Pfefferkörner
2 Lorbeerblätter
Zutaten
500 g Hähnchenbrustfilet
375 g Rinderfilet
8 Riesengarnelen
150 g Blumenkohl
150 g Porree
150 g Zucchini
150 g Möhren
150 g Staudensellerie
evtl. 20 g chinesische Morcheln
150 g Tiefseekrabben
(ohne Schale)

1. 2 1/2 l Wasser mit Hühnerklein, Suppenpaste, geputztem, grob zerkleinertem Suppengrün, Pfefferkörnern und Lorbeerblättern zum Kochen bringen. Bei milder Hitze ungefähr 2 Stunden im offenen Topf kochen lassen, ab und zu abschäumen.

2. Inzwischen die Zutaten für das Fondue vorbereiten: Hähnchenbrust- und Rinderfilet in dünne Scheiben schneiden. Die Riesengarnelen aus der Schale brechen, entdarmen und halbieren.

3. Den Blumenkohl putzen, waschen und in Röschen zerpflücken. Den Porree putzen und waschen. Nur das Weiße und Hellgrüne verwenden und in 4 cm lange Streifen schneiden.

4. Zucchini waschen und in Scheiben schneiden. Die Möhren putzen und ebenfalls in feine 4 cm lange Streifen schneiden. Den Staudensellerie putzen, waschen und in 4 cm lange Streifen schneiden, einige Blättchen zum Garnieren beiseite legen.

5. Die Morcheln in lauwarmem Wasser einweichen. Tiefseekrabben und die übrigen vorbereiteten Zutaten in Servierschüsseln oder auf Platten anrichten, mit den Sellerieblättchen garnieren.

6. Die Bouillon durch ein Sieb in den Fonduetopf gießen, auf den Rechaud stellen. Zutaten, Brühe und Saucen auf den Eßtisch stellen. Die Zutaten werden in kleinen Fonduesieben in der Brühe gegart und auf dem Teller in die Saucen gestippt. Dazu passen Baguette und trockener Weißwein.

Zubereitungszeit: 2 Stunden
Pro Portion (bei 8 Portionen) etwa
20 g E, 6 g F, 7 g KH = 185 kcal (777 kJ)

Crème fraîche mit Kräutern

Zum Foto auf Seite 120

Für 6–8 Portionen:
200 g Crème fraîche
2 Tl mittelscharfer Senf
2 Knoblauchzehen
1 Limette
Salz, Pfeffer (a. d. Mühle)
1 Bund Schnittlauch
1 Bund Dill

1. Die Crème fraîche mit dem Senf, gepellten, durchgepreßten Knoblauchzehen, abgeriebener Schale und dem Saft der Limette gut verrühren. Mit Salz und Pfeffer würzen. Etwas Schnittlauch und Dill zum Garnieren zurücklegen, übrigen Schnittlauch in Röllchen schneiden, Dill hacken.

2. Beides mit der Crème fraîche verrühren, zugedeckt kühl stellen und durchziehen lassen. Die Sauce vor dem Servieren noch einmal abschmecken, mit Schnittlauch und Dill garnieren.

Zubereitungszeit: 15 Minuten
Pro Portion (bei 8 Portionen) etwa
0 g E, 9 g F, 2 g KH = 104 kcal (437 kJ)

Sesam-Soja-Sauce mit Ingwer

Zum Foto auf Seite 120

Für 6–8 Portionen:
20 g frische Ingwerwurzel
2 Eigelb, 3 El Sojasauce
4 El Öl
2 El Sesamsaat

1. Ingwer schälen, sehr fein würfeln oder reiben. Eigelb und Sojasauce verrühren. Ingwer und Öl dazugeben.

2. Den Sesam rösten, etwas zum Garnieren beiseite legen, den übrigen unter die Sauce mischen. Kurz vorm Servieren alles noch mal durchrühren und mit Sesam bestreuen.

Zubereitungszeit: 10 Minuten
Pro Portion (bei 8 Portionen) etwa
2 g E, 9 g F, 1 g KH = 100 kcal (418 kJ)

Curry-Mango-Mayonnaise

Zum Foto auf Seite 120

Für 6–8 Portionen:
2 Eigelb
Salz
Pfeffer (a. d. Mühle)
1 Tl Zitronensaft
200 ml Öl
2 El Currypulver (mild)
2–3 El Mangochutney
einige Kokosflocken
Mangochutney zum Garnieren

1. Eigelb mit Salz, Pfeffer und Zitronensaft verrühren. Das Öl mit den Quirlen des Handrührers zuerst tropfenweise, dann in dünnem Strahl unterrühren, bis eine feste Mayonnaise entsteht.

2. Mit Currypulver, Mangochutney und Kokosflocken abschmecken. Einige feste Teile vom Mangochutney kleinschneiden und die Sauce damit verzieren.

Zubereitungszeit: 15 Minuten
Pro Portion (bei 8 Portionen) etwa
40 g E, 13 g F, 1 g KH = 134 kcal (561 kJ)

Senfmayonnaise mit Cornichons

Zum Foto auf Seite 120

Für 6–8 Portionen:
2 Eigelb
Salz
Pfeffer (a. d. Mühle)
1 Tl Zitronensaft
200 ml Öl
1 kleine grüne Pfefferschote
100 g Cornichons
2 Tl scharfer Senf

1. Eigelb mit Salz, Pfeffer und Zitronensaft verrühren. Das Öl mit den Quirlen des Handrührers zuerst tropfenweise, dann in dünnem Strahl darunterrühren, bis eine feste Mayonnaise entsteht.

2. Die Pfefferschote und die Cornichons sehr fein würfeln, einige Cornichonwürfel zum Garnieren beiseite legen. Pfefferschoten- und Cornichonwürfel und Senf zur Mayonnaise geben.

3. Alles noch mal mit dem Schneidstab des Handrührers pürieren. Kühl stellen und durchziehen lassen. Kurz vor dem Servieren noch mal abschmecken, dann mit den Cornichonwürfeln garnieren.

Zubereitungszeit: 20 Minuten
Pro Portion (bei 8 Portionen) etwa
0 g E, 26 g F, 0 g KH = 255 kcal (1067 kJ)

Käse-Fondue

Zum Foto auf Seite 121

Für 4 Portionen:
1 Knoblauchzehe
300 g Gruyère
300 g Emmentaler
300 ml Riesling (trocken)
3 Tl Speisestärke
6 cl Kirschwasser
500 g große Bortwürfel
(von Weiß- und Graubrot)
eventuell frische Champignons

1. Eine Steingut- oder Eisenkasserolle gut mit der halbierten Knoblauchzehe ausreiben. Den Käse nicht zu fein raspeln. Den Wein in die Kasserolle gießen, auf den Herd stellen und erwärmen. Nach und nach den Käse dazugeben, dabei ständig mit einem Holzlöffel Achten rühren.

2. Den Käse bei milder Hitze schmelzen lassen, dann zum Kochen bringen. Die Speisestärke mit dem Kirschwasser verrühren, dazugeben und mehrmals aufkochen lassen. So lange weiterrühren, bis sich alles zu einer homogenen Masse verbunden hat.

3. Dann das Fondue auf den Rechaud auf den Tisch stellen. Brotwürfel und eventuell geputzte, rohe Champignons in Scheiben dazu servieren.

4. Jeder steckt Brotwürfel oder Champignons auf die Fonduegabel und rührt damit einmal durch die Käsemasse (dann behält sie ihre Konsistenz). Zum Fondue trinkt man den gleichen Riesling, den man zur Zubereitung der Käsemasse verwendet hat.

Zubereitungszeit: 35 Minuten
Pro Portion etwa 48 g E, 43 g F, 69 g KH = 1018 kcal (4259 kJ)

Tip: ***Man muß unbedingt Achten rühren, wenn man den geraspelten Käse zum Wein gibt, sonst ballt sich der Käse zu einem Kloß zusammen. Außerdem ist es wichtig, daß der Fonduetopf aus Keramik oder aus Gußeisen ist, denn im Stahltopf kann das Fondue gerinnen.***

Fisch-Fondue

Zum Foto auf Seite 122

Für 6–8 Portionen:
200 g Kabeljaufilet
200 g Lachsfilet
200 g Steinbuttfilet
200 g frischer Thunfisch
4 große Riesengarnelen
8 frische Jakobsmuscheln (aus der Schale gebrochen)
Limettenscheiben und Sellerieblättchen zum Garnieren
Pflanzenfett zum Ausbacken

1. Den Fisch in mundgerechte Stücke schneiden. Die Riesengarnelen aus der Schale brechen, entdarmen und halbieren. Zusammen mit den Jakobsmuscheln und dem Fisch auf einer Platte anrichten und mit Limettenscheiben und Sellerieblättchen garnieren. Das Fett auf 180 Grad erhitzen und in einem Fonduetopf auf ein Rechaud auf den Eßtisch stellen.

2. Jeder gart seinen Fisch in Fonduesieben im heißen Fett. Dann wird der Fisch auf dem Teller in die Saucen gestippt oder mit dem Currygemüse gegessen. Dazu passen trockener Weißwein und Baguette.

Zubereitungszeit: 25 Minuten
Pro Portion (bei 8 Portionen) etwa
20 g E, 22 g F, 2 g KH = 301 kcal (1260 kJ)

***Tip:* Sie können natürlich auch jedes andere Fischfilet zum Fondue servieren. Statt Pflanzenfett können Sie eine kräftige Fischbouillon zum Garen des Fischs verwenden.**

Crème fraîche mit Apfel und Schalotten

Zum Foto auf Seite 122

Für 6–8 Portionen:
1 Apfel (z. B. Cox Orange, 150 g)
50 g Schalotten
200 g Crème fraîche
Salz, Pfeffer (a. d. Mühle)
1 Tl Dijonsenf
4 Lorbeerblätter (möglichst frisch)
Apfelscheiben zum Garnieren

1. Am Vortag den Apfel schälen, auf den Blütenansatz stellen und in runden Scheiben vom Kerngehäuse schneiden. Die Scheiben in Stifte, die Stifte in Würfel schneiden.

2. Die Schalotten pellen und sehr fein würfeln. Beides zur Crème fraîche geben. Mit Salz, Pfeffer und Senf abschmecken. Lorbeer einmal durchbrechen, dazugeben und kühl stellen. Über Nacht durchziehen lassen.

3. Kurz vorm Servieren die Lorbeerblätter herausnehmen, die Sauce noch einmal abschmecken und mit Apfelscheiben garnieren.

Zubereitungszeit: 20 Minuten
Pro Portion (bei 8 Portionen) etwa
0 g E, 9 g F, 3 g KH = 107 kcal (448 kJ)

Tomatenmayonnaise

Zum Foto auf Seite 122

Für 6–8 Portionen:
1 Eigelb
Salz
Pfeffer (a. d. Mühle)
1 El Zitronensaft
100 ml Öl
65 g Schalotten
1 Fleischtomate (250 g)
1 kleine Tomate
zum Garnieren
Chilipulver

1. Das Eigelb mit Salz, Pfeffer und Zitronensaft verrühren. Das Öl zuerst tropfenweise, dann in dünnem Strahl mit dem Schneebesen darunterrühren (für den Handrührer ist die Masse zu gering), bis eine feste Mayonnaise entsteht.

2. Die Schalotten pellen und sehr fein würfeln. Die beiden Tomaten kurz in kochendes Wasser tauchen, abschrekken, häuten, halbieren und entkernen. In kleine Würfel schneiden, einige Würfel zum Garnieren beiseite legen.

3. Die anderen Würfel unter die Mayonnaise heben. Mit Chilipulver abschmecken, zudecken, kühl stellen und durchziehen lassen. Kurz vorm Servieren noch mal abschmecken und mit Tomatenwürfeln garnieren.

Zubereitungszeit: 20 Minuten
Pro Portion (bei 8 Portionen) etwa
0 g E, 26 g F, 4 g KH = 268 kcal (1124 kJ)

Süß-scharfes Currygemüse

Zum Foto auf Seite 122

Für 10–12 Portionen:
1 Blumenkohl (ca. 500 g)
250 g Zucchini
250 g Auberginen
250 g Schalotten
Salz
2 Limetten (ersatzweise 2 unbehandelte Zitronen)
50 g frische Ingwerwurzel
2 Kardamomkapseln
6 Lorbeerblätter
2 kleine frische Pfefferschoten
4 Nelken
5 El Öl
2 gehäufte El mildes Currypulver
2 gehäufte El scharfes Curypulver
375 ml Rotweinessig
375 g brauner Zucker

1. Den Blumenkohl putzen, in Röschen zerpflücken und waschen. Die Zucchini putzen und in etwa 2 cm dicke Scheiben schneiden. Die Auberginen putzen und in größere Würfel schneiden. Die Schalotten pellen. Blumenkohl und die ganzen Schalotten 5–6 Minuten, die Zucchini und Auberginen 3–4 Minuten in kochendem Salzwasser garen, mit einer Schaumkelle herausnehmen, auf einem Durchschlag abtropfen lassen.

2. Limetten und Ingwer dünn abschälen und in dünne Scheiben schneiden. Kardamomkapseln im Mörser zerdrücken. Gemüse, Limetten- und Ingwerscheiben, Lorbeer, geputzte, zerkleinerte Pfefferschoten, Nelken und Kardamom in Gläser (1,7 l Inhalt insgesamt) füllen und auf ein feuchtes Tuch stellen.

3. Das Öl in einem Topf erhitzen, das Currypulver ganz kurz darin anschwitzen. Essig, Zucker und die Limettenschale dazugeben und aufkochen lassen. Die Limettenschale herausnehmen. Den kochenden Sud über das Gemüse gießen, die Gläser sofort verschließen. Kühl stellen und mindestens zwei Tage durchziehen lassen.

4. Das Gemüse hält sich 8 Tage im Kühlschrank. Lorbeerblätter, Limetten- und Ingwerscheiben werden nicht mitgegessen.

Zubereitungszeit: 45 Minuten
Pro Portion (bei 6 Portionen) etwa
4 g E, 8 g F, 78 g KH = 417 kcal (1746 kJ)

Avocado-Krabben-Sauce

Zum Foto auf Seite 122

Für 4–6 Portionen:
1 reife Avocado
1 El Zitronensaft
etwas abgeriebene Schale von 1 unbehandelten Zitrone
Salz, Pfeffer (a. d. Mühle)
Zucker
150 g Nordseekrabbenfleisch
100 ml Schlagsahne
1 Bund Dill, 1 Eigelb

1. Die ungeschälte Avocado halbieren, die Hälfte mit dem Kern mit etwas Zitronensaft einreiben, mit Klarsichtfolie abdecken und kalt stellen.

2. Aus der zweiten Hälfte das Fruchtfleisch herauslösen und leicht mit einer Gabel zerdrücken. Den restlichen Zitronensaft und die abgeriebene Zitronenschale mit dem Schneidstab des Handrührers daruntermischen. Mit Salz, Pfeffer und 1 Prise Zucker abschmecken. 100 g Krabbenfleisch dazugeben und mit dem Schneidstab pürieren. Die Sahne unterrühren.

3. Den Dill hacken. Einige Krabben zum Garnieren beiseite legen, die anderen mit Dill und Eigelb unter das Püree heben, kalt stellen und durchziehen lassen. Kurz vor dem Servieren abschmecken. Die restliche Avocadohälfte entkernen, schälen und in Scheiben schneiden. Die Sauce mit Avocadoscheiben umlegen und mit Krabben bestreuen.

Zubereitungszeit: 20 Minuten
Pro Portion (bei 6 Portionen) etwa
4 g E, 15 g F, 2 g KH = 184 kcal (770 kJ)

***Tip:* Das Fisch-Fondue und das Chinesische Fondue können nicht mit den üblichen Fonduegabeln gegessen werden. Die Zutaten sind zu weich und rutschen beim Garen von der Gabel in den Topf. Deshalb verwendet man für beide Fondues Siebe. Sie sind in guten Haushaltsgeschäften erhältlich.**

Feste für besondere Anlässe

FAMILIENFEST

Für Taufe, Hochzeit, Jubliläum oder Geburtstag: Dieses sehr feine viergängige Menü ist der reine Genuß für die ganze Familie – und es läßt sich sehr gut vorbereiten

VORSPEISEN

Porree-Wachtel-Salat *aus Champignons, blanchiertem Porree und Feldsalat wird mit einer Estragon-Vinaigrette verfeinert. Die Wachtelbrüstchen- und keulen kommen heiß aus dem Ofen. Dazu paßt Haselnußbrot.*

Krebsrahmsuppe mit Artischocken *als zweite Vorspeise ist sehr edel. Die Basis aus Weißwein, Tomaten und Schlagsahne ist verfeinert mit Johannisbeerlikör und Estragon. Als Aperitif und zu den Vorspeisen passen als Getränk ein Muscadet de Sèvre-et-Maine sur lie oder ein Elsässer Tokay/Pinot Gris.*

Rezepte Seite 130

HAUPTGANG

Lammrücken im Salzteig *ist der Höhepunkt. Die Filets werden mit Thymian und Rosmarin in einem Mantel aus Speck und Salzteig gehüllt und bleiben so unglaublich zart und saftig. Dazu gibt´s eine kräftige Rotweinsauce. Die Beilagen sind eher schlicht:* ***Polenta-Taler*** *überbacken mit* ***Kräuter-Bröseln*** *und* ***Paprika-Sellerie-Gemüse,*** *gewürzt mit Knoblauch, Pfeffer und Thymian. Dazu paßt ein Bordeaux oder Chianti Classico Riserva.* *Rezepte auf den Seiten 130/131*

DESSERT

Apfelflan mit Granatapfelsauce und Vanilleeis *ist eine Nachspeise der Kategorie: heiß und kalt. Der Flan aus Apfelscheiben, Amaretti und einer Vanillesahne wird heiß auf kalter, mit Orangen aromatisierter Granatapfelsauce und eiskaltem Vanilleeis angerichtet.* *Rezept Seite 131*

Porree-Wachtel-Salat

Zum Foto auf Seite 126

Für 10 Portionen:
1 Knoblauchzehe
3 Tl mittelscharfer Senf
Salz
1 Tl Zucker
8 El Estragonessig
150 ml Gemüsefond (a. d. Glas)
260 ml Olivenöl
5 Stangen Porree (à ca. 300 g)
50 g rosa Champignons
50 g Pinienkerne
350 g kleine Feldsalatröschen
5 Wachteln (à 180 g, Keulen und Brüste vom Händler auslösen lassen)
Pfeffer (a. d. Mühle)

1. Für die Vinaigrette den Knoblauch durchpressen und mit Senf, Salz, Zucker, Essig, Gemüsefond und 200 ml Olivenöl verrühren.

2. Porree putzen, waschen und die weißen und hellgrünen Teile in 1 cm breite Scheiben schneiden. In etwas Salzwasser 4 Minuten blanchieren, abschrecken, abtropfen lassen, mit 2/3 der Vinaigrette mischen, 1 Stunde durchziehen lassen.

3. Champignons putzen und in dünne Scheiben schneiden. Pinienkerne in 2 El Olivenöl goldbraun rösten und mit den Champignons unter den Porreesalat mischen.

4. Feldsalat putzen, waschen und trockenschleudern.

5. Wachtelteile salzen und pfeffern. Wachtelbrüste auf der Hautseite 2 Minuten bei starker Hitze in 2 El Olivenöl anbraten, wenden und 1 Minute weiterbraten. Wachtelkeulen auf jeder Seite 1 Minute im restlichen Olivenöl anbraten. Die Wachtelteile auf die Fettpfanne legen und kurz vor dem Servieren im vorgeheizten Backofen bei 200 Grad (Gas 3, Umluft 5 Minuten bei 180 Grad) auf der 2. Einschubleiste von unten 6–7 Minuten fertiggaren.

6. Kurz vor dem Servieren den Feldsalat mit der restlichen Vinaigrette mischen. Porree- und Feldsalat und die Wachtelteile auf den Tellern verteilen. Mit Haselnußbrot servieren.

Zubereitungszeit: 1 3/4 Stunden
Pro Portion etwa
20 g E, 25 g F, 5 g KH = 326 kcal (1359 kJ)

Krebsrahmsuppe mit Artischocken

Zum Foto auf Seite 127

Für 10 Portionen:
30 Flußkrebse (TK)
200 g Schalotten
1 kleines Bund Estragon
1 Knoblauchzehe
80 g Butter oder Margarine
7 El Cassis (schwarzer Johannisbeerlikör)
700 ml trockener Weißwein (z. B. Weißburgunder)
800 ml geschälte Tomaten (a. d. Dose)
700 ml Schlagsahne
Saft von 1 Zitrone
4 Artischocken (à ca. 350 g)
Salz, Cayennepfeffer

1. Krebse auftauen lassen. Krebsschwänze ausbrechen und entdarmen. Schalotten fein würfeln, Estragonblätter von den Stielen zupfen, beides getrennt beiseite legen.

2. Krebsschalen, Schalotten und durchgepreßten Knoblauch in der Butter oder Margarine kräftig anrösten. Mit Cassis und 500 ml Weißwein ablöschen. Tomaten mit Saft, 400 ml Sahne und Estragonstiele dazugeben. 10 Minuten köcheln lassen, von der Kochstelle nehmen und 30 Minuten ziehen lassen. Durch ein feines Sieb passieren und die Rückstände im Sieb gut ausdrücken.

3. Restlichen Weißwein, Zitronensaft und 300 ml Wasser in einen flachen, breiten Topf geben. Von den Artischocken den Stiel dicht unter dem Blütenboden mit einem kurzen Ruck abdrehen. Die harten Blätter rundherum mit einem scharfen Messer abschneiden, bis der Boden sichtbar wird. Die über dem Boden befindlichen Blätter ebenfalls abschneiden.

4. Die Böden sofort in das Weingemisch legen und im geschlossenen Topf 20 Minuten bei milder Hitze kochen lassen. Im Kochfond etwas abkühlen lassen, dann das Heu mit einem Teelöffel von den Böden schaben und diese in kleine Stücke schneiden.

5. Die restliche Sahne steif schlagen. Estragonblätter fein schneiden.

6. Die Suppe erhitzen, mit Salz und Cayennepfeffer würzen und kurz vor dem Aufkochen die geschlagene Sahne unterziehen. Krebsschwänze, Artischocken und Estragon in die Suppe geben.

Zubereitungszeit: 1 Stunde, 10 Minuten
(plus Auftauzeit für die Krebse)
Pro Portion etwa 15 g E, 29 g F, 16 g KH = 414 kcal (1732 kJ)

Lammrücken im Salzteig

Zum Foto auf Seite 128

Für 10 Portionen:
600 g Salz und Salz zum Würzen
600 g Mehl
5 Eier (Gew.-Kl. 2)
300 g rote Zwiebeln
200 g Suppengrün
400 g Lammknochen (klein gehackt)
120 g Butter
700 ml kräftiger Rotwein (z. B. Bordeaux)
1,2 l Lammfond (a. d. Glas)
80 g Kartoffeln
weißer Pfeffer (a. d. Mühle)
100 g getrocknete, Tomaten (in Öl)
1,5 kg Lammrückenfilets (möglichst 3 Stücke à 500 g)
je 1 kleines Bund Rosmarin und Thymian
700 g grüner Speck (in 9 große, dünne Scheiben geschnitten)

1. 600 g Salz, Mehl, 3 Eier und 225 ml Wasser zu einem glatten Teig kneten und mindestens 1 Stunde kalt stellen. Zwiebeln und Suppengrün fein würfeln.

2. Lammknochen mit 40 g Butter in einer großen Pfanne unter ständigem Wenden dunkelbraun rösten. Zwiebeln und Suppengrün kurz mitrösten. Mit Rotwein auffüllen und bei milder Hitze auf ein Viertel einkochen lassen.

3. Lammfond dazugeben und auf die Hälfte einkochen lassen. Knochen herausnehmen, die Sauce fein pürieren.

4. Kartoffeln auf der feinen Seite der Haushaltsreibe in die Sauce reiben, salzen, pfeffern, 10 Minuten köcheln lassen und durch eine feines Sieb streichen.

5. Die Tomaten abtropfen lassen, fein würfeln und in die Sauce geben.

6. Lammrückenfilets salzen, pfeffern und portionsweise in der restlichen Butter bei starker Hitze rundherum kurz anbraten. Abkühlen lassen. Jedes Filet mit etwas Rosmarin und Thymian in je 3 Speckscheiben komplett einrollen.

7. Die restlichen Eier verquirlen. Salzteig dritteln. Jedes Drittel auf Backpapier zu einem Rechteck von 35x30 cm ausrollen. Jeweils ein Filet auf die untere Teighälfte setzen und den Teig mit Ei bepinseln. Den Teig über das Filet klappen, rundherum mit den Fingern fest an das Fleisch drücken. Die Ränder geradeschneiden.

8. Die Päckchen nebeneinander auf das Backblech setzen und mit Ei bepinseln. Im vorgeheizten Backofen bei 250 Grad (Gas 5, Umluft nicht empfehlenswert) auf der 2. Einschubleiste von unten 15 Minuten backen. Aus dem Ofen nehmen und 5 Minuten ruhenlassen.

9. Inzwischen die Polenta-Taler mit Kräuterbröseln überbacken und das Paprika-Sellerie-Gemüse (siehe nächste Rezepte) erhitzen.

10. Zum Servieren den Salzteig rundherum seitlich einschneiden und abheben, das Fleisch ohne Speck herausnehmen und in Scheiben schneiden. Mit der Sauce und den Beilagen servieren.

Zubereitungszeit: 1 1/2 Stunden
Pro Portion etwa 30 g E, 49 g F, 7 g KH = 622 kcal (2601 kJ)

Jedes Lammfilet komplett in Speckscheiben mit Rosmarin und Thymian einwickeln.

Die überstehenden Ränder des Salzteigs mit einem Messer geradeschneiden.

Polenta-Taler mit Kräutern

Zum Foto auf Seite 129

Für 10 Portionen:
400 ml Gemüsefond (a. d. Glas)
200 g Maisgrieß (Polenta)
Salz, Pfeffer (a. d. Mühle)
1 El Öl
1 Scheibe Weizentoastbrot
1/2 Bund glatte Petersilie
20 g Parmesan (frisch gerieben)
100 g Butter

1. Gemüsefond mit 500 ml Wasser zum Kochen bringen. Maisgrieß nach und nach mit einem Holzlöffel einrühren, dabei salzen und pfeffern. Polenta bei milder Hitze unter ständigem Rühren ca. 15 Minuten quellen lassen.

2. Ein großes Stück Alufolie (ca. 50x30 cm) mit dem Öl einpinseln. Polentamasse auf der Alufolie zu einem dicken Streifen von 40 cm Länge verteilen. Die Alufolie stramm um die Polenta wickeln, die Enden fest zudrehen. Polentamasse kalt werden lassen.

3. Toastbrot würfeln, Petersilie einmal grob durchhacken und zusammen im Mixer fein zerhacken. Kräuterkrümel mit dem Parmesan mischen.

4. Polentarolle auswickeln, in 20 gleich große Scheiben schneiden und auf die Fettpfanne setzen. Die Kräuterbrösel darauf verteilen. Die Brösel kurz vor dem Servieren mit der geschmolzenen Butter beträufeln und bei starker Oberhitze oder unterm Grill auf der 2. Einschubleiste von unten erhitzen, bis die Brösel goldgelb und knusprig sind.

Zubereitungszeit: 35 Minuten
Pro Portion etwa
3 g E, 11 g F, 16 g KH = 178 kcal (746 kJ)

Paprika-Sellerie-Gemüse

Zum Foto auf Seite 129

Für 10 Portionen:
1 Staudensellerie (ca. 500 g)
5 rote Paprikaschoten
400 g Zucchini
200 g Schalotten
2 Knoblauchzehen
100 g Butter, Salz
weißer Pfeffer (a. d. Mühle)
80 ml Gemüsefond (a. d. Glas)
3–4 Stiele Thymian

1. Sellerieblätter beiseite legen und Sellerie schräg in ca. 1 cm breite Scheiben schneiden. Paprika mit dem Sparschäler schälen, putzen und in kleine Stücke schneiden. Zucchini würfeln (1x1cm). Schalotten in dünne Spalten schneiden.

2. Schalotten, durchgepreßten Knoblauch und Sellerie in 30 g Butter bei starker Hitze 4 Minuten andünsten. Salzen, pfeffern, Gemüsefond dazugeben und im geschlossenen Topf insgesamt 25 Minuten dünsten. Nach 15 Minuten die Paprikastücke untermischen, nach 20 Minuten die Zucchiniwürfel und die restliche Butter in Stückchen dazugeben.

3. Sellerieblätter und Thymian fein hacken, unter das Gemüse mischen, evtl. mit Salz und Pfeffer nachwürzen.

Zubereitungszeit: 50 Minuten
Pro Portion etwa
2 g E, 9 g F, 6 g KH = 114 kcal (475 kJ)

Apfelflan mit Granatapfelsauce und Vanilleeis

Zum Foto auf Seite 129

Für 10 Portionen:
1,3 kg große säuerliche Äpfel
80 g Butter
150 g Amaretti (italienische Bittermandelmakronen)
80 g Rosinen
2 Vanilleschoten
1 Zitrone (unbehandelt)
500 ml Schlagsahne
6 Eier (Gew.-Kl. 2)
125 g Zucker
5 El Amaretto (Mandellikör)
100 g Mandelblättchen
150 ml Granatapfelsirup
300 ml Orangensaft (frisch gepreßt)
2 gestrichene El Speisestärke
etwas Puderzucker
500 g Vanilleeis (Fertigprodukt)
Zitronenmelisse

1. Äpfel schälen, die Kerngehäuse mit einem Apfelausstecher entfernen. Äpfel in ca. 1 cm dicke Scheiben schneiden. Scheiben portionsweise in der Butter bei mittlerer Hitze auf jeder Seite 2–3 Minuten goldgelb braten.

2. Die Hälfte der Apfelscheiben in eine Auflaufform (3 l Inhalt) schichten, darauf die Amaretti und die Rosinen verteilen. Mit den restlichen Apfelscheiben bedecken.

3. Vanilleschoten auskratzen. Die Hälfte der Zitronenschale fein abreiben, den Saft auspressen. Vanillemark, Zitronenschale, Sahne, Eier, Zukker und Ameretto glatt verrühren, über die Äpfel gießen. Die Mandeln darauf verteilen.

4. Den Apfelflan im vorgeheizten Backofen bei 160 Grad auf der 2. Einschubleiste von unten 1 Stunde backen (Gas 1–2, Umluft 70 Minuten bei 160 Grad, den Flan mit Alufolie abdecken, sobald die Mandeln goldbraun sind).

5. Für die Sauce den Granatapfelsirup mit dem Orangensaft und 4 El Zitronensaft aufkochen. Die Stärke mit 2 El kaltem Wasser glattrühren und in die Sauce rühren. 5 Minuten leise kochen, dann abkühlen lassen.

6. Zum Servieren den heißen Apfelflan mit Puderzucker bestäuben. Portionsweise mit Vanilleeis und der Granatapfelsauce anrichten und mit Zitronenmelisse garnieren.

Zubereitungszeit: 1 3/4 Stunden
Pro Portion etwa 10 g E,
39 g F, 64 g KH = 673 kcal (2816 kJ)

ARBEITSPLAN

AM TAG VOR DER PARTY

- *Für den Salat den Porree in Scheiben schneiden, den Feldsalat putzen, waschen, die Pienienkerne rösten und die Vinaigrette zubereiten*
- *Suppe kochen, die Sahne noch nicht unterziehen, Artischocken und Krebsschwänze separat kühl stellen*
- *Polentamasse zubereiten, zur Rolle formen*
- *Für den Lammrücken den Salzteig und die Sauce zubereiten*
- *Für den Flan die Granatapfelsauce und das Eier-Sahne-Gemisch zubereiten*
- *Alles kühl stellen*

AM TAG DER PARTY

3 Stunden vor dem Fest

- *Für den Salat den Porree blanchieren und marinieren, die Wachtelteile vorbraten*
- *Polenta-Rolle in Scheiben schneiden, die Kräuter-Brösel darauf verteilen*
- *Selleriegemüse zubereiten, aber Thymian und Sellerieblätter erst vorm Servieren untermischen*
- *Lammrücken in den Salzteig einschlagen*
- *Äpfel für den Flan braten und einschichten*

1 Stunde vor dem Fest

- *Pilze und Pinienkerne unter den Salat mischen*
- *Sahne für die Suppe steif schlagen, den Estragon schneiden, kühl stellen*
- *Butter für die Polenta schmelzen*

Kurz vorm Servieren

- *Wachteln braten, den Salat anrichten*
- *Suppe zu Ende bereiten*
- *Lammrücken braten, inzwischen Sauce und Gemüse erhitzen*
- *Polenta-Taler gratinieren*
- *Flan backen, Dessert anrichten*

Festlicher Schmuck für jedes Gedeck: eine Stoffserviette mit Band und frischer Blüte. Darunter liegt die Menükarte.

Ein bißchen Förmlichkeit darf sein. Handgeschriebene Tischkarten, die auf einen kleinen Ständer gesteckt werden.

Feste für besondere Anlässe

SEKTEMPFANG

Es gibt viele Gründe, im Frühling ein Buffet zu servieren: Ostern, Pfingsten, Konfirmation oder Taufe. Oder einfach, weil Spargel und Erdbeeren ganz frisch sind. Oder auch nur, weil sich fast alle Gerichte hervorragend vorbereiten lassen

VORSPEISEN

Spargelsuppe *ist eine feine und heiße Grundlage für ein Fest, bei dem alle anderen Gerichte kalt serviert werden.*

Polenta-Spargel-Taler *werden belegt mit Spargel, Crème fraîche und einem Klacks Kaviar – einfach exquisit!*

HAUPTGERICHTE

Kalbsfilet mit scharfer Tomatensauce *wird im Ofen gebraten, in Kräutern gewälzt und eiskalt mit Tomatensauce gereicht.*

Hähnchenrolle *aus Hähnchenschenkeln, Kalbsbrät und Spinat ist mit* **Curry-Ananas–Dip** *ein Genuß.*

Forellenterrine *aus geräucherten Forellenfilets und reichlich Schlagsahne zergeht auf der Zunge. Dazu paßt ein* **Senf-Dill-Dip**.

DESSERT

Joghurt-Löffelbiskuit-Torte *ist eine leichte, frische Nachspeise. Der Tortenboden besteht nur aus zerbröselten Löffelbiskuits und Butter. Der Belag: gesüßter Joghurt und Erdbeeren.*

Rezepte auf den Seiten 134/135

Spargelsuppe

Für 8–10 Portionen:
1,2 kg weißer Spargel
1 Tl Zucker
400 ml Gemüse- oder Geflügelfond (a. d. Glas)
500 ml Schlagsahne
Salz
Pfeffer (a. d. Mühle)
1–2 El Zitronensaft
3–4 Eigelb
Kerbelblättchen

1. Die holzigen Enden des Spargels abschneiden. Spargel schälen und in ein feuchtes Küchentuch wickeln.

2. Die Spargelschalen mit 2 l Wasser bedecken und mit Zucker aufkochen. Topf von der Herdplatte nehmen, 20–30 Minuten ziehen lassen.

3. Anschließend das Spargelwasser auf 1 l Flüssigkeit einkochen lassen. Gemüse- oder Geflügelfond und 400 ml Sahne dazugeben. Die Suppe mit Salz, Pfeffer und Zitronensaft abschmecken.

4. Den Spargel in 3 mm dicke Scheiben schneiden. In die Suppe geben und 2–3 Minuten kochen. Das Eigelb mit der restlichen Sahne verquirlen und in die Suppe rühren. Nicht mehr kochen lassen!

5. Etwas Kerbel fein hacken, in die Suppe geben, mit Kerbelblättchen garnieren. Dazu paßt Baguette.

Zubereitungszeit: 1 Stunde
Pro Portion (bei 10 Portionen) etwa
5 g E, 15 g F, 4 g KH = 181 kcal (756 kJ)

Polenta-Spargel-Taler

Für 8–10 Portionen:
1 l Gemüsefond (a. d. Glas)
Salz
3 El Öl
250 g Maisgrieß (Polenta)
200 ml Crème fraîche
3–4 Stangen weißer Spargel
1 kleine Dose Kaviar (28 g)

1. Den Gemüsefond mit Salz und 2 El Öl aufkochen, die Polenta einrieseln und unter ständigem Rühren 15 Minuten kochen lassen.

2. Ein Backblech mit dem restlichen Öl einfetten. Die Polenta gleichmäßig 1/2 cm dick auf das Blech streichen, abkühlen lassen.

3. Mit einem runden Ausstecher (4 cm Durchmesser) Taler aus der Polenta stechen.

4. Crème fraîche dünn auf die Taler streichen. Den Spargel schälen und schräg in 2–3 mm dünne Scheiben schneiden. Sternförmig auf die Taler legen. In die Mitte je einen Klacks Crème fraîche und etwas Kaviar geben. Nach Belieben die Taler mit Pfeffer bestreuen.

Zubereitungszeit: 45 Minuten
(plus Zeit zum Auskühlen)
Pro Portion (bei 10 Portionen) etwa
4 g E, 10 g F, 21 g KH = 197 kcal (826 kJ)

Kalbsfilet mit scharfer Tomatensauce

Für 8–10 Portionen:
3 El Öl
1 kg Kalbsfilet
Salz
Pfeffer (a. d. Mühle)
Tomatensauce
3–4 Chilischoten
300 g Tomatenpüree mit Stücken
Salz
Pfeffer (a. d. Mühle)
1/4 Bund Basilikum
1 Bund Petersilie
1/2 Bund Schnittlauch

1. Öl in einer Pfanne erhitzen, das Kalbsfilet darin von allen Seiten anbraten, mit Salz und Pfeffer würzen. Filets im vorgeheizten Backofen in der Bratpfanne bei 200 Grad (Gas 3, Umluft 160 Grad) auf der 2. Einschubleiste von unten 10–15 Minuten braten. Aus dem Ofen nehmen, in Alufolie wickeln und auskühlen lassen.

2. Die Chilischoten halbieren, Kerne entfernen. Chilischoten fein hacken. Unter das Tomatenpüree rühren und 10 Minuten bei milder Hitze kochen lassen, mit Salz und Pfeffer würzen. Abkühlen lassen.

3. Die Kräuter fein hacken. Das Kalbsfilet aus der Folie wickeln, in den Kräutern wälzen, salzen, pfeffern und in dünne Scheiben schneiden. Mit der eiskalten Tomatensauce servieren.

Zubereitungszeit: 50 Minuten
(plus Zeit zum Auskühlen)
Pro Portion (bei 10 Portionen) etwa
21 g E, 5 g F, 2 g KH = 143 kcal (600 kJ)

Hähnchenrolle mit Curry-Ananas-Dip

Für 8–10 Portionen:
Hähnchenrolle
3 große Hähnchenschenkel
Salz
Pfeffer (a. d. Mühle)
250 g Kalbsbrät
50 g Blattspinat
Curry-Ananas-Dip
1/2 Ananas (300–400 g)
1–2 El Curry
250 ml Crème fraîche
Salz
Pfeffer (a. d. Mühle)
evtl. Zucker und Zitronensaft

1. Die Hähnchenschenkel enthäuten, die Knochen herausschneiden. Ein Stück Alufolie von 40x30 cm auf eine Arbeitsfläche legen.

2. Das Fleisch dachziegelartig auf die Folie legen. Mit einem Gefrierbeutel bedecken. Hähnchenschenkel 1/2 cm dünn flachklopfen. Beutel abziehen.

3. Das Fleisch salzen und pfeffern. Das Kalbsbrät auf das Fleisch streichen.

4. Den Spinat putzen und kurz in Salzwasser blanchieren, abschrecken und auf einem Küchentuch abtropfen lassen.

5. Den Spinat gleichmäßig auf dem Kalbsbrät verteilen. Mit Salz und Pfeffer würzen.

6. Die Längsseite der Alufolie anheben, so daß das Hähnchenfleisch zu einer Rolle gedreht werden kann. Die Alufolie fest um die Rolle wickeln und wie einen Bonbon an den Seiten eindrehen.

7. Die Fleischrolle dann fest in ein Küchentuch einwickeln und an den Enden mit Küchengarn verschnüren.

8. Die Rolle in leicht gesalzenem Wasser 45–50 Minuten bei milder Hitze kochen lassen. Herausnehmen und eingewickelt über Nacht auskühlen lassen.

9. Die Rolle auswickeln und in dünne Scheiben schneiden.

10. Für den Dip die Ananas schälen, den Strunk herausschneiden. Das Fruchtfleisch in feine Würfel schneiden. Den Curry in einer Pfanne 15 Sekunden ohne Fett rösten.

11. Crème fraîche mit den Ananaswürfeln, Curry, Salz und Pfeffer verrühren. Nach Belieben mit etwas Zucker und Zitronensaft würzen. Zur Hähnchenrolle servieren.

Zubereitungszeit: 1 1/2 Stunden
(plus Zeit zum Auskühlen)
Pro Portion (bei 10 Portionen) etwa
15 g E, 16 g F, 4 g KH = 226 kcal (948 kJ)

Festlich und dekorativ: Sekt auf einem Tablett mit Rosenblüten und -blättern anbieten.

Forellenterrine mit Senf-Dill-Dip

Für 8–10 Portionen:
Forellenterrine
400 g geräucherte, kalte Forellenfilets
500 ml kalte Schlagsahne
Salz
Pfeffer (a. d. Mühle)
6 Blatt weiße Gelatine
2–3 El Zitronensaft
Senf-Dill-Dip
1 Bund Dill
200–250 ml Mayonnaise
3–4 El Senf
etwas Zitronensaft
Salz, Zucker
Pfeffer (a. d. Mühle)

1. Die Forellenfilets entgräten. Fischfilets portionsweise im Mixer fein pürieren, in eine Schüssel geben. 250 ml Sahne dazugeben und mit einem Kochlöffel unterrühren. Mit Salz und Pfeffer würzen.

2. Die Gelatine einweichen, die restliche Sahne fast steif schlagen und kühl stellen. Gelatine ausdrücken und tropfnaß bei milder Hitze in einem Topf auflösen. Mit einem Schneebesen unter die Forellensahne heben.

3. Die geschlagene Sahne mit einem Schneebesen sofort unterheben. Mit Salz, Pfeffer und Zitronensaft würzen.

4. Eine Terrinenform (1 l Inhalt) mit einem Gefrierbeutel auslegen. Die Masse einfüllen, glattstreichen und 2–3 Stunden kühl stellen.

5. Für den Dip den Dill hacken. Die Mayonnaise mit Dill, Senf und Zitronensaft verrühren. Mit Salz, Zucker und Pfeffer würzen.

6. Die Terrine auf eine Platte stürzen, den Gefrierbeutel abziehen und die Forellenterrine in Scheiben schneiden. Den Senf-Dill-Dip zur Terrine servieren, mit Dill garnieren.

Zubereitungszeit: 50 Minuten
(plus Zeit zum Durchkühlen)
Pro Portion (bei 10 Portionen) etwa
12 g E, 27 g F, 5 g KH = 321 kcal (1345 kJ)

Joghurt-Löffelbiskuit-Torte

Für 12 Stücke:
36 Löffelbiskuits (150 g)
125 g Butter
7 Becher Sahnejoghurt (à 150 g)
6 El Puderzucker
2–3 El Zitronensaft
9 Blatt weiße Gelatine
500 g Erdbeeren

1. Die Löffelbiskuits in einen Gefrierbeutel geben und mit einer Kuchenrolle in sehr kleine Stücke zerbröseln. Die Butter schmelzen. Mit den Biskuits vermengen.

2. Die Brösel auf den Boden einer Springform (24 cm Durchmesser) drücken. Boden 30 Minuten kühl stellen.

3. Inzwischen den Joghurt mit Puderzucker und Zitronensaft verrühren. Die Gelatine einweichen, ausdrücken und tropfnaß in einem Topf bei milder Hitze auflösen, unter die Joghurtmasse rühren.

4. Die Joghurtmasse auf den Boden geben, die Torte über Nacht kühl stellen.

5. Die Springform für 10–15 Sekunden auf einer erhitzten Herdplatte hin- und herschieben, damit sich der Löffelbiskuitboden von dem Springformboden löst.

6. Springform öffnen, Biskuitboden mit einem Messer lösen und die Torte auf eine Platte gleiten lassen.

7. Die Erdbeeren putzen, die Hälfte halbieren, die andere Hälfte in Scheiben schneiden. Erdbeeren auf und um die Torte legen. Mit Zitronenmelisse garnieren.

Zubereitungszeit: 45 Minuten
(plus Zeit zum Durchkühlen)
Pro Stück etwa
5 g E, 18 g F, 21 g KH = 279 kcal (1168 kJ)

ARBEITSPLAN

AM TAG VOR DEM FEST

- *Spargelsuppe kochen, aber noch nicht legieren*
- *Joghurt-Löffelbiskuit-Torte zubereiten, aber noch nicht garnieren*
- *Polenta für die Taler kochen, auf ein Blech streichen*
- *Kalbsfilet braten, aber noch nicht in Kräutern wenden*
- *Tomatensauce für das Kalbsfilet kochen, die Kräuter noch nicht unterheben*
- *Hähnchenrolle zubereiten*
- *Forellenterrine zubereiten*

AM TAG DES FESTES

2 Stunden vor dem Sektempfang

- *Polenta-Spargel-Taler zu Ende zubereiten*
- *Kalbsfilet in Kräutern wenden*
- *Kräuter unter die Tomatensauce rühren*
- *Curry-Ananas-Dip für die Hähnchenrolle zubereiten*
- *Senf-Dill-Dip für die Forellenterrine herstellen*

Kurz vor dem Fest

- *Torte mit Erdbeeren garnieren*
- *Spargelsuppe erhitzen, mit Eigelb legieren, Kerbel unterheben*
- *Kalbsfilet aufschneiden, mit Tomatensauce anrichten*
- *Hähnchenrolle aufschneiden*
- *Forellenterrine aufschneiden*

Feste für besondere Anlässe

FASCHING

Hier ist die beste aller Karneval-Parties! Sie erlaubt selbst den Gastgebern Zeit zum Fröhlichsein, weil sich die drei Prachtsuppen und das Dessert am Tag vor dem Tschingderassa-Bumm zubereiten lassen

HAUPT-GERICHTE

Pfeffersuppe mit Pilzen und Buchweizenklößchen
schmeckt sehr intensiv, da die Brühe aus Roastbeef- und Wildknochen gekocht wird.

Frühlingszwiebelsuppe mit Garnelen und roten Linsen
ist exotisch durch Ingwer, Zitronengras und Koriandergrün.

Pot-au-feu mit Kalbshaxe und Wirsing – *ein deftig-kräftiger Eintopf nach Hausmannsart.*
Rezepte auf den Seiten 139/140

VORSPEISEN

Tomaten-Röstbrote
werden aus Weißbrot und einer Paste aus getrockneten Tomaten, Butter und Knoblauch im Ofen knusprig gebacken.

Artisckocken-böden
von fleischigen Artischocken aus der Bretagne sind gefüllt mit einer pikanten Mischung aus mildem Morbier-Käse, Bacon und Rosmarin.

Rote-Bete-Chips mit Kaviar-Dip
sind äußerst originell, aber ganz einfach zubereitet: Die gegarten, in Scheiben geschnittenen Knollen werden in Fett knusprig gebacken und mit kaltem Schmand, Dill und einem Klacks Kaviar genossen.
Rezepte auf den Seiten 140/141

DESSERT

Quarkmousse mit Orangengelee *sieht am schönsten in der Glasschüssel serviert aus. Die locker-cremige Quarkmousse mit Aprikosenlikör und Vanillemark ist eingebettet zwischen fruchtigem Orangengelee, garniert mit Mangowürfeln.*

Rezept Seite 141

Pfeffersuppe mit Pilzen und Buchweizenklößchen

Zum Foto auf Seite 136

Für 8 Portionen:

Brühe
2 kg Roastbeefknochen
1 kg Wildknochen
250 g Zwiebeln
350 g Möhren
300 g Knollensellerie
3 Lorbeerblätter
2 Chilischoten, Salz
2 El schwarze Pfefferkörner

Klößchen
100 g Buchweizen (ganz)
Salz
65 g Butter oder Margarine
125 g Mehl
5 Eier (Gew.-Kl. 3)

Einlage
500 g Shiitake-Pilze
40 g Butterschmalz
4 El trockener Sherry
2 Bund Schnittlauch
1/3 Stange frischer Meerrettich

1. Am Vortag für die Brühe die Knochen waschen und auf der Saftpfanne verteilen. Im vorgeheizten Backofen bei 225 Grad (Gas 4, Umluft 210 Grad) auf der 2. Einschubleiste von oben 35 Minuten rösten. Knochen in einen Topf geben.

2. 1/2 l kochendes Wasser in die Saftpfanne gießen, die Röststoffe mit einem Backpinsel lösen und in den Topf gießen. 4 l kaltes Wasser dazugeben.

3. Zwiebeln pellen und vierteln. Möhren und Sellerie schälen und grob zerkleinern. Das Gemüse mit Lorbeer, Chilischoten, Salz und Pfefferkörnern in den Topf geben. Langsam zum Kochen bringen und bei schwacher Hitze ohne Deckel in 3–4 Stunden auf etwa 2 1/2 l einkochen. Ab und zu sorgfältig abschäumen. Die Brühe über Nacht mit den Knochen stehen lassen.

4. Ebenfalls am Vortag für die Klößchen den Buchweizen in reichlich gesalzenem Wasser 10 Minuten bei schwacher Hitze vorquellen lassen. In ein Sieb geben und abbrausen.

5. 1/4 l Wasser mit Salz und Fett aufkochen. Das Mehl auf einmal hineinschütten, mit einem Kochlöffel unterrühren und weiterkochen, bis sich die Masse als Kloß vom Topfboden löst.

6. Die Masse vom Herd nehmen. Ein Ei nach dem anderen so lange unterrühren, bis die Masse jedesmal wieder rauh ist. Den Buchweizen unterrühren, die Masse völlig auskühlen lassen. Mit zwei nassen Löffeln Klößchen abstechen und in gesalzenem Wasser 15 Minuten schwach kochen, abtropfen lassen und zudecken.

7. Brühe entfetten, durch ein feines Haarsieb gießen und auffangen. Den trüben Bodensatz zurücklassen. Die Brühe heiß werden lassen und mit Salz nachwürzen.

8. Pilzstiele abschneiden, die Köpfe in Scheiben schneiden, kurz und scharf im Schmalz braten, dann in die Brühe geben. Den Bratsatz mit Sherry lösen und zur Suppe geben.

9. Die Klößchen in der Suppe heiß werden lassen. Schnittlauch in Röllchen schneiden, den Meerrettich schälen und reiben, beides zur Pfeffersuppe servieren.

Zubereitungszeit: 2 1/2 Stunden
(plus 3–4 Stunden Kochzeit für die Brühe)
Pro Portion etwa 11 g E, 18 g F, 23 g KH = 308 kcal (1290 kJ)

Neben Girlanden und Luftschlangen ist auch das Essen beim Fasching wichtig: Feiern Sie doch mal eine Suppenparty!

Frühlingszwiebelsuppe mit Garnelen und roten Linsen

Zum Foto auf den Seiten 136/137

Für 8 Portionen:
1,5 kg Hühnerflügel
800 ml Geflügelfond (a. d. Glas)
60 g frische Ingwerwurzel
150 g Möhren
250 g Knollensellerie
3 Stangen Zitronengras
2 Knoblauchzehen
1/2 Topf Koriandergrün
2 frische rote Chilischoten
Salz
1 geräucherte Entenbrust (ca. 300 g)
10 Riesengarnelen (ca. 600 g)
5 Limetten
200 g rote Linsen
3 Bund Frühlingszwiebeln
40 g Speisestärke
1/8 l Weißwein (trocken)

1. Die Hühnerflügel waschen, mit dem Fond und 3 1/2 l kaltem Wasser bedeckt langsam aufkochen, Brühe sorgfältig abschäumen.

2. Ingwer, Möhren und Sellerie schälen und grob würfeln. Das Zitronengras in feine Scheiben schneiden. Knoblauch pellen und vierteln. Alles mit abgezupftem Koriandergrün und Chilischoten in den Topf geben, mit wenig Salz würzen.

3. Die Brühe 3 Stunden offen bei schwacher Hitze auf etwa 2 1/2 l Brühe einkochen lassen. In den letzten 20 Minuten die Entenbrust dazugeben. Brühe durch ein Haarsieb in einen anderen Topf gießen. Entenbrust in Frischhaltefolie wickeln und beiseite stellen.

4. Inzwischen Garnelen schälen. Die Därme entfernen, Garnelen in Stücke schneiden. Die Schale von 1 Limette fein abreiben, über die Garnelen streuen und abgedeckt kalt stellen.

5. Die Linsen in 1/2 l schwach gesalzenem Wasser 5 Minuten offen leise kochen, dann durch ein Sieb abgießen.

6. Die Frühlingszwiebeln putzen, sehr schräg in 1 cm breite Stücke schneiden und in 200 ml abgeschöpfter Brühe 2 Minuten schwach kochen. Entenfleisch längs dritteln und quer in dünne Scheiben schneiden.

7. Brühe aufkochen. Stärke mit Wein verrühren, dazugießen und 1 Minute kochen, bis die Suppe klar und leicht gebunden ist, mit Salz nachwürzen.

8. Garnelen, Linsen, Frühlingszwiebeln und Entenfleisch in die Suppe geben, bei ganz schwacher Hitze 5 Minuten durchziehen lassen. Die restlichen Limetten in Spalten schneiden und zu der Suppe servieren.

Zubereitungszeit: 1 3/4 Stunden
(plus 3 Stunden Kochzeit für die Brühe)
Pro Portion etwa
22 g E, 9 g F, 21 g KH = 262 kcal (1096 kJ)

Pot-au-feu mit Kalbshaxe und Wirsing

Zum Foto auf den Seiten 136/137

Für 8 Portionen:
250 g weiße Bohnen (getrocknet)
1 Poularde (ca. 2 kg)
Salz
10 El Olivenöl
4 Scheiben Kalbshaxe (ca. 1,5 kg)
1 Bund Thymian
1 Tl Fenchelsaat
1/2 Kopf Wirsing (ca. 500 g)
350 g Möhren
250 g Knollensellerie
1 Dose geschälte Tomaten (800 g EW)
2 Knoblauchzehen
schwarzer Pfeffer (a. d. Mühle)
Muskatnuß (frisch gerieben)

1. Am Vortag die Bohnen in reichlich Wasser einweichen und am nächsten Tag 30 Minuten im Einweichwasser vorgaren, dann abgießen.

2. Die Poularde in 12 Stücke zerteilen: Keulen abtrennen und am Gelenk durchschneiden. Brust mit den Flügeln abschneiden, längs teilen und quer in je 3 Stücke schneiden. Den Rücken in 2 Teile hakken. Poulardenteile salzen und in einem großen Schmortopf in 5 El heißem Olivenöl rundum goldbraun anbraten und herausnehmen.

3. Haxen salzen und im Topf von beiden Seiten anbraten. Thymian hacken, die Hälfte mit dem Fenchel auf das Kalbfleisch streuen. 2 l Wasser und die Bohnen dazugeben. Zugedeckt insgesamt 1 3/4 Stunden bei schwacher Hitze leise kochen. Nach 30 Minuten die Poulardenteile dazugeben.

4. Kohl putzen, vierteln und in 3 cm breiten Streifen vom Strunk schneiden. Möhren schälen und in Stücke schneiden. Beides nach 1 1/4 Stunden dazugeben. Den Sellerie schälen, würfeln und nach 1 1/2 Stunden dazugeben.

5. Die Tomaten abgießen, abbrausen, einmal quer durchschneiden, zuletzt im Pot-au-feu heiß werden lassen.

6. Den Pot-au-feu mit durchgepreßtem Knoblauch, Salz, Pfeffer und viel Muskat würzen und vorsichtig durchmischen. 10 Minuten auf ausgeschalteter Herdplatte durchziehen lassen, dann das restliche Olivenöl unterziehen und mit dem restlichen Thymian bestreut servieren.

Zubereitungszeit: 2 1/2 Stunden
(plus Einweichzeit)
Pro Portion etwa 73 g E, 26 g F, 23 g KH = 655 kcal (2739 kJ)

Tomaten-Röstbrote

Zum Foto auf Seite 137

Für 24 Stück:
100 g getrocknete Tomaten (in Öl)
150 g weiche Butter
Salz, 1 Knoblauchzehe
12 Scheiben Weißbrot
24 Salbeiblätter

1. Tomaten abtropfen lassen und mit 2 El Tomatenöl im Mixer fein pürieren. Die Butter mit den Tomaten auf einem Teller mit einer Gabel verkneten. Mit 1 Prise Salz und dem durchgepreßten Knoblauch würzen.

2. Brotscheiben mit einem Ringausstecher von 10–12 cm Durchmesser rund ausstechen, halbieren und mit der Tomatenbutter bestreichen. Mit Salbei belegen und auf ein Backblech setzen. Im vorgeheizten Backofen bei 200 Grad (Gas 3, Umluft 180 Grad) auf der 2. Einschubleiste von oben 8–10 Minuten rösten. Heiß oder lauwarm servieren.

Zubereitungszeit: 25 Minuten
Pro Portion etwa
2 g E, 7 g F, 8 g KH = 109 kcal (455 kJ)

Gebackene Artischockenböden

Zum Foto auf Seite 137

Für 12 Stück:
12 Artischocken
2 Zitronen
1/4 l Weißwein, Salz
400 g milder Käse (z. B. Maubier)
50 g Bacon (Frühstücksspeck)
1/2 El Rosmarinnadeln (frisch)
1 Bund glatte Petersilie
Öl für das Backblech
grober schwarzer Pfeffer

Den Stiel der Artischocken entweder mit einem Messer abschneiden oder die Stiele direkt unter der Blüte anbrechen und herausdrehen.

1. Von den Artischocken die äußeren Blätter abschneiden. Die Zitronen achteln. Artischocken mit 2 l kaltem Wasser, Wein, Salz und Zitronen 25 Minuten kochen. Artischocken abschrecken, den Sud abkühlen lassen. Die inneren Blätter und das Heu entfernen. Die Böden glattschneiden. Artischocken bis zum Verbrauch im Sud aufbewahren.

2. Käse und Bacon fein würfeln, Rosmarin grob hacken. Die Petersilie hacken. Die Artischockenböden trockentupfen, die Ränder in der Petersilie wälzen und auf ein dünn geöltes Backblech setzen. Mit Käse füllen und mit Rosmarin und Bacon bestreuen.

3. Die Artischocken im vorgeheizten Ofen bei 200 Grad (Gas 3, Umluft 10 Minuten bei 180 Grad) auf der 2. Einschubleiste von oben 12–15 Minuten backen, bis der Käse leicht Farbe angenommen hat. Heiß mit Pfeffer bestreut servieren.

Zubereitungszeit: 2 1/4 Stunden
Pro Stück etwa
5 g E, 8 g F, 3 g KH = 114 kcal (476 kJ)

Rote-Bete-Chips mit Kaviar-Dip

Zum Foto auf Seite 137

Für 12 Portionen:
6 Rote-Bete-Knollen (à 200 g)
ca. 1 l Fritierfett
250 g Schmand
150 g Crème fraîche
Salz
1/2 El Zitronensaft
1 Bund Dill
150 g deutscher Kaviar (mild gesalzen)

1. Rote Bete bei 175 Grad (Gas 2, Umluft 160 Grad) auf der 2. Einschubleiste von unten auf einem Rost 45–60 Minuten backen. Kalt abschrecken und schälen, dann in 2 mm dicke Scheiben schneiden.

2. Das Fritierfett auf 160–170 Grad erhitzen und die Rote-Bete-Scheiben darin portionsweise 3–4 Minuten fritieren. Auf einem Rost abtropfen lassen, damit sie knusprig bleiben.

3. Schmand mit Crème fraîche verrühren und mit Salz und Zitronensaft würzen. Den Dill abzupfen, grob hacken und unterziehen. Mit dem Kaviar zu den Chips servieren.

Zubereitungszeit: 1 1/2 Stunden
Pro Portion etwa
4 g E, 16 g F, 8 g KH = 193 kcal (805 kJ)

Quarkmousse mit Orangengelee

Zum Foto auf Seite 138

Für 12 Portionen:
250 g Zucker
18 Blatt weiße Gelatine
12–16 Saftorangen (davon 2 mit unbehandelter Schale)
2 Vanilleschoten
6 Eigelb
1/8 l Aprikosenlikör
Salz
1 kg Magerquark
1/4 l Schlagsahne
2 Mangos

1. Für den Zuckersirup den Zucker in 1/4 l Wasser schütten und unter Rühren zum Kochen bringen. 4 Minuten offen sprudelnd kochen lassen, vom Herd nehmen.

2. Für die erste Geleeschicht 6 Blatt Gelatine in reichlich kaltem Wasser einweichen. 800 ml Orangensaft auspressen und durch ein feines Sieb gießen.

3. Die Hälfte davon mit 1/8 l Zuckersirup verrühren. Die Gelatine tropfnaß bei schwacher Hitze auflösen, unterrühren und in eine Servierschüssel gießen. Kalt stellen und etwa 2 Stunden gelieren lassen.

ARBEITSPLAN

AM TAG VOR DEM FEST

- *Brühe und Klößchen für die Pfeffersuppe zubereiten*
- *Brühe für die Frühlingszwiebelsuppe kochen*
- *Für Pot-au-feu die Bohnen einweichen (nach Belieben auch den Eintopf komplett, bis auf das Würzen, zubereiten)*
- *Rote Bete backen*
- *Quarkmousse mit Orangengelee herstellen*

AM TAG DER PARTY

3 Stunden vor dem Fest

- *Pot-au-feu zubereiten, falls nur die Bohnen dafür am Vortag eingeweicht wurden*
- *Pfeffersuppe und Frühlingszwiebelsuppe zu Ende zubereiten*
- *Artischockenböden zubereiten*

1 Stunde vor dem Fest

- *Rote-Bete-Chips ausbacken*
- *Tomaten-Röstbrote zubereiten*
- *Mousse mit marinierter Mango garnieren*

4. Für die Quarkmousse die Vanilleschoten aufschlitzen, das Mark herauskratzen. Die Schale von den 2 unbehandelten Orangen fein abreiben. 1/8 l Zuckersirup aufkochen.

5. Eigelb, Vanillemark, Orangenschale, 2 El Aprikosenlikör und 1 Prise Salz mit den Quirlen des Handrührers cremig schlagen. Den Zuckersirup nach und nach dazugießen und weiterschlagen, bis die Masse dicklich-weiß ist.

6. 6 Blatt Gelatine kalt einweichen, ausdrücken und in 4 El Aprikosenlikör bei schwacher Hitze auflösen. Zuerst den Quark, dann die Gelatine unter die Eimasse rühren. Die Sahne steif schlagen, unterziehen und auf die Geleeschicht füllen. Kalt stellen und 2–3 Stunden gelieren lassen.

7. Restliche Gelatine kalt einweichen und warm auflösen. Mit dem restlichen Orangensaft und Zuckersirup verrühren und mit einer Kelle vorsichtig auf die Quarkschicht laufen lassen. Weitere 2 Stunden gelieren lassen.

8. Für die Garnitur die Mangos schälen und fein würfeln. Die abgeriebenen Orangen auspressen, den Saft durch ein Sieb gießen und mit dem restlichen Aprikosenlikör verrühren. Mangos darin 30 Minuten marinieren. Vor dem Servieren etwa 4 Eßlöffel auf dem Dessert verteilen, den Rest extra reichen.

Zubereitungszeit: 3/4 Stunde
(plus Gelierzeiten)
Pro Portion etwa 17 g E, 11 g F, 42 g KH = 366 kcal (1529 kJ)

Feste für besondere Anlässe

SILVESTERPARTY

Damit die längste Nacht des Jahres auch Ihre schönste wird, gibt es Köstlichkeiten vom Buffet wie Hummeressenz, Kalbsbraten mit Kruste und Orangencreme. Das Getränk des Abends: süffige Limetten-Bowle

VORSPEISEN

Hummeressenz heizt ein. Reis, Gemüse und Surimi sind die Einlagen der scharfen Suppe.

Kasselersülze ist ein Genuß mit cremigem Schmand als Beilage.

Blätterteigtaschen, gefüllt mit Mett und Frischkäse, schmecken als Vorspeise und natürlich zwischendurch.

Roquefortcreme mit Walnüssen braucht als Unterlage Vollkornbrot oder Cracker.

HAUPTGANG

Kalbsrücken mit Brotkruste wird heiß und mit Zwiebelchutney serviert. Als Beilage passen mit Kartoffeln gefüllte Paprikaschoten.

DESSERT

Orangencreme, locker und fruchtig, wird üppig dekoriert mit Schokostäbchen und kandierten Orangenscheiben. Als Getränk paßt zu allen Gerichten Limetten-Bowle. Rezepte auf den Seiten 144/145

Limetten-Bowle

Zum Foto auf Seite 143

Ergibt 36 Gläser:
12 Limetten
200 g Zucker
1/4 l weißer Rum
1 1/2 l Rieslingwein
1 1/2 l trockener Rieslingsekt

1. 3 Limetten in dünne Scheiben schneiden. Die Schale von 3 Limetten fein abreiben, die 3 und die restlichen 6 Limetten auspressen.

2. Limettensaft mit Zucker und Rum einmal aufkochen, Rieslingwein dazugießen und kalt werden lassen. Einen Teil davon in 2 Eiswürfelbeutel füllen und einfrieren.

3. Den Rest der Mischung zur Limettenschale und den Limettenscheiben geben.

4. Kurz vor dem Servieren die Eiswürfel und den kalten Sekt zum Bowlenansatz geben.

Zubereitungszeit: 35 Minuten (plus Kühlzeit)
Pro Glas etwa
0 g E, 0 g F, 9 g KH = 107 kcal (446 kJ)

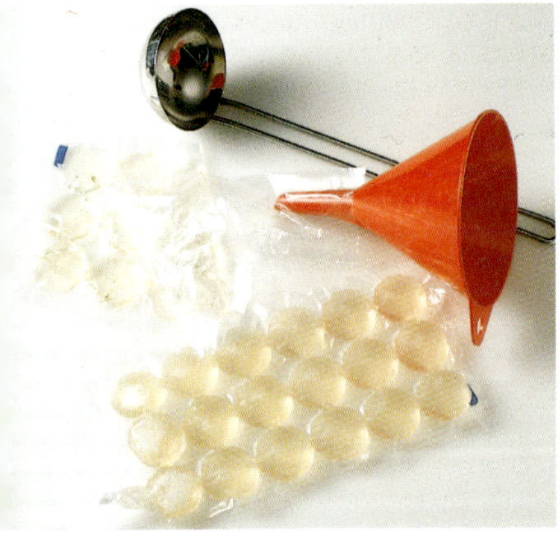

Etwas Bowlenansatz in Eiswürfelbeutel geben und einfrieren. So wird die Bowle nicht durch Eiswürfel verdünnt.

Hummeressenz

Zum Foto auf Seite 142

Für 12 Portionen:
100 g Wildreis-Mischung
400 g Staudensellerie
1 rote Chilischote (frisch)
60 g Hummerpaste
4 l Hummerfond (a. d. Glas)
300 g Erbsen (TK)
250 g Surimi-Stäbchen (Krebsfleisch-Imitat)
Salz
Pfeffer (a. d. Mühle)
2 El Zitronensaft

1. Den Reis nach Packungsanweisung kochen, dann gut abtropfen lassen. Den Sellerie putzen und quer in dünne Scheiben schneiden. Die Chilischote halbieren und putzen.

2. Selleriescheiben und Chilihälften 3 Minuten in der Hummerpaste andünsten. Den Hummerfond dazugießen und 5 Minuten bei milder Hitze kochen lassen. Dann die Erbsen und den Reis dazugeben und weitere 2 Minuten leise kochen lassen.

3. Inzwischen die Surimi-Stäbchen schräg in dünne Scheiben schneiden und in der Suppe erwärmen. Die Suppe mit Salz, Pfeffer und Zitronensaft würzen.

Zubereitungszeit: 45 Minuten
Pro Portion etwa
7 g E, 5 g F, 12 g KH = 128 kcal (536 kJ)

Surimi, ein Krebsfleisch-Imitat, für die Suppe in feine Streifen schneiden.

Kasselersülze

Zum Foto auf Seite 142

Für 12 Portionen:
15 Blatt weiße Gelatine
1,2 l Rinderfond (a. d. Glas)
Salz
Pfeffer (a. d. Mühle)
600 g Farmergemüse (TK)
500 g Kasseleraufschnitt (etwas dicker geschnitten)
300 g Schmand

1. Gelatine in kaltem Wasser einweichen. Fond aufkochen, salzen und pfeffern, ausgedrückte Gelatine darin auflösen. Den Fond kalt stellen.

2. Gemüse 3 Minuten in Salzwasser blanchieren, kalt abschrecken und auf einem Küchentuch abtropfen lassen.

3. Eine Kastenform (2 l Inhalt) mit Klarsichtfolie auslegen. Den abgekühlten Fond 1 cm hoch hineinfüllen. Kühl stellen, bis er fest geworden ist. Darauf eine Schicht Gemüse verteilen und mit Fond bedecken. Darauf eine Schicht Kasseler legen und wieder mit Fond bedecken. So lange weitermachen, bis alle Zutaten verbraucht sind.

4. Die Sülze 12 Stunden in den Kühlschrank stellen. Die Kastenform 30 Minuten vorm Servieren kurz randhoch in warmes Wasser stellen, die Sülze mit der Folie herausziehen und direkt auf eine Platte stürzen. Nochmals 30 Minuten kühl stellen.

5. Die Sülze mit dem Elektromesser in Scheiben schneiden, mit Schmand servieren.

Zubereitungszeit: 35 Minuten (plus Kühlzeit)
Pro Portion etwa
14 g E, 12 g F, 4 g KH = 194 kcal (815 kJ)

Zuerst einen Spiegel in die Form gießen, dann die Zutaten nacheinander einschichten und mit dem Fond begießen.

Die Blätterteig-Quadrate sind mit Mett gefüllt, die Bonbons mit Frischkäse.

Blätterteigtaschen

Zum Foto auf Seite 142

Ergibt 24 Stück:
250 g gekochter Schinken (in Scheiben)
1/2 Bund glatte Petersilie
150 g Doppelrahm-Frischkäse
Salz
Cayennepfeffer
12 Platten Blätterteig (720 g, TK)
Mehl zum Ausrollen
500 g Mett (gewürzt)
1 Ei

1. Den Schinken würfeln. Die Petersilie fein hacken. Beides mit dem Frischkäse mischen und mit Salz und Cayenne würzen.

2. Blätterteig auftauen lassen. Auf einer bemehlten Arbeitsfläche 6 Blätterteigplatten auf je 24x12 cm ausrollen, dann in je 2 Quadrate schneiden. In die Mitte jedes Quadrats etwas Mett geben. Die Ecken zur Mitte hin einschlagen.

3. Die restlichen 6 Blätterteigplatten auf jeweils 24x14 cm ausrollen und quer in 2 gleich große Stücke schneiden. Die Käsefüllung in die Mitte der Teigstücke geben, zu einem Bonbon zusammenrollen.

4. Das Ei verquirlen und die Teigstücke damit einpinseln. Die Bonbons und Quadrate getrennt auf Backpapier setzen. Die Blätterteig-Bonbons im vorgeheizten Backofen bei 200 Grad (Gas 3, Umluft 20 Minuten bei 200 Grad) auf der 2. Einschubleiste von unten etwa 30 Minuten backen, die Quadrate bei gleicher Hitze auf gleicher Einschubleiste 25 Minuten (Umluft auch 25 Minuten) backen.

Zubereitungszeit: 1 Stunde
Pro Stück etwa
8 g E, 19 g F, 11 g KH = 255 kcal (1072 kJ)

Kalbsbraten mit Paprikaschoten

Zum Foto auf Seite 143

Für 12 Portionen:
3 kg Kalbsnacken (ohne Knochen)
Salz
schwarzer Pfeffer (a. d. Mühle)
Paprikapulver (scharf)
40 g Butterschmalz
12 Scheiben Toastbrot
2 Bund glatte Petersilie
200 g Butter
2 El Honig
5 El grober Senf
750 g kleine Kartoffeln
2 Stangen Porree (à 200 g)
3 gelbe Paprikaschoten (à 200 g)
125 g Parmesan (gerieben)

1. Den Kalbsnacken mit Salz, Pfeffer und Paprika würzen. Zu einer Rolle formen und mit Küchengarn zusammenbinden. Bei starker Hitze im Butterschmalz rundherum ungefähr 8 Minuten anbraten. Dann auf die Saftpfanne legen und im vorgeheizten Ofen bei 200 Grad (Gas 3, Umluft 1 1/4 Stunden bei 200 Grad) auf der 2. Einschubleiste von unten 1 1/2 Stunden braten.

2. Das Toastbrot entrinden und im Mixer pürieren. Die Petersilie fein hacken. Die Butter zerlassen, das Toastbrot, den Honig, die Hälfte der Petersilie und den Senf daruntermischen, mit viel Pfeffer würzen. Die Mischung kühl stellen.

3. Die Kartoffeln schälen und in dünne Scheiben schneiden. Das Weiße und Hellgrüne vom Porree schräg in dünne Scheiben schneiden. Die Kartoffeln und den Porree 4 Minuten in Salzwasser blanchieren, dann gut abtropfen lassen. Die Paprikaschoten halbieren und putzen. Porree und Kartoffeln mit Parmesan mischen, mit Salz und Pfeffer würzen und in die Paprikahälften füllen.

4. Den Braten nach 1 1/2 Stunden (Umluft 1 1/4 Stunden) mit der Brotmischung bestreichen. Die Paprikahälften auf die Saftpfanne zum Braten setzen und alles zusammen noch einmal 30 Minuten garen.

5. Den Braten mit einem scharfen Messer aufschneiden, die Paprikahälften mit der restlichen Petersilie bestreuen. Das Zwiebelchutney dazu servieren.

Zubereitungszeit: 1 1/2 Stunden
Pro Portion etwa 61 g E, 30 g F, 26 g KH = 647 kcal (2705 kJ)

Den Braten erst nach 1 1/2 Stunden mit der Brotmischung bestreichen, damit die Kruste nicht verbrennt.

Zwiebelchutney

Zum Foto auf Seite 143

Für 12 Portionen:
1,2 kg rote Zwiebeln
100 g Butter
120 g Zucker
80 ml Rotweinessig
1 Tl Anispulver
schwarzer Pfeffer (a. d. Mühle)
Salz

1. Die Zwiebeln pellen, halbieren und quer in dünne Scheiben schneiden. In der Butter andünsten, den Zucker unterrühren und den Essig dazugießen.

2. Mit Anis, Pfeffer und Salz würzen und zugedeckt bei mittlerer Hitze 25 Minuten kochen lassen.

Zubereitungszeit: 45 Minuten
Pro Portion etwa 1 g E, 7 g F, 16 g KH = 135 kcal (564 kJ)

Roquefortcreme

Zum Foto auf Seite 143

Für 12 Portionen:
130 g Walnußkerne
500 g Roquefort
200 g Magerquark
2 Blatt weiße Gelatine
600 ml Schlagsahne
einige Staudenselleriebblätter

1. 100 g Walnüsse grob hacken und in einer Pfanne ohne Fett rösten. Roquefort und Quark durch ein Sieb streichen.

2. Die Gelatine in kaltem Wasser einweichen. Die Sahne steif schlagen. Die Gelatine tropfnaß in einem Topf auflösen, dann schnell unter die Sahne rühren.

3. Die Sahne und die gehackten Nüsse nach und nach unter den Käse mischen. Die Creme in eine Servierschüssel füllen und ungefähr 2 Stunden in den Kühlschrank stellen.

4. Die Creme mit den restlichen Walnüssen und den Sellerieblättern dekorieren.

Zubereitungszeit: 30 Minuten (plus Kühlzeit)
Pro Portion etwa 14 g E, 35 g F, 4 g KH = 405 kcal (1696 kJ)

ARBEITSPLAN

AM TAG VOR DER PARTY
- *Bowlenansatz zubereiten und zum Teil einfrieren*
- *Orangencreme zubereiten*
- *Kruste für den Kalbsbraten zubereiten*
- *Zwiebelchutney zubereiten*
- *Roquefortcreme zubereiten*
- *Kasselersülze zubereiten*
- *Alles kalt stellen*

AM TAG DER PARTY

4 Stunden vor dem Fest
- *Hummeressenz kochen*
- *Blätterteigtaschen vorbereiten, aber noch nicht backen*
- *Braten zubereiten*

1 Stunde vor dem Fest
- *Suppe erhitzen*
- *Blätterteigtaschen backen*
- *Bowle zu Ende bereiten*

Orangencreme

Zum Foto auf Seite 142

Für 12 Portionen:
10 Orangen
10 Blatt weiße Gelatine
8 Eigelb (Gew.-Kl. 2)
250 g Puderzucker
6 El Campari
1/2 l Schlagsahne
4 Eiweiß
12 Scheiben kandierte Orangen
12 Orangen-Schoko-Stäbchen
etwas Zitronenmelisse

1. 3 Orangen wie einen Apfel schälen, dabei die weiße Haut entfernen, dann die Orangen quer in dünne Scheiben schneiden. Von 2 Orangen die Schale fein abreiben und mit den restlichen Orangen auspressen.

2. Die Gelatine in kaltem Wasser einweichen. Das Eigelb mit dem Puderzucker, der abgeriebenen Orangenschale und dem Campari im Wasserbad etwa 5 Minuten dicklich aufschlagen. Gelatine ausdrücken und in der warmen Eimasse auflösen. 400 ml Orangensaft unterrühren. Die Masse kühl stellen, bis sie zu gelieren beginnt.

3. Inzwischen eine Glasschüssel (3 l Inhalt) mit den Orangenscheiben auslegen. Die Sahne und das Eiweiß getrennt steif schlagen. Zuerst den Eischnee, dann die Sahne unter die Eimasse heben. Die Creme ungefähr 4 Stunden kühl stellen.

4. Vor dem Servieren mit kandierten Orangen, Schokostäbchen und Zitronenmelisse dekorieren.

Zubereitungszeit: 45 Minuten (plus Kühlzeit)
Pro Portion etwa 6 g E, 18 g F, 33 g KH = 339 kcal (1418 kJ)

Die Glasschüssel für die Orangencreme bis unter den Rand mit Orangenscheiben auslegen.

Feste für besondere Anlässe

FRÜHSTÜCKSPARTY

Ob Ostern, Pfingsten oder ganz gewöhnlicher Sonntag – der Start in einen freien Tag könnte nicht schöner sein, als ihn mit einem ausgiebigen Frühstück gemeinsam mit Freunden zu beginnen!

FRÜHSTÜCKS-BUFFET

Der Morgen fängt gut an mit **Crêpes**, die gefüllt werden können mit **Hüttenkäse-Bananen-** oder **Putenbrust-Sprossen-Füllung**. Außerdem im Angebot: **Kefir-Drink, Sesamkringel** und **Müsli** mit Joghurt, Nüssen und verschiedenen Obstsorten. Wer es morgens schon pikant mag, nimmt **Eier mit Avocado-Füllung** und eine Kelle **Hühnersuppe** mit gerösteten Nudeln.

Rezepte auf den Seiten 149/150

HERZHAFTES FRÜHSTÜCK

Klare Hühnersuppe *mit Möhren, Erbsen und gerösteten, goldbraunen Fadennudeln regt den Appetit an.*

Pilz-Schinken-Auflauf *mit Vollkorn- und Toastbrot, Champignons und Käsekruste wird warm serviert.*

Matjessalat *darf auf keinem Frühstücksfest fehlen. Diese Variante erhält Pfiff durch Ahornsirup, Senf und Walnußöl.*

Rezepte auf den Seiten 150/151

DESSERT

Rhabarber-Erdbeer-Grütze, *raffiniert gesüßt mit Johannisbeergelee, ißt man mit eiskalter, flüssiger Schlagsahne.*

Sekt mit Erdbeerpüree *ist ein leichtes, prickelndes Getränk für die Dauer des üppigen Frühstücks.*

Rezepte Seite 151

Crêpes

Zum Foto auf Seite 146

Für 16 Portionen:
250 g Butter
250 g Mehl
1/2 l Milch
4 Eier (Gew.-Kl. 3)
2 Eigelb
Salz
8 El kernige Haferflocken

1. 200 g Butter bei milder Hitze schmelzen und leicht bräunen. Mehl in eine Schüssel geben. Milch, Eier, Eigelb und Salz mit einem Schneebesen gut verquirlen. Die Eier-Milch-Mischung mit dem Schneebesen nach und nach unter das Mehl rühren, bis ein glatter, ziemlich flüssiger Teig entsteht. Die geschmolzene Butter unterrühren und den Teig 30 Minuten quellen lassen.

2. Eine Pfanne von ca. 20 cm Durchmesser mit etwas Butter auspinseln und erhitzen. Eine kleine Schöpfkelle vom Crêpeteig (ca. 4 El) in der Pfanne zerlaufen lassen und pro Seite 1 1/2–2 Minuten braten. Die Pfanne nach jedem Backvorgang neu ausfetten. Ca. 8 Crêpes braten und mit je einem Stück Pergamentpapier dazwischen aufschichten.

3. Die restlichen 8 Crêpes genauso braten. Nur vorher 1 El Haferflocken in der Pfanne verteilen, leicht anrösten und dann die Crêpemasse darüber gießen. Ebenfalls mit Pergamentpapier aufschichten. Die Crêpes werden mit 2 Füllungen serviert.

Zubereitungszeit: 1 1/4 Stunden
(plus Zeit zum Ausquellen)
Pro Portion etwa
5 g E, 17 g F, 15 g KH = 241 kcal (1007 kJ)

Putenbrust-Sprossen-Füllung

Zum Foto auf Seite 146

Für 16 Portionen:
250 g Mungobohnensprossen
300 g geräucherte Putenbrust (in Scheiben)
50 g Radieschensprossen
1 Bund Schnittlauch
1 kleines Bund Basilikum
80 g Erdnußcreme
1 El Sojasauce
2 El Limettensaft
1 El brauner Zucker
einige Tropfen Tabasco

1. Mungobohnensprossen portionsweise ca. 1 Minute blanchieren. In einem Durchschlag abtropfen lassen.

2. Putenbrust in dünne Streifen schneiden. Mungobohnensprossen mit den Putenbruststreifen und der halben Menge Radieschensprossen mischen. Schnittlauch in Röllchen schneiden. Basilikum grob hacken.

3. Erdnußcreme, Sojasauce, Limettensaft, brauner Zucker und 3 El Wasser zu einer Sauce verrühren. Mit Tabasco würzen.

4. Den Salat mit der Hälfte Basilikum, der Hälfte Schnittlauch und dem Erdnußcremedressing gut vermengen. Auf einer Platte anrichten und mit den restlichen Sprossen und Kräutern dekorieren. Zu den Crêpes servieren.

Zubereitungszeit: 30 Minuten
Pro Portion etwa
6 g E, 3 g F, 2 g KH = 64 kcal (266 kJ)

Hüttenkäse-Bananen-Füllung

Zum Foto auf Seite 146

Für 16 Portionen:
400 g Hüttenkäse
20 g geschälte Sesamsaat
3 reife Bananen
1 El Honig
(Heide- oder Wiesenblume)
3 Tl mildes Currypulver

1. Den Hüttenkäse 30 Minuten in einem Durchschlag abtropfen lassen. Den Sesam in einer trockenen Pfanne bei milder Hitze unter Wenden goldbraun rösten. 2 Bananen würfeln. 1 Banane in nicht zu dünne Scheiben schneiden.

2. Hüttenkäse mit Honig, 2 Tl Currypulver, der Hälfte Sesam und den Bananenwürfeln gut vermengen und in einer Schüssel anrichten. Bananenscheiben darauf verteilen. Mit dem restlichen Sesam bestreuen und dem restlichen Currypulver bestäuben. Zu den Crêpes servieren.

Zubereitungszeit: 35 Minuten
Pro Portion etwa
4 g E, 2 g F, 6 g KH = 52 kcal (205 kJ)

Sesamkringel

Zum Foto auf Seite 146

Für 40 Stück:
500 g Mehl
und Mehl zum Bearbeiten
1 Würfel Hefe (42 g)
1 Tl Zucker
1 Tl Salz, Pfeffer (a. d. Mühle)
150 g Sesampaste oder
ungesüßte Erdnußcreme
1 Ei
60 g geschälte Sesamsaat

1. Das Mehl in eine Schüssel geben und eine Mulde hineindrücken. Die Hefe in die Mehlmulde krümeln. Zucker zur Hefe geben. 300 ml lauwarmes Wasser über die Hefe gießen. Die Hefe im Wasser auflösen und mit der Hälfte des Mehls zu einem Vorteig verrühren. Den Vorteig mit dem restlichen Mehl bedecken, mit einem Tuch bedeckt an einem warmen Ort 20–25 Minuten gehen lassen.

2. Salz, Pfeffer und die zerkrümelte Sesam- oder Erdnußpaste dazugeben und den Vorteig mit den restlichen Zutaten in der Schüssel zu einem glatten Teig verkneten. Den Teig gehen lassen, bis er sich verdoppelt hat.

3. Den Teig leicht zusammendrücken, halbieren und auf der bemehlten Arbeitsfläche zu 2 Rollen von ca. 40 cm Länge formen. Aus jeder Rolle 20 Stücke schneiden und mit einem Tuch bedecken.

4. Jedes Teigstück zu einem Teigstrang von 25 cm Länge formen und zu einem Ring zusammenlegen. Das Ei verquirlen. Teigringe mit Ei bestreichen und in den Sesam drükken, auf mit Backpapier belegte Backbleche setzen und im vorgeheizten Backofen bei 180 Grad (Gas 2–3, Umluft 30 Minuten bei 180 Grad) auf der 2. Einschubleiste von unten 30 Minuten backen.

Zubereitungszeit: 1 1/2 Stunden
(plus Zeit zum Gehen des Teiges)
Pro Stück etwa
3 g E, 3 g F, 11 g KH = 81 kcal (340 kJ)

Hühnersuppe mit gerösteten Nudeln

Zum Foto auf Seite 146

Für 14–16 Portionen:
1,5 kg Hühnerklein
mit Herzen und Mägen
1 Bund Suppengrün
4 Lorbeerblätter
2 Zwiebeln (100 g)
1 El weiße Pfefferkörner
100 g Fadennudeln
1 Bund junge Möhren
Salz
2 El Hühnersuppenpaste
1 Paket Erbsen (TK, 300 g)
1 Handvoll Kerbel

1. Hühnerklein grob zerhakken, mit Wasser bedeckt zum Kochen bringen. Hühnerklein in einen Durchschlag gießen, mit kaltem Wasser abspülen und mit 6 l Wasser erneut zum Kochen bringen.

2. Suppengrün putzen, waschen, grob würfeln und mit Lorbeer, halbierten, ungepellten Zwiebeln und Pfefferkörnern zum Hühnerklein geben. Bei milder Hitze ca. 2 Stunden leise offen kochen lassen. Gelegentlich abschäumen.

3. Nudeln in einer Pfanne ohne Fett unter Wenden goldbraun rösten, beiseite stellen. Möhren schälen, in dünne Scheiben schneiden, mit einem Tuch bedecken.

4. Brühe durch ein Sieb gießen, erkalten lassen. Die Fettschicht abnehmen. Brühe durch ein mit einem Mulltuch ausgelegtes Sieb gießen und erhitzen, mit Salz und Suppenpaste würzen. Möhren, Erbsen und geröstete Nudeln in der Brühe 8–10 Minuten bei mittlerer Hitze gar ziehen lassen. Kerbelblättchen abzupfen, über die Suppe streuen.

Zubereitungszeit: 3 Stunden
Pro Portion (bei 16 Portionen) etwa
3 g E, 2 g F, 8 g KH = 57 kcal (239 kJ)

Kefir-Bananen-Drink

Zum Foto auf Seite 146

Für 10–12 Portionen:
3 Limetten, 3 reife Bananen
2 Orangen
2 Vanilleschoten
1 l Kefir, 1/2 l Möhrensaft
70 g Zucker oder Honig

1. Limettenschale dünn abreiben, Saft auspressen. Limettensaft, -schale und die Bananen mit dem Schneidstab pürieren. Orangen auspressen. Vanilleschoten der Länge nach aufschlitzen und das Mark herauskratzen.

2. Kefir, Möhrensaft, Vanillemark, Orangensaft, Zucker und Bananenpüree mit dem Schneidstab gut mischen. Den Drink 2–3 Stunden durchkühlen lassen.

Zubereitungszeit: 20 Minuten (plus Kühlzeit)
Pro Portion (bei 12 Portionen) etwa
4 g E, 1 g F, 18 g KH = 102 kcal (425 kJ)

Müsli mit Beilagen

Zum Foto auf den Seiten 146/147

Für 18–20 Portionen:
250 g Sprießkornweizen
100 g Sonnenblumenkerne
200 g Rosinen
6 El brauner Rum
200 g gehobelte Haselnüsse
100 g brauner Zucker
200 g kernige Haferflocken
300 g Vollmilchjoghurt
250 g Magerquark
500 g Sahnequark
60 g Zucker, 6 El Zitronensaft
1 kleine Ananas
1 Kokosnuß, 3 Äpfel (400 g)
2 Birnen (400 g)
4 Sharonfrüchte
100 g Kokos-Chips
100 g Bananen-Chips
100 g Honig
100 g Ahornsirup

1. Am Vortag den Weizen im Mixer oder in der Getreidemühle grob zerkleinern. Knapp mit Wasser bedeckt über Nacht im Kühlschrank quellen lassen. Die Sonnenblumenkerne in einer Pfanne ohne Fett goldbraun rösten. Die Rosinen mit Rum beträufeln und über Nacht zugedeckt quellen lassen.

2. Haselnüsse, braunen Zukker und Haferflocken in einer Pfanne ohne Fett unter Wenden bei mittlerer Hitze rösten, bis der Zucker leicht karamelisiert und die Nuß-Haferflokken-Mischung knusprig ist.

3. Joghurt, Quark, Zucker und 3 El Zitronensaft glattrühren, kühl stellen.

4. Ananas dick schälen, der Länge nach achteln, Strunk herausschneiden, das Fruchtfleisch in dünne Scheiben schneiden. Kokosnuß aufschlagen, Fruchtfleisch herauslösen, mit dem Sparschäler in Späne schneiden.

5. Äpfel und Birnen vierteln und entkernen. Viertel in dünne Scheiben schneiden, im restlichen Zitronensaft schwenken. Die Sharonfrüchte waschen, Stielansätze herausschneiden, die Früchte in dünne Scheiben schneiden.

6. Obst und Kokosnuß auf einer Platte anrichten. Alle anderen Beilagen in Schüsseln füllen und um die Joghurtmischung gruppieren. Honig und Ahornsirup dazustellen.

Zubereitungszeit: 1 1/2 Stunden
(plus Quellzeiten)
Pro Portion (bei 20 Portionen) etwa 12 g E,
23 g F, 50 g KH = 477 kcal (1996 kJ)

Gefüllte Eier

Zum Foto auf Seite 147

Für 20 Portionen:
10 Eier
1 Bund Radieschen
1 reife Avocado (150 g)
3 El Zitronensaft
2 Tl mittelscharfer Senf
2 El Olivenöl
1 El Aceto balsamico
(italienischer Würzessig)
Salz, Zucker
weißer Pfeffer (a. d. Mühle)
100 g Nordseekrabbenfleisch
5 Beete Kresse

1. Die Eier hartkochen (ca. 10 Minuten), abschrecken. Radieschen fein würfeln. Die Avocado schälen, halbieren, Kern herauslösen. Eine Avocadohälfte fein würfeln. Die Würfel in 1 El Zitronensaft schwenken.

2. Eier pellen, längs halbieren, Eigelb herauslösen. Restliche Avocadohälfte mit Eigelb, restlichem Zitronensaft, Senf, Olivenöl und Aceto balsamico pürieren. Mit Salz, Zucker und Pfeffer kräftig würzen.

Die Avocadoschale läßt sich am besten mit einem Sparschäler dünn entfernen.

3. Ausgehöhlte Eihälften auf eine Platte setzen. Avocadomasse in einen Spritzbeutel mit mittelgroßer Lochtülle (Nr. 5) füllen, in die Eier spritzen. Dann einen Ring um die Füllung spritzen.

4. Krabben, Avocado- und Radieschenwürfel mischen. Jeweils einen gehäuften Teelöffel der Mischung auf jedes gefüllte Ei geben.

5. Die Kresse von den Beeten schneiden, auf eine Platte geben. Die Eihälften darauf setzen. Bis zum Servieren mit Klarsichtfolie abdecken.

Zubereitungszeit: 40 Minuten
Pro Portion etwa
4 g E, 5 g F, 1 g KH = 72 kcal (301 kJ)

Matjessalat

Zum Foto auf Seite 148

Für 14–16 Portionen:
4 rote Paprikaschoten (900 g)
12 Matjesfilets
2 Gläser Cornichons (à 110 g Abtropfgewicht)
2 große säuerliche Äpfel
2 El Zitronensaft
4 El Senf (mittelscharf)
4 El Walnußöl, 4 El Öl
2 El Ahornsirup
2 Tl schwarzer Pfeffer (geschrotet)
2 Bund Schnittlauch

1. Die Paprikaschoten längs halbieren, putzen und auf der Arbeitsfläche flachdrücken. Schoten auf ein Backblech legen und unter dem eingeschalteten Grill oder bei starker Oberhitze so lange erhitzen, bis die Haut Blasen wirft. Mit einem feuchten Küchentuch bedecken und abkühlen lassen. Die Schoten häuten und das Fruchtfleisch in dünne Streifen schneiden.

2. Matjesfilets ca. 10 Minuten in kaltem Wasser wässern, trockentupfen, eventuell vorhandene Gräten entfernen. Matjes schräg in Streifen schneiden. Cornichons längs halbieren, quer in dünne Scheiben schneiden. Äpfel schälen, vierteln, entkernen, in schmale Spalten schneiden. Apfelspalten halbieren und mit Zitronensaft mischen.

3. Alle vorbereiteten Zutaten in einer Schüssel mischen. Senf, beide Ölsorten, Ahornsirup und Pfeffer verrühren. Den Schnittlauch in feine Röllchen schneiden. Die Sauce unter die gemischten Zutaten heben, mit Schnittlauchröllchen bestreuen. 30 Minuten abgedeckt durchziehen lassen.

Zubereitungszeit: 1 Stunde
(plus Zeit zum Durchziehen)
Pro Portion (bei 16 Portionen) etwa
11 g E, 19 g F, 6 g KH = 250 kcal (1044 kJ)

Pilz-Schinken-Auflauf vom Blech

Zum Foto auf Seite 148

Für 30–35 Stücke:
500 g weiße Champignons
50 g Butter oder Margarine
400 g gekochter Schinken (in Scheiben)
800 g junger Gouda (in Scheiben)
3 Bund glatte Petersilie
3 Bund Schnittlauch
500 g Vollkornbrot (mit ganzen Körnern, in Scheiben)
12 Scheiben Weizentoastbrot
8 Eier (Gew.-Kl. 2)
100 ml Milch
200 ml saure Sahne
250 ml Schlagsahne
Muskatnuß (frisch gerieben)
Salz, Pfeffer (a. d. Mühle)

1. Champignons putzen, kurz unter kaltem Wasser abbrausen, halbieren (größere Champignons vierteln). 30 g Fett in einer Pfanne erhitzen. Die Pilze in dem heißen Fett braten, bis sie leicht goldbraun sind und die Flüssigkeit fast verdampft ist.

2. Schinken in dünne Streifen schneiden. Vom Gouda so viele Scheiben ganz zurücklassen, daß die Fläche der Saftpfanne damit bedeckt werden kann. Den restlichen Gouda in feine Streifen schneiden. Petersilie von den Stielen zupfen, grob hacken. Schnittlauch in feine Röllchen schneiden.

3. Saftpfanne des Backofens mit der restlichen Butter oder Margarine bestreichen. Den Boden der Saftpfanne mit den Vollkornbrotscheiben auslegen (evtl. passend schneiden). Pilze, 2/3 der Kräuter, Schinken- und Käsestreifen gleichmäßig darauf verteilen und mit den ungetoasteten Toastbrotscheiben bedecken.

4. Eier, Milch, saure und süße Sahne verquirlen. Kräftig mit Muskat, Salz und Pfeffer würzen. Eiermilch gleichmäßig auf dem Toastbrot verteilen. Die Oberfläche mit den Goudascheiben belegen.

ARBEITSPLAN

AM TAG VOR DEM FRÜHSTÜCK

- *Crêpes backen*
- *Für die Putenbrustfüllung die Mungobohnensprossen blanchieren*
- *Sesamkringel backen*
- *Für die gefüllten Eier die Eier kochen*
- *Für das Müsli den Weizen einweichen, Haferflocken rösten, Joghurt und Quark anrühren*
- *Hühnersuppe kochen, aber noch kein Kerbel dazugeben*
- *Matjessalat zubereiten*
- *Rhabarbergrütze kochen*

AM TAG DES FRÜHSTÜCKS

2–3 Stunden vorher

- *Kefir-Bananen-Drink mixen, kalt stellen*
- *Pilz-Schinken-Auflauf zubereiten und backen*
- *Putenbrustfüllung zu Ende zubereiten*
- *Hüttenkäse-Bananen-Füllung zubereiten*
- *Füllung für die Eier zubereiten, Eier füllen*
- *Müsli zu Ende bereiten*
- *Hühnersuppe erhitzen, mit Kerbel bestreuen*
- *Rhabarbergrütze garnieren und mit Sahne servieren*
- *Fruchtpüree für den Sekt herstellen*

4. Im vorgeheizten Backofen bei 200 Grad (Gas 3, Umluft 35 Minuten bei 175 Grad) auf der 2. Einschubleiste von unten ca. 40 Minuten goldbraun backen. Die Saftpfanne aus dem Ofen nehmen, den Auflauf ca. 10 Minuten abkühlen lassen, mit den restlichen Kräutern bestreuen und in ca. 30–35 Stücke schneiden.

Zubereitungszeit: 1 1/2 Stunden
Pro Stück (bei 35 Stücken) etwa
12 g E, 14 g F, 10 g KH = 230 kcal (963 kJ)

Rhabarber-Erdbeer-Grütze

Zum Foto auf Seite 149

Für 12–14 Portionen:
1 kg Erdbeeren
1 kg Rhabarber
450 g rotes Johannisbeergelee
60 g brauner Zucker
40 g Speisestärke
3/8 l Schlagsahne

1. Erdbeeren und Rhabarber waschen und putzen. Erdbeeren halbieren. Ein paar Erdbeerhälften beiseite legen. Rhabarber in ca. 3 cm lange Stücke schneiden.

2. Das Johannisbeergelee mit Zucker in einen Topf geben und aufkochen. Die Rhabarberstücke in der Flüssigkeit 5–6 Minuten garen (sie sollen möglichst nicht zerfallen). Rhabarberstücke mit der Schaumkelle aus der Flüssigkeit heben und in eine Schüssel geben. Stärke mit 1/8 l Wasser verrühren, in die kochende Flüssigkeit rühren. Kurz durchkochen. Erdbeeren und Rhabarberstücke vorsichtig unterheben und einmal aufkochen lassen.

3. Die Grütze in eine Schüssel füllen und kalt werden lassen. Mit den Erbeerhälften dekorieren und mit der flüssigen Sahne servieren.

Zubereitungszeit: 10 Minuten
Pro Portion (bei 14 Portionen) etwa
2 g E, 9 g F, 34 g KH = 223 kcal (936 kJ)

Sekt mit Fruchtpüree

Zum Foto auf Seite 149

Für 16 Gläser:
400 g Himbeeren oder Erdbeeren (frisch oder TK)
2 Flaschen trockener Sekt

1. Früchte pürieren, durch ein feinmaschiges Sieb streichen, das Püree kalt stellen.

2. Jeweils 1 El Püree in jedes Sektglas geben und mit eiskaltem Sekt aufgießen.

Zubereitungszeit: 10 Minuten
Pro Glas etwa
0 g E, 0 g F, 5 g KH = 87 kcal (363 kJ)

KINDERFEST

Wenn Kinder feiern, müssen alle Gerichte ganz schnell und ganz bequem zu essen sein, damit keine Zeit zum Spielen verloren geht! Diese Party hält sich daran – mit Schnitzeln, Maispfannkuchen und Kaltem Hund

HAUPTGANG

Schweineschnitzel *sind auf besondere Art paniert – mit geriebenem Parmesan.*

Gebackene Kartoffeln *kommen frisch aus dem Ofen und werden mit drei Dips serviert, die auch zu den Schnitzeln passen – und besonders Kindern schmecken:* ***Ketchup-Quark-Dip, Ananas-Crème-fraîche-Dip*** *und* ***Remouladensauce.***

Rezepte Seite 156

VORSPEISEN

Bunte Suppe *mit Möhren, Fleischwurst und Buchstabennudeln ist eine deftige Alternative zu Lollis, Bonbons und Wackelpeter.*

Rohes Gemüse *sieht in einem hohen Glas angerichtet sehr dekorativ aus. Die geputzten Möhren, Zucchini, Staudensellerie und Kohlrabi tunken die Kids einfach in den* ***Basilikum-Quark-Dip.***

Rezepte Seite 156

FÜR ZWISCHENDURCH

Maispfannkuchen können die Kinder aufgerollt wunderbar aus der Hand essen – pur, oder gefüllt mit geraspelten Äpfeln und Möhren. Dazu paßt kalter Apfelsaft. *Rezepte Seite 157*

DESSERT

Wackelpeter *in drei Farben: gelb, rot und grün. Die beliebteste Nachspeise aller Kinder wird natürlich mit einer eiskalten Vanillesauce serviert.*

Kalter Hund *diesmal ganz bunt – verziert mit weißer und dunkler Schokocreme und roten, weißen und grünen Zuckerperlen.* *Rezepte Seite 157*

Erdbeer-Vanille-Mix

Zum Foto unten

Für 10 Portionen:
2 kg Erdbeeren
400 g Vanilleeis (Fertigprodukt)
3 El Limettensaft, 1 l Milch

Die Erdbeeren waschen und putzen. Die Hälfte davon mit Vanilleeis, Limettensaft und Milch im Mixer pürieren. Eiskalt servieren. Die restlichen Erdbeeren dazu reichen.

Zubereitungszeit: 15 Minuten
Pro Portion etwa
6 g E, 7 g F, 22 g KH = 176 kcal (740 kJ)

Schweineschnitzel mit Käsekruste

Zum Foto auf Seite 152

Für 10 Portionen:
600 g Schweinefilet
150 g Mehl, 3 Eier
100 g Parmesan (frisch gerieben)
150 g Semmelbrösel
100 ml Öl zum Braten
2–3 Zitronen (unbehandelt)

1. Schweinefilet in 30 dünne Scheiben schneiden und mit einem Fleischklopfer dünn klopfen.

2. Mehl, verquirlte Eier, Parmesan und Semmelbrösel in 4 Arbeitsschalen geben. Die Schnitzel nacheinander in der genannten Reihenfolge mit den 4 Zutaten panieren.

3. Öl in einer großen Pfanne erhitzen. Die Schnitzel darin nacheinander bei mittlerer Hitze auf jeder Seite 2–3 Minuten braten. Auf Küchenpapier abtropfen lassen. Zitronen in schmale Spalten schneiden. Die Schnitzel mit den Zitronenspalten anrichten.

Zubereitungszeit: 40 Minuten
Pro Portion etwa 22 g E,
14 g F, 20 g KH = 301 kcal (1262 kJ)

Erdbeer-Vanille-Mix: Erfrischender Begrüßungsdrink aus Erdbeeren, Vanilleeis, Limette und Milch.

Kartoffeln vom Blech

Zum Foto auf Seite 152

Für 10 Portionen:
1,5 kg Kartoffeln (festkochend)
Öl für das Blech
Salz

1. Die Kartoffeln unter fließendem kaltem Wasser abbürsten, längs halbieren und mit der Schnittfläche nach oben auf ein leicht geöltes Backblech legen. Salzen.

2. Im vorgeheizten Backofen bei 200 Grad (Gas 3, Umluft 50 Minuten bei 200 Grad) auf der 3. Einschubleiste von unten 1 Stunde backen. Mit den drei Saucen servieren.

Zubereitungszeit: 1 Stunde, 10 Minuten
Pro Portion etwa
2 g E, 2 g F, 18 g KH = 103 kcal (430 kJ)

Ketchup-Quark-Dip

Zum Foto auf Seite 152

Für 10 Portionen:
500 g Tomaten
1 Bund Schnittlauch
500 g Sahnequark
4 El Ketchup
Salz, Pfeffer (a. d. Mühle)
Zucker

1. Tomaten vierteln, entkernen, würfeln, etwas zum Garnieren beiseite legen. Schnittlauch in Röllchen schneiden.

2. Quark mit Ketchup verrühren und mit Salz, Pfeffer und 1 Prise Zucker würzen. Tomatenwürfel und 2/3 des Schnittlauchs unterheben. Mit restlichen Tomatenwürfeln und Schnittlauch garnieren.

Zubereitungszeit: 15 Minuten
Pro Portion etwa
6 g E, 5 g F, 4 g KH = 98 kcal (412 kJ)

Ananas-Crème-fraîche-Dip

Zum Foto auf Seite 152

Für 10 Portionen:
450 g frische Ananas
100 ml Ananassaft (ungesüßt)
1 Tütchen Safran
2 El Speisestärke
50 g Kokosraspeln
500 g Crème fraîche

1. Den Ananasstrunk abschneiden. Ananas schälen und quer in schmale, runde Scheiben schneiden. Den inneren Strunk der Ananasscheiben mit einem runden Ausstecher entfernen. Fruchtfleisch würfeln. Mit Ananassaft und Safran aufkochen.

2. 1/3 des Fruchtfleisches herausnehmen, beiseite legen. Speisestärke mit etwas kaltem Wasser verrühren und in den Sud rühren. Bei milder Hitze 2–3 Minuten kochen, pürieren und kalt stellen. Kokosraspeln in einer Pfanne ohne Fett goldbraun rösten.

3. Das Ananaspüree, Crème fraîche und 2/3 der Kokosraspeln verrühren. Den Dip in eine Schüssel geben und 2–3 Stunden kalt stellen. Mit den restlichen Ananasstücken und den Kokosraspeln bestreuen.

Zubereitungszeit: 20 Minuten (plus Kühlzeit)
Pro Portion etwa
2 g E, 18 g F, 9 g KH = 209 kcal (878 kJ)

Remouladensauce

Zum Foto auf Seite 153

Für 10 Portionen:
400 g Salatgurke, Salz
2 rote Zwiebeln, 20 g Kapern
1/2 Bund glatte Petersilie
500 g Mayonnaise (halbfett)
1 El Zitronensaft
Pfeffer (a. d. Mühle), Zucker

1. Gurke halbieren, entkernen, fein würfeln, salzen und in einem Sieb abtropfen lassen. Zwiebeln würfeln. Kapern und Petersilie hacken.

2. Mayonnaise, 2/3 der Gurkenwürfel, 2/3 der Zwiebeln, die Kapern und die Petersilie verrühren. Mit Zitronensaft, Salz, Pfeffer und 1 Prise Zucker würzen. Mit den restlichen Zwiebel- und Gurkenwürfeln bestreuen.

Zubereitungszeit: 25 Minuten
Pro Portion etwa
1 g E, 25 g F, 6 g KH = 261 kcal (1090 kJ)

Rohes Gemüse

Zum Foto auf Seite 153

Für 10 Portionen:
400 g Bundmöhren
500 g Zucchini
700 g Staudensellerie
1 kg Kohlrabi

1. Möhren und Zucchini putzen und in lange Stifte schneiden. Sellerie putzen und längs halbieren. Kohlrabi schälen, in grobe Spalten schneiden.

2. Eiswürfel in eine große Schale geben. Die Gemüse hineinstecken, mit dem Basilikum-Quark-Dip servieren.

Zubereitungszeit: 30 Minuten
Pro Portion etwa
3 g E, 0 g F, 6 g KH = 38 kcal (157 kJ)

Basilikum-Quark-Dip

Zum Foto auf Seite 153

Für 10 Portionen:
1 Bund Basilikum
1 Zwiebel
500 g Sahnequark
1 El Zitronensaft
Salz, Pfeffer (a. d. Mühle)
Zucker

1. Basilikum von den Stielen zupfen, einige Blättchen beiseite legen, den Rest grob hacken. Zwiebel würfeln.

2. Quark mit gehacktem Basilikum, Zwiebel und Zitronensaft pürieren. Mit Salz, Pfeffer und 1 Prise Zucker würzen. Mit Basilikum garnieren.

Zubereitungszeit: 10 Minuten
Pro Portion etwa
6 g E, 6 g F, 2 g KH = 87 kcal (364 kJ)

Bunte Nudelsuppe

Zum Foto auf Seite 153

Für 10 Portionen:
800 g Roastbeefknochen
1 Bund Suppengrün
2 Bund Petersilie
800 g magere Rinderbrust
2 Lorbeerblätter, 1 Zwiebel
2 Gewürznelken
1 Tl schwarze Pfefferkörner
1 Tl Salz
300 g Möhren
200 g Porree
200 g Zucchini
200 g Fleischwurst (oder Wiener Würstchen)
100 g Buchstabennudeln
schwarzer Pfeffer (a. d. Mühle)

1. Die Rinderknochen mit Wasser bedecken, einmal aufkochen lassen und abgießen. Suppengrün putzen, in grobe Stücke schneiden. Suppengrün, 1 Bund Petersilie, Rinderknochen, Rinder-

Zum Stippen für Kinder ideal: Möhren, Zucchini, Staudensellerie und Kohlrabi einfach in den Basilikum-Quark-Dip tunken.

brust, Lorbeerblätter, Zwiebel, Nelken, Pfefferkörner und Salz in einen Topf geben. Mit 3 1/2 l kaltem Wasser auffüllen. Bei milder Hitze im offenen Topf etwa 2 1/2 Stunden garen, öfter abschäumen.

2. Inzwischen Möhren, Porree und Zucchini putzen. Möhren und Porree in dünne Scheiben, Zucchini in kleine Würfel schneiden. Restliche Petersilie hacken. Die Fleischwurst längs halbieren und in dünne Scheiben schneiden.

3. Nach Ende der Garzeit die Rinderbrust aus der Brühe nehmen und in kleine Würfel schneiden. Die Brühe durch ein feines Sieb gießen und entfetten.

4. Die Rindfleischwürfel, Möhren, Zucchini, Porree und Fleischwurst in die Brühe geben und etwa 10 Minuten leise kochen. Dann die Nudeln dazugeben und weitere 7 Minuten kochen. Zuletzt die Petersilie dazugeben und mit Salz und Pfeffer würzen.

Zubereitungszeit: 2 3/4 Stunden
(inklusive Kochzeit für die Brühe)
Pro Portion etwa
19 g E, 20 g F, 9 g KH = 295 kcal (1236 kJ)

Maispfannkuchen

Zum Foto auf Seite 154

Für etwa 30 Stück:
350 g Mehl
1 El Speisestärke
Salz
Zucker
10 Eier
1 l Milch
2 Dosen Mais (à 285 g)
100 ml Öl

1. Mehl, Stärke, Salz, 1 Prise Zucker, Eier und Milch zu einem glatten Teig verrühren. Den Teig 30 Minuten ausquellen lassen. Den abgetropften Mais unterrühren.

Maispfannkuchen mit geraspelten Möhren und Äpfeln lassen sich prima aus der Hand essen.

2. Jeweils 1 Tl Öl in einer mittelgroßen Pfanne erhitzen und nacheinander aus dem Teig 30 goldbraune Pfannkuchen backen. Die Pfannkuchen übereinanderstapeln und mit geraspelten Äpfeln und Möhren servieren.

Zubereitungszeit: 1 1/4 Stunden
Pro Stück etwa
5 g E, 6 g F, 14 g KH = 135 kcal (563 kJ)

Geraspelte Äpfel und Möhren

Zum Foto auf Seite 154

Für 10 Portionen:
750 g Äpfel
10 El Zitronensaft
40 g Kürbiskerne
750 g Möhren, 1 El Zucker
40 g Mandelblättchen

1. Die Äpfel auf der groben Seite der Haushaltsreibe raspeln und mit 6 El Zitronensaft mischen. Kürbiskerne in einer Pfanne ohne Fett rösten und zu den Äpfeln geben.

2. Die Möhren putzen, ebenfalls auf der groben Seite der Haushaltsreibe raspeln und mit dem restlichen Zitronensaft und dem Zucker mischen. Mandelblättchen in einer Pfanne ohne Fett goldbraun rösten und zu den Möhren geben.

3. Geraspelte Äpfel und Möhren zu den Maispfannkuchen servieren.

Zubereitungszeit: 30 Minuten
Pro Portion etwa
3 g E, 4 g F, 14 g KH = 109 kcal (454 kJ)

Kalter Hund

Zum Foto auf Seite 155

Für 10 Portionen:
300 g Kokosfett
2 Eier, 100 g Zucker
50 g Kakaopulver
4 El Milch
600 g weiße Kuvertüre
60 g Mandeln
(grob gemahlen)
1 Paket Vanillinzucker
400 g Butterkekse
100 g bunte Zuckerperlen

1. 250 g Kokosfett bei milder Hitze schmelzen. Eier und Zucker mit den Quirlen des Handrührers etwa 6–8 Minuten schaumig schlagen. Den Kakao mit der Milch verrühren und dazugießen. Lauwarmes Kokosfett unterrühren.

ARBEITSPLAN

AM TAG VOR DEM FEST

- *Wackelpeter und Vanillesauce zubereiten*
- *Kalten Hund herstellen*
- *Basilikum-Quark-Dip, Ketchup-Quark-Dip, Ananas-Crème-fraîche-Dip und Remouladensauce zubereiten*
- *Brühe für die Nudelsuppe kochen*
- *Schweinefilet aufschneiden*

AM TAG DES FESTES

Am Morgen

- *Maispfannkuchen vorbereiten*
- *Brühe entfetten, Nudelsuppe kochen*

1 1/2 Stunden vor dem Fest

- *Kartoffeln vorbereiten und backen*
- *Schnitzel braten*
- *Maispfannkuchen backen*
- *Äpfel und Möhren für die Pfannkuchen raspeln*
- *Erdbeeren putzen*

Kurz vorm Servieren

- *Nudelsuppe erhitzen*
- *Erdbeer-Vanille-Mix zubereiten*

2. Restliches Kokosfett mit der weißen Kuvertüre bei milder Hitze im Wasserbad schmelzen. Mandeln und Vanillinzucker unterrühren. Etwa 100 ml zum Garnieren beiseite stellen.

3. Eine Kastenform (26 cm lang) mit Backpapier auslegen. Den Boden mit etwas dunkler Schokocreme bestreichen, mit Butterkeksen belegen und mit etwas weißer Schokocreme bestreichen. Den Vorgang so oft wiederholen, bis Kekse und Schokocreme aufgebraucht sind.

4. Die Kastenform mit einem Teller beschweren und mindestens 4 Stunden, besser über Nacht, kalt stellen. Den Kuchen auf eine große Platte stürzen, das Papier abziehen und mit der restlichen weißen Schokocreme glattstreichen. Die Oberfläche mit Zuckerperlen verzieren.

Zubereitungszeit: 1 Stunde (plus Kühlzeit)
Pro Portion etwa 11 g E,
61 g F, 85 g KH = 948 kcal (3985 kJ)

Wackelpeter mit Vanillesauce

Zum Foto auf Seite 155

Für 10 Portionen:
3 Pakete Götterspeise
(rot, grün, gelb)
2 Vanilleschoten
1/2 l Milch
1/4 l Schlagsahne
60 g Zucker
8 Eigelb

1. Die Götterspeise nach Packungsanweisung nacheinander kochen, in drei flache Schalen gießen und kalt stellen.

2. Für die Vanillesauce die Vanilleschoten aufschlitzen und auskratzen. Mark und Schoten in Milch und Sahne aufkochen lassen. Zucker und Eigelb mit den Quirlen des Handrührers 8–10 Minuten cremig aufschlagen. Die heiße Milch durch ein Sieb gießen, unter die Eigelbmasse rühren und bei mittlerer Hitze so lange rühren, bis die Sauce dicklich ist. Vorsicht: Sie darf nicht kochen! Dann kalt stellen.

3. Den festen Wackelpeter nacheinander auf die Arbeitsfläche stürzen und in Würfel schneiden. In drei konzentrischen Kreisen auf einer großen, runden Platte anrichten. Wackelpeter mit der Vanillesauce servieren.

Zubereitungszeit: 30 Minuten (plus Kühlzeit)
Pro Portion etwa
5 g E, 15 g F, 15 g KH = 221 kcal (924 kJ)

Macht doppelt Spaß: zu zweit aus einem Glas zu trinken.

REGISTER

A

Ananas-Crème-fraîche-Dip **152**
Ananas-Sorbet mit Erdbeerpüree **28**
Apfelflan mit Granatapfelsauce und Vanilleeis **129**
Äpfel, gefüllte, mit Karamelsauce **17**
Apfel-Joghurt-Eis mit Brandy-Pflaumen **67**
Apfelmus **77**
Äpfel und Möhren, geraspelte **154**
Aprikosen-Mango-Grütze **73**
Artischockenböden, gebackene **137**
Artischockenböden mit pochierten Austern **16**
Artischockensuppe mit Kartoffelcroûtons **81**
Auberginen-Kartoffel-Plätzchen **46**
Auberginenpüree mit Schafskäse **47**
Auberginen-Spinat-Rolle **88**
Avocado-Krabben-Sauce **22**

B

Basilikum-Quark-Dip **153**
Beilagen und Garnitur zur Reistafel **57**
Blätterteigtaschen **142**
Blutorangen-Torte, geeiste **34**
Bohnensalat mit Sellerie und Mortadella **41**
Bruschetta mit Tomaten **40**
Buletten **76**
Bunte Grillspieße **92**
Bunte Nudelsuppe **153**

C

Campari-Cocktail mit Limetten **110**
Campari-Erdbeer-Cocktail **97**
Cassoulet **32**
Champagner-Kraut **20**
Champignon-Birnen-Salat **65**
Champignon-Vinaigrette **118**
Chilisauce, scharfe **59**
Chinesisches Fondue **120**
Cocktailsauce, scharfe **118**
Consommé mit Trüffeln **22**
Crème fraîche mit Apfel und Schalotten **122**
Crème fraîche mit Kräutern **120**
Crêpes **146**
Currygemüse, süß-scharfes **122**
Curry-Mango-Mayonnaise **120**

E

Eier, gefüllte **147**
Eiersauce mit Cornichons **118**
Eingelegte Möhren und Schalotten **30**
Eingelegtes Gemüse **41**
Eingelegtes Gemüse, süß-sauer **56**
Erdbeeren in Balsamicosauce mit Vanilleeis **81**
Erdbeer-Vanille-Mix **156**
Erdnußsauce **56**
Exotische Fruchtplatte **58**
Exotischer Matjessalat **72**

F

Feldsalat mit Pfifferlingen **108**
Filetsteaks mit Langusten
und Krebsbutter-Hollandaise **86**
Fisch-Fondue **122**
Fleisch-Fondue **118**
Fleischpflanzerln, gefüllte **114**
Florentiner **9**
Fondue, chinesisches **120**
Forellenterrine mit Senf-Dill-Dip **135**
Friséesalat mit Kartoffel-Vinaigrette **108**
Fruchtplatte, exotische **58**
Frühlingsrollen mit Schweinefleisch **56**
Frühlingszwiebelsuppe mit Garnelen
und roten Linsen **136**

G

Gans, gebratene, mit Apfelfüllung **26**
Garnelen in Anis-Orangen-Sauce **84**
Garnelen-Melonen-Suppe, geeiste **100**
Garnitur und Beilagen zur Reistafel **57**
Gebackene Artischockenböden **137**
Gebackene Geflügelfleischbällchen **56**
Gebackene Kartoffeln **48**
Gebratene Gans mit Apfelfüllung **26**
Gebratene Wirsingblätter **13**
Gedämpfte Jakobsmuscheln **58**
Geeiste Blutorangen-Torte **34**
Geeiste Garnelen-Melonen-Suppe **100**
Geflügelfleischbällchen, gebackene **56**
Geflügel-Zitronen-Suppe mit Minze **47**
Gefüllte Äpfel mit Karamelsauce **17**
Gefüllte Eier **147**
Gefüllte Fleischpflanzerln **114**
Gekräutertes Perlhuhn mit Schalotten
und Champignons **13**
Gelber Reis **57**
Gemischte Salatplatte **94**
Gemüse, eingelegtes **41**
Gemüse in Estragon-Vinaigrette **108**
Gemüseplatte mit Tofu **58**
Gemüse, rohes **153**
Gemüsesülze mit Kräuterschaum **80**
Gemüse, süß-sauer eingelegtes **56**

Gemüsetarte mit Krabben **109**
Geraspelte Äpfel und Möhren **154**
Geschmorte Lammschulter mit Rotwein **48**
Grillspieße, bunte **92**
Gurkensalat mit Schafskäse **46**

H

Hähnchenbrustfilet auf Polenta-Talern **88**
Hähnchenbrust mit Kräutern und Pinienkernen **103**
Hähnchenrolle mit Curry-Ananas-Dip **134**
Haselnußspätzle **17**
Hasen-Stifado **49**
Heringssalat **77**
Holundersuppe **77**
Hühnersuppe mit gerösteten Nudeln **146**
Hummeressenz **142**
Hüttenkäse-Bananen-Füllung **146**

J

Jakobsmuscheln, gedämpfte **58**
Jakobsmuscheln mit mariniertem Kürbis
und Feldsalat **9**
Joghurt-Löffelbiskuit-Torte **135**

K

Kalbsbraten mit Paprikaschoten **143**
Kalbsbries-Terrine **113**
Kalbsfilet mit scharfer Tomatensauce **134**
Kalbshaxenragout mit Kapern und Schalotten **66**
Kalbsnieren-Spieße mit Oliven **92**
Kalter Hund **155**
Kartoffel-Gemüse-Gratin **88**
Kartoffelgratin mit Ziegenkäse und Kräuterbröseln **8**
Kartoffeln, gebackene **48**
Kartoffeln vom Blech **152**
Kartoffelpuffer **77**
Kartoffelsalat **76**
Kartoffelsalat mit Koriander und Flußkrebsen **87**
Kartoffelsalat mit Linsen **114**
Kartoffelsuppe **77**
Kartoffelsuppe mit Flußkrebsen **66**
Kartoffelsuppe mit Kresse **71**
Käse-Fondue **121**
Käsekartoffeln in der Folie **95**
Käse-Kerbel-Creme **87**
Käseplatte **109**
Kasselerbraten **76**
Kasselersülze **142**
Kefir-Bananen-Drink **146**
Ketchup-Quark-Dip **152**
Koriander-Chutney **118**
Krabben-Remoulade **64**
Krautsalat mit Kresse und Meerrettich **113**
Krebsrahmsuppe mit Artischocken **127**

L

Lachsforelle mit Meerrettich-Kruste **20**
Lammkoteletts in Knoblauchöl **95**
Lammrücken im Salzteig **128**
Lammschulter, geschmorte, mit Rotwein **48**
Lammschulter und Fenchel
mit Rotwein-Steinpilz-Sauce **8**
Limetten-Bowle **143**
Linsenplätzchen **20**
Lollo rosso mit Pfeffer-Limetten-Sauce **102**

M

Maispfannkuchen **154**
Mandelrauten mit Rosmarin **86**
Mandel-Rosinen-Kuchen **50**
Mango-Forellen-Salat **100**
Mango-Pfeffer-Sauce **94**
Marc-de-Chablis-Mousse, weiße, mit Traubenkompott
und Piniencrackern **13**
Mascarponecreme mit Cantuccini und Nektarinen **43**
Matjes-Häckerle **73**
Matjes in Portwein-Marinade **72**
Matjes-Paprika-Salat **72**
Matjesplatte **70**
Matjessalat **148**
Matjessalat, exotischer **72**
Mediterrane Riesenpfanne **106**
Millirahmpfannkuchen mit Erdbeeren **115**
Minz-Chutney **118**
Möhren, eingelegte, und Schalotten **30**
Müsli mit Beilagen **146**

N

Nudelsuppe, bunte **153**

O

Ochsenbrustsalat **115**
Ochsenschwanzragout mit Staudensellerie **40**
Ofenkartoffeln **64**
Ofentomaten mit Bröseln **102**
Orangencreme **142**
Orangen-Grenadine-Drink **101**
Orangen-Rotkohl **26**

REGISTER

P

Paprikaschoten mit roten Linsen **85**
Paprika-Sellerie-Gemüse **129**
Pasta-Salat mit Tomaten-Steinpilz-Sauce **38**
Perlhuhn, gekräutertes, mit Schalotten und Champignons **13**
Pfeffersuppe mit Pilzen und Buchweizenklößchen **136**
Pfirsich-Chutney **100**
Pfirsich-Quark-Creme mit Himbeerpüree **96**
Pflaumenkompott **76**
Pilz-Schinken-Auflauf vom Blech **148**
Pilzstrudel mit Tomatensauce und Brokkoli **81**
Pizza-Rauten mit Thymian **30**
Polenta-Spargel-Taler **134**
Polenta-Taler mit Kräutern **129**
Porree-Wachtel-Salat **126**
Pot-au-feu mit Kalbshaxe und Wirsing **136**
Putenbrust-Sprossen-Füllung **146**

Q

Quarkmousse mit Orangengelee **138**

R

Rauke-Butter **64**
Reis, gelber **57**
Reis, weißer **59**
Remouladensauce **153**
Rhabarber-Erdbeer-Grütze **149**
Riesengarnelen in Kokossauce **58**
Riesenpfanne, mediterrane **106**
Rinderrouladen mit Garnelen **94**
Rohes Gemüse **153**
Roquefortcreme **143**
Röstbrot mit geeistem Zucchinipüree **84**
Röstzwiebeln mit Macadamianüssen **57**
Rotbarschfilet im Bananenblatt **56**
Rote-Bete-Chips mit Kaviar-Dip **137**
Rucola und Bresaola **39**

S

Salatplatte, gemischte **94**
Sardinen-Dip mit rohem Gemüse **86**
Saté von Entenbrust **58**
Schafskäse-Oliven-Sauce **95**
Scharfe Chilisauce **59**
Scharfe Cocktailsauce **118**
Schnittlauchbutter **115**
Schokoladencreme mit geeisten Johannisbeeren **42**
Schokoladen-Mousse, weiße, mit Orangen- und Cassis-Sauce **9**
Schweinefilet **100**
Schweinefilet in Erdnuß-Kurkuma-Paste **56**
Schweineschnitzel mit Käsekruste **152**
Seeteufel-Medaillons auf Zitronengrasspießen **12**
Seeteufel mit Pilzen in Pergament **94**
Sekt mit Fruchtpüree **149**
Senfmayonnaise mit Cornichons **120**
Sesamkringel **146**
Sesam-Soja-Sauce mit Ingwer **120**
Soleier **77**
Spargelsuppe **134**
Spargel-Vinaigrette **71**
Süß-sauer eingelegtes Gemüse **56**
Süß-scharfes Currygemüse **122**

T

Tamarinden-Sorbet **59**
Teigtaschen mit Garnelenfarce **58**
Tiramisu **103**
Tomaten-Basilikum-Quiche **87**
Tomaten-Concassé **71**
Tomaten-Consommé **27**
Tomaten-Crème-fraîche **71**
Tomaten-Knoblauch-Sauce **94**
Tomatenmayonnaise **122**
Tomaten-Röstbrote **137**
Tzatziki **46**

V

Vanillecreme mit eingelegten Früchten **109**
Vanille-Quark-Mousse mit Orangen **23**
Vanillesauce **73**

W

Wackelpeter mit Vanillesauce **155**
Waldpilze in Rahmsauce **17**
Weiße Marc-de-Chablis-Mousse mit Traubenkompott und Piniencrackern **13**
Weißer Reis **59**
Weiße Schokoladen-Mousse mit Orangen- und Cassis-Sauce **9**
Wirsingblätter, gebratene **13**
Wirsingrouladen mit Wildfüllung **17**

Z

Zucchini mit Dill **49**
Zucchini und Trauben im Rosmarinsud **31**
Zwiebelbrot mit Majoran **115**
Zwiebelchutney **143**
Zwiebel-Röstbrot mit Anchovis **31**
Zwiebelsauce **57**